Walter Pollack/Dieter Pirk

Personalentwicklung in lernenden Organisationen

Walter Pollack/Dieter Pirk

Personalentwicklung in lernenden Organisationen

Konzepte, Beispiele, Übungen

GABLER

Die Deutsche Bibliothek – CIP-Einheitsaufnahme
Ein Titeldatensatz für diese Publikation ist bei
Der Deutschen Bibliothek erhältlich

1. Auflage Januar 2001

Alle Rechte vorbehalten

© Betriebswirtschaftlicher Verlag Dr. Th. Gabler GmbH, Wiesbaden 2001
Lektorat: Ulrike M. Vetter/Susanne Kramer

Der Gabler Verlag ist ein Unternehmen der Fachverlagsgruppe BertelsmannSpringer.

www.gabler.de

Höchste inhaltliche und technische Qualität unserer Produkte ist unser Ziel. Bei der Produktion und Verbreitung unserer Bücher wollen wir die Umwelt schonen. Dieses Buch ist deshalb auf säurefreiem und chlorfrei gebleichtem Papier gedruckt. Die Einschweißfolie besteht aus Polyäthylen und damit aus organischen Grundstoffen, die weder bei der Herstellung noch bei der Verbrennung Schadstoffe freisetzen.

Die Wiedergabe von Gebrauchsnamen, Handelsnamen, Warenbezeichnungen usw. in diesem Werk berechtigt auch ohne besondere Kennzeichnung nicht zu der Annahme, dass solche Namen im Sinne der Warenzeichen- und Markenschutz-Gesetzgebung als frei zu betrachten wären und daher von jedermann benutzt werden dürften.

Umschlaggestaltung: Nina Faber de.sign, Wiesbaden
Druck und buchbinderische Verarbeitung: Lengericher Handelsdruckerei, Lengerich
Printed in Germany

ISBN 3-409-11737-7

Vorwort

„Die Zukunft hat viele Namen:
Für die Schwachen ist sie das Unerreichbare.
Für die Furchtsamen ist sie das Unbekannte.
Für die Tapferen ist sie die Chance." (Victor Hugo)

Dieses Buch ist für Kollegen bestimmt, die als interne oder externe Trainer und Berater ihren Auftraggebern helfen, zukunftsorientiertes Human Resource Management zu betreiben. Die zentrale Zielsetzung von Personalentwicklung in lernenden Organisationen ist die Professionalisierung von Führungsverhalten und -handeln. Beispielhaft haben wir dies an dem praxisorientierten Konzept F.U.T.U.R.E. dargestellt. Die Abkürzung F.U.T.U.R.E. bedeutet: Führungskräfte umfassend trainieren und ressourcenorientiert entwickeln. Mit diesem Konzept schließen wir uns bewusst keiner „reinen methodischen Lehre" an, da wir aufgrund unserer langjährigen Berufserfahrung der Auffassung sind, dass jede wissenschaftlich begründete Methode, die im Kontext personenbezogener Entwicklungsarbeit professionell angewandt und didaktisch begründet wird, ihren Sinn und ihre Berechtigung hat. Allerdings erhält jede methodische Maßnahme ihren Wert nur aus dem konzeptuellen Gesamtzusammenhang des Trainingsdesigns. Da es im Hinblick auf individuelle Veränderung immer auch um die Rekonstruktion gelebter beruflicher Praxis und „die Kreation neuer Praxis auf dem Hintergrund unserer Wissensstruktur" geht, sollte das Methodeninventarium so umfassend sein, dass es Erlebnis- und Handlungsräume zu eröffnen vermag, die vor allem – wie Schreyögg es ausdrückt – das „Imaginieren und Handeln in nie gedachten Welten (und) das Experimentieren mit neuen Handlungsmustern" ermöglicht.

Wir sind der Auffassung, dass sich die einzig verantwortbare Form systemischen Trainings dem nähern muss, was in der Kunst „Gesamtkunstwerk" genannt wird. Es ist nicht sinnvoll, einen Potenzialträger mit Hilfe einer einzigen Methode zu beurteilen. Ein solches Vorgehen wäre letztlich repressiv. Um dies zu vermeiden, umfasst das hier vorgestellte Konzept ein reiches Instrumentarium an Interventionen, das dem Menschen in seinem beruflichen Kontext so nahe wie möglich zu kommen und dadurch gerecht zu werden versucht.

Ferner liegt uns am Herzen, den Menschen als „Selbstzweck" zu würdigen. Natürlich muss seine Rolle in der Organisation eindeutig definiert werden („Rollenklarheit"), doch müssen auch seine sozialen Bedürfnisse am Arbeitsplatz („Würde") im Rahmen von personenbezogener Trainings- und Entwicklungsarbeit ihren angemessenen Platz finden und thematisiert werden. Des Weiteren sind wir der Auffassung, dass abgesehen von der fachlichen Eignung auch professionelles Verhalten im beruflichen Kontext immer mehr an Bedeutung gewinnt. Um sicherzustellen, dass die Potenzialträger auch in Zukunft zunehmenden Herausforderungen und steigenden Anforderungen ihrer Praxis gewachsen sind, sollte ihre Sozial- und Führungskompetenz durch geeignete Entwicklungsmaßnahmen gestärkt werden.

Aus Sicht der Organisation ist ein Potenzialträger ein Adressat für Verhaltenserwartungen. Aus Sicht der Potenzialträger ist die Organisation soziales Umfeld für Sinnfindung und Selbstverwirklichung. Aus diesen unterschiedlichen Interessenlagen ergeben sich Konflikte, die im Rahmen eines systemisch orientierten Trainings bearbeitet und gelöst werden können. Bei dieser Arbeit setzen wir auf die Kraft der Kritik – denn Kommunikation erstirbt in dem Augenblick, in dem sich alle einig sind.

An dieser Stelle möchten wir uns bei den Kollegen bedanken, deren Know-how und Erfahrung in das Konzept F.U.T.U.R.E. eingeflossen sind, und bei unseren Mitarbeiterinnen Astrid Remark, Monique Papajewski sowie Renate Fischer für deren Unterstützung.

Köln und Altensteig-Wart,   Walter Pollack, Dieter Pirk
im Dezember 2000

Inhalt

1. Grundverständnis

1. Grundverständnis

Angesichts diskontinuierlicher, beschleunigter und hochkomplexer Entwicklungsprozesse und einer offenen Zukunft erscheint es uns als das zentrale Ziel, die Lernbereitschaft und Lernfähigkeit von Menschen und Organisationen so zu fördern, dass sie in der Lage sind, innere und äußere Entwicklungen wahrzunehmen und zu analysieren, um sich sowohl ihnen anpassen als auch sie aktiv mitgestalten zu können. Anders ausgedrückt, geht es um eine umfassende Entwicklung hin zu einer Gesellschaft von „lernenden Menschen in lernenden Organisationen".

Die wesentlichen Schritte zu diesem Ziel sind für uns vor allem:

- die Förderung von Lernbereitschaft und Lernfähigkeit der Mitarbeiter durch eine lernfreundliche Unternehmenskultur, die auch in der Lage ist, Fehler als wichtiges (Entwicklungs-)Phänomen zu akzeptieren;

- die Entwicklung einer Führungskultur, die auf die Motivation, Förderung und Partizipation der Mitarbeiter ausgerichtet ist;

- die differenzierte Analyse und funktionsgerechte Adaption betriebswirtschaftlicher Ziele und Verfahren auf die eigene organisatorische Einheit;

- die Entwicklung eines professionellen Rollenverständnisses unter den Mitarbeitern, das geprägt ist durch eine stärkere Orientierung an den Wünschen und Bedürfnissen der internen und externen Kunden;

- die Entwicklung von Antennen und Rückkoppelungsschleifen in Form von ressort- und hierarchieübergreifenden Zieldiskussionen, effektivem Qualitätsmanagement und zeitnahem Controlling etc.;

- das Initiieren notwendiger Veränderungsprozesse zur Flexibilisierung interner Kommunikationsstrukturen;

- die Entwicklung integrierter Strategien für die Organisations- und Personalentwicklung, durch die sich lernende Mitarbeiter gemeinsam zu einer lernenden Organisation hin entwickeln können. (Fischer, S. 27)

Wir wollen Personalentwicklung in der lernenden Organisation beispielhaft anhand eines Konzeptes zur Führungskräfteentwicklung darstellen. Das vorliegende Konzept wurde in den vergangenen Jahren – besonders intensiv in der DaimlerChrysler AG, Werk Sindelfingen – aus der Praxis heraus für die Praxis entwickelt. Außerdem flossen mehrjährige Erfahrungen aus anderen Unternehmen in das Konzept ein. F.U.T.U.R.E. basiert somit auf Erkenntnissen und Anforderungen sehr unterschiedlicher Organisationen – vom Groß- bis zum Kleinbetrieb, von der Industrie bis zur öffentlichen Verwaltung.

F.U.T.U.R.E als didaktisch-methodisches Gesamtkonzept zur professionellen Führungskräfte-entwicklung in lernenden Organisationen wurde - unternehmensspezifisch modifiziert – unter anderem in nachstehenden Unternehmen praktisch umgesetzt:

- DaimlerChrysler (250 Führungskräfte / 4 Jahre)
- Trox (60 Führungskräfte / 2 Jahre)
- GEW (30 Führungskräfte / 1,5 Jahre)
- LVA (350 Führungskräfte / Ende ca. 2002)

Die zentralen Bezugspunkte des Konzeptes bilden:
- Unternehmensleitbild
- Grundsätze der Führung und Zusammenarbeit
- Führungskräfte-Anforderungsprofil

Abb. 1: Führungskräfteentwicklung ... mehr als Training

F.U.T.U.R.E. bedeutet: **F**ührungskräfte **u**mfassend **t**rainieren **u**nd **r**essourcenorientiert **e**ntwickeln. Es handelt sich also um ein sozio-funktionales Integrationsmodell, das dem Menschen in seiner Funktion und nicht als „Funktionierender" Raum für seine praxis-bezogene Entwicklung gibt.

F.U.T.U.R.E.:

- stellt die Entwicklung der (Führungs-)Persönlichkeit, und zwar sowohl hinsichtlich ihres professionellen Handelns als auch hinsichtlich ihrer sozialen Kompetenz, in den Vordergrund aller konzeptuellen Intentionen.

- bietet den Potenzialträgern Methoden und Instrumente an, die sie befähigen, mit dem richtigen Maß an Professionalität und Kompetenz ziel- und ergebnisorientiert zu arbeiten und zu führen.

- integriert psychologisches, gruppendynamisches und systemisches Denken zu einem ganzheitlichen Entwicklungskonzept.

- trägt dadurch zur strukturellen Koppelung von Person und Organisation bei. Stärkt das professionelle Verhalten der Teilnehmer (Abb.2) und

- betrachtet den Menschen nicht nur als Funktionsträger, sondern begreift ihn auch als gleichberechtigten Mit-Menschen, der einen Körper, eine Seele und einen Geist hat, und

- nimmt die unterschiedlichen Interessen von Person und Organisation ernst. Beide „Kundensysteme" werden als lebende und damit nicht-triviale Systeme verstanden.

- basiert inhaltlich auf den fünf Kerndisziplinen einer lernenden Organisation und berücksichtigt nur anthropologische und erkenntnistheoretische Positionen, die die Erscheinungsformen menschlichen Daseins, menschlicher Beziehungen und beruflicher Praxis in möglichst vielfältiger Weise erfassen.

- ist didaktisch-methodisch so aufgebaut, dass sich die Potenzialträger grundsätzlich individuell und rechtzeitig auf die neuen Herausforderungen innerhalb einer lernenden Organisation vorbereiten können.

- ist ein Trainingsprogramm, das nur von TrainerInnen durchgeführt werden kann, die von Pollack, Böhme & Partner ausgebildet und lizenziert worden sind.

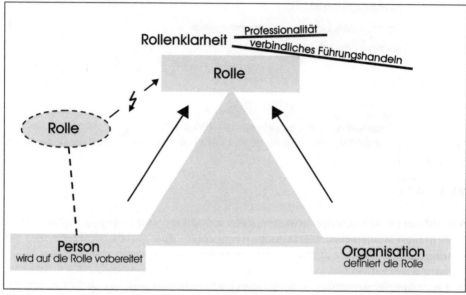

Abb. 2: Strukturelle Koppelung von Person und Organisation

1.1 Was wir von Delfinen lernen können

Die Chancen, dass die Leser dieses Buches miterleben werden, wie ihre derzeitige Firma das Zeitliche segnet, stehen fifty-fifty, da nach einer Studie der Royal Dutch/Shell die durchschnittliche Lebensdauer der größten Wirtschaftsunternehmen weniger als 40 Jahre beträgt. (Senge, S. 25)

Wie ist diese hohe Sterblichkeitsrate zu erklären? Welche fehlenden Fähigkeiten sind dafür verantwortlich? Dudley Lynch und Paul Kordis bieten in ihrem Buch „Delphin-Strategien" ein interessantes Erklärungsmodell an, mit dem sich beide Fragen beantworten lassen.

Sie verdeutlichen die unterschiedlichen Reaktionsweisen von langfristig erfolgreichen Unternehmen und Unternehmen, die ihre Marktposition über einen längeren Zeitraum hinweg nicht behaupten können, anhand der Erfolgswelle.

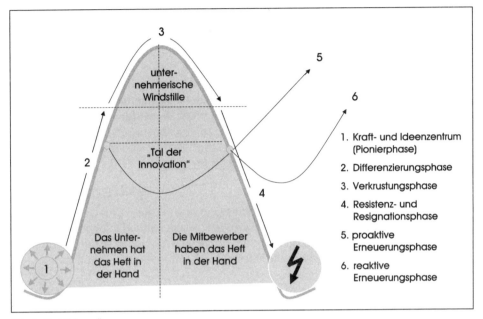

Abb. 3: Die Erfolgswelle

Am Anfang vieler Firmengründungen steht oftmals die faszinierende Persönlichkeit eines großen Pioniers (Gottlieb Daimler, Henry Ford, Robert Bosch, Bill Gates). Deshalb werden die Gründerjahre auch als so genannte Pionierphase bezeichnet. In dieser Phase herrscht ein kreatives Chaos, und es haben sich noch keine eingefahrenen Strukturen und handlungseinschränkenden Reglementierungen etabliert. Es herrscht Aufbruchstimmung und eine große Bereitschaft zur Improvisation. Die Vision des Firmengründers wird von ihm persönlich glaubwürdig kommuniziert und die tägliche Zusammenarbeit erfolgt ausschließlich auf informelle Weise. Aus diesem positiven Zusammenspiel der Kräfte ergibt sich der anfängliche Erfolg des Unternehmens.

In der darauf folgenden, so genannten Differenzierungsphase muss das Unternehmen Strukturen entwickeln, die den Anforderungen des Erfolges entsprechen. Notgedrungen wird in dieser Phase eine funktionale Organisationsstruktur, zum Beispiel durch Trennung von Herstellung und Marketing, eingeführt. Parallel hierzu werden Arbeitsplätze spezialisiert, Abrechnungssysteme für Lagerhaltung und Einkaufswesen eingeführt und Finanzpläne und Arbeitsstandards festgelegt.

Aufgrund dieser Veränderungen läuft das Unternehmen jedoch Gefahr, langsam seine ursprüngliche Vitalität und Kreativität zu verlieren. Durch den Aufbau einer Hierarchie von Titeln und Positionen nimmt die Kommunikation einen immer formelleren Charakter an, und die Beziehungen zwischen den Mitarbeitern werden immer unpersönlicher.

Diese beginnende Verkrustung kommt auch in der Formalisierung zwischenmenschlicher Kontakte zum Ausdruck sowie im veränderten Verhalten des Managements, das nun den größten Teil der Verantwortung für die Durchsetzung von Direktiven trägt.

Gelingt es einem Unternehmen in dieser Phase nicht, die Tugenden der Pionierphase (visionäres Denken, offene Kommunikation, direkter Kontakt, Improvisation, Kreativität etc.) zu integrieren (Integrationsphase), gerät es in die Phase der „unternehmerischen Windstille". Alles scheint in Ordnung zu sein: Die Zahlen geben weder Anlass zur Euphorie noch zu besonderer Besorgnis; das Tagesgeschäft läuft in geordneten Bahnen, und man ruht sich auf den eigenen Lorbeeren aus.

Besonders gefährlich ist in dieser Phase der Glaubenssatz „Verändere nie eine erfolgreiche Strategie!" Innovation und echte Veränderung sind verpönt. Dies ist auch die Stunde der Bedenkenträger, die alles Neue als persönliche Bedrohung erleben und sich rhetorisch mit wohlbekannten Killerphrasen zu Wort melden. Das schreckliche Erwachen aus diesem gefährlichen Dornröschenschlaf bleibt vielen Unternehmen nicht erspart.

Am Ende müssen sie geschockt zur Kenntnis nehmen, dass sie die dramatischen Veränderungen am Markt nicht ernst genug genommen haben und dass nun Wettbewerber mit größerer Veränderungsbereitschaft die Nase vorn haben. Die einzige Chance, die den betroffenen Unternehmen in dieser Phase bleibt, ist die neue Herausforderung anzunehmen und einen schmerzhaften Veränderungsprozess durchzustehen.

Besonders problematisch ist für ein Unternehmen in dieser Situation der Umstand, dass die notwendigen Veränderungen höchstwahrscheinlich nicht von innen heraus gewollt sind, sondern von außen erzwungen werden. Das Beispiel vom „gekochten Frosch" veranschaulicht auf makabre Weise den Zustand, in dem sich diese Unternehmen befinden:

Wirft man einen lebenden Frosch in einen Topf mit heißem Wasser, springt der Frosch blitzartig aus dem Topf, um sein Leben zu retten. Setzt man den gleichen Frosch jedoch in einen Topf mit lauwarmem Wasser, bleibt er darin behaglich sitzen. Erhitzt man das Wasser langsam, nimmt der Frosch die Temperaturveränderung kaum wahr. Er wird immer regloser und schwächer, bis er nicht mehr aus eigener Kraft das Wasser verlassen kann. Fazit: Der Frosch überlebt dieses Experiment nicht!

Vielen Unternehmen widerfährt genau dieses Missgeschick; sie haben keine „Sensoren" entwickelt, um bedrohliche Veränderungen in ihrer Umwelt rechtzeitig wahrzunehmen. Die Köpfe ihrer Entscheidungsträger sind voll mit *hard facts*, wie sie von der Wirtschaftswissenschaft gefordert werden, doch dies macht eine differenzierte und vor allem ganzheitliche Wahrnehmung der konkreten Problemlage unmöglich. Und

dadurch wiederum wird eine zeitnahe und situationsadäquate Entwicklung wirkungs-
voller Überlebensstrategien verhindert.

Hierin unterscheiden sich die langfristig erfolgreichen Unternehmen wesentlich. Sie
surfen sozusagen auf der Erfolgswelle, indem sie ihre ersten Erfolge nicht bis ins Letzte auskosten, sondern auf Veränderungen in ihrer Umwelt ständig flexibel reagieren.

Solche Unternehmen haben gelernt, sich rechtzeitig von der Erfolgswelle zu lösen, eingefahrene Gleise zu verlassen und mit innovationsbedingten Rückschlägen fertig zu
werden. Sie sind bereit, bewährte Strategien rechtzeitig aufzugeben und stattdessen
marktgerechtere Strategien, Produkte, Dienstleistungen etc. zu entwickeln.

Der besondere Vorteil innovativer gegenüber veränderungsresistenten Unternehmen
besteht vor allem darin, Veränderungen aus eigenem Antrieb herbeizuführen. Veränderungen werden nicht durch äußere Einflüsse erzwungen, sondern sie sind integraler
Bestandteil einer erfolgsorientierten Unternehmenskultur. Dudley Lynch und Paul Kordis zufolge kann man die Strategie langfristig erfolgreicher Unternehmen mit der Strategie von Delfinen vergleichen.

Könnten Delfine sprechen, so würden sie ihre Strategie wie folgt auf den Begriff bringen:

Wir müssen lernen, die Kraft der Welle zu vervielfachen.

Wir müssen lernen, zwingende Visionen zu schaffen und nach ihnen zu handeln.

Wir müssen den Prozess des Freigebens und Loslassens erlernen.

Wir müssen lernen, eingefahrene Geleise zu verlassen.

Wir müssen lernen, teamorientiert und kooperativ zu arbeiten.

Wir müssen uns darauf konzentrieren, mehr mit weniger zu tun.

Wir müssen lernen, für Überraschungen und für die Zukunft offen zu sein.

Wir müssen verantwortlich sein.

Wir müssen einen persönlichen Lebenszweck entdecken und danach handeln.

Abb. 4: Die Delfin-Strategie

Liest man sich diese Glaubenssätze sorgfältig durch, so wird sehr schnell deutlich, dass
es hier weniger um formale als vielmehr um mentale Veränderung geht. Das heißt, dass
Unternehmen, die den ständigen Veränderungen ihrer Märkte gewachsen sein wollen,
lernen müssen, umzudenken.

1.2 Lernfähigkeit als Wettbewerbsvorteil

„Die Fähigkeit, schneller zu lernen als die Konkurrenz, ist vielleicht der einzige wirklich dauerhafte Wettbewerbsvorteil." (Senge, S.11)

„Das Engagement einer Organisation zu lernen, kann immer nur so groß sein wie das ihrer Mitglieder." (Senge, S. 16)

Beide Zitate geben einen ersten Eindruck auf den zentralen Gedanken, der diesem Buch zugrunde liegt: Organisationen können Veränderungen in ihrer Umgebung nur über die „Sensoren" ihrer Mitglieder registrieren, und nur deren permanente Lernbereitschaft in fachlicher und überfachlicher Hinsicht ermöglicht langfristigen Erfolg.

„Organisationen können ohne Menschen, die durch ihr kommunikatives Verhalten die Aufrechterhaltung der Organisation gewährleisten, nicht leben (...). Dennoch ist die Organisation vom einzelnen Individuum weitgehend unabhängig: Es ist ihr gleich, welche Person das erwartete Verhalten (als Verkäufer, als Vorstandsvorsitzender oder als Arbeiter) zeigt. Entscheidend ist, dass es gezeigt wird." (Seliger, S. 30)

In den vergangenen 15 Jahren haben wir als externe und interne Trainer und Berater die Auswirkungen dieser „Widersprüchlichkeit" kennen gelernt: Einerseits – besonders in konjunkturell guten Zeiten – möchte man die Mitarbeiter qualifizieren und entwickeln, weil man – eher intuitiv und oberflächlich – ahnt, dass nur die Optimierung ihres „kommunikativen Verhaltens" die weitere positive Entwicklung und die „Erhaltung" der Organisation gewährleisten; andererseits werden sie – in konjunkturell schlechten Zeiten – durch kopflose und zu 70 Prozent erfolglose Reengineering-Maßnahmen „sozial entsorgt", sodass über viele Jahre aufgebaute Beziehungs- und Kommunikationsstrukturen völlig aufgelöst und zerstört werden.

„Über das wunderbare Phänomen, das man Intelligenz nennt, konnte man früher nur staunen; in Zukunft werden wir in der Lage sein, es nach unseren Wünschen zu manipulieren. (...) Statt den Tanz des Lebendigen nur zu beobachten, werden wir durch die biomolekulare Revolution über die fast gottgleiche Fähigkeit verfügen, das Leben nahezu nach Belieben zu manipulieren." (Kaku, S. 21)

Der „linkshemisphärisch" programmierte Change-Manager freut sich somit auch über seine gottähnliche Omnipotenz und über die vermeintliche Planbarkeit von Veränderungsprozessen; er sieht nur das kurzfristig Erreichte und nicht das langfristig Zerstörte: Think positive! Das „ge-lean-te" Unternehmen jedoch beugt sich unter der Folgelastigkeit der inkompetenten und kurzsichtigen Entscheidungen. (Scott-Morgan, S. 19)

Das von Ned Herrmann entwickelte und von Roland Spinola (Spinola/Peschanel, S. 43) in Deutschland eingeführte „Hirn-Dominanz-Instrument" (H.D.I.) ist ein wissenschaftlich fundiertes Modell, mit dem man die lebensgeschichtlich bedingte Dominanz dieses problematischen Denk- und Verhaltensstiles anschaulich vor Augen führen kann. Das

H.D.I. belegt anhand wissenschaftlicher Resultate der Hirnforschung, dass „Lehren und lernen mit dem ganzen Gehirn" (Abb. 5) erfolgen müssen, um wirklichkeitsgerechte kognitive Umstrukturierungsprozesse in Gang setzen zu können. Damit gibt das H.D.I. gleichsam einen ersten wichtigen Hinweis auf die durch F.U.T.U.R.E. zu entwickelnden Kernkompetenzen einer wandlungsfähigen und flexiblen Führungskraft von morgen.

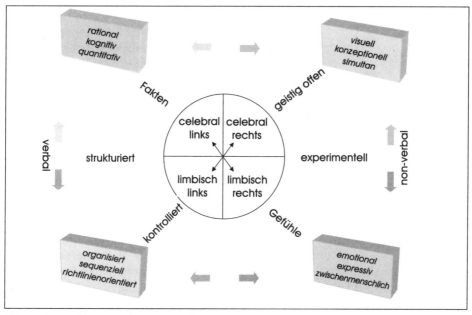

Abb. 5: Lehren und lernen mit dem ganzen Gehirn

1.3 Die Grenzen unserer inneren Landkarten sind die Grenzen unserer Wirklichkeitskonstruktion

> *„Auf dem Newton-kartesianischen Paradigma baut der unerschütterliche Glaube der westlichen Gesellschaft auf, alle Probleme mechanistisch mit Hilfe von Analyse, Logik, Vorhersage und Kontrolle lösen zu können." (Weissmann/Feige, S. 36)*

In unserer abendländischen Kultur wird unser Denken und demzufolge auch unser Handeln sehr stark von Fähigkeiten, die wir der Ratio zuschreiben, bestimmt. In Zeiten der Veränderung geben *„hard facts"* das Gefühl von Sicherheit und Orientierung, wir glauben alles in der Hand zu haben und schränken dadurch unsere Wahrnehmung immer stärker ein.

Unser lineares Denken mag das Phänomen der Komplexität – hier im Sinne von H. Wilke als den Grad der Vielschichtigkeit, Verknüpfung und Folgelastigkeit eines Entscheidungsfeldes verstanden – nicht, es liebt Eindeutigkeiten und handelt weiterhin nach dem Muster: Mehr vom Gleichen! Kontingenz ist für diese Form geistiger Hermetik nichts an-

„Wenn Ihr einziges Werkzeug ein Hammer ist, ist es nicht erstaunlich, wieviele Dinge beginnen, wie ein Nagel auszusehen?" (Abraham Maslow)

Abb. 6: Mann mit Brille und Hammer

deres als kognitive Dissonanz, und „wie jeder Denkakt ist mechanistische Intelligenz stumpfsinnig, wenn sie nur funktional und nicht selbstkritisch arbeitet." (Sennett, S. 95)

Die aus diesem Denken heraus konstruierten Probleme können dann in der Praxis oft nicht gelöst werden, weil sie ganz einfach „falsch", d. h. zu simpel definiert worden sind. Wirklichkeit ist nicht eindeutig, sondern immer vieldeutig. Sie ist komplex, und nur Menschen, die selbst komplex sind, können mit dieser Komplexität lösungsorientiert umgehen. (Abb. 6)

Nach K. Weick können wir nur tun, was wir uns vorstellen können, und wir erhalten auch nur Antworten auf Fragen, die wir zu stellen vermögen. Der Grund dafür, dass wir oft keine Lösungen auf die von uns konstruierten Probleme erhalten, ist, dass wir dieselben nicht realitätsgerecht definiert haben. (Fischer/Graf, S. 36)

Auch die von klassischen Unternehmensberatern mit viel (Papier-)Aufwand erstellten (Veränderungs-)Pläne, die aufgrund überzeugender Zahlenbeispiele eine hohe Anschlussfähigkeit an faktenorientierte Auftraggeber haben, reduzieren die Komplexität nur scheinbar.

Tatsächlich reduzieren Pläne die Komplexität der Wirklichkeit nicht, sondern erhöhen sie. Ein wichtiger Aspekt, der in der Beraterpraxis sehr häufig übersehen wird. Zeitdruck und Handlungszwang machen es scheinbar erforderlich, Pläne zu entwickeln, deren Wirkung der Vorläufigkeit blutstillender Maßnahmen ähnelt. Es wird also lediglich eine Vielzahl zunächst diffuser Vorgaben zu einer inhaltlich-logischen und zeitlich-linearen Struktur zusammengefasst, um Handlungsfähigkeit herzustellen. Auf diese Weise wird die Komplexität scheinbar bewältigt, indem ihr durch eine Vereinfachung der Sicht keine Beachtung mehr geschenkt wird.

Durch die anschließende Umsetzung entsteht wieder eine neue Komplexität, da nicht vorhergesehene Wechselwirkungen eine Nachregulierung erforderlich machen: Die geplante Wirklichkeit beginnt allmählich ihr wahres, chaotisches Gesicht zu zeigen und es stellt sich heraus, dass neuer co-kreierter Druck sich nur mit Hilfe zusätzlicher – und natürlich nicht eingeplanter – Ressourcen und Kapazitäten bewältigen oder zumindest verringern lässt. (Fischer/Graf, S. 45)

Diese lineare Wirklichkeitsvergewaltigung verläuft in folgenden Eskalationsstufen:

1. *Phase der Verstimmung:* Fehler aufgrund zeitlicher, monetärer und personalkapazitativer Engpässe treten auf und führen zu atmosphärischen Störungen.

2. *Phase der Debatte:* Die Beteiligten äußern die Ansicht, dass diese Fehler durch mehr Gründlichkeit, Einbindung und Kommunikation hätten vermieden werden können. In der folgenden Debatte beharrt zunächst jeder auf seiner Meinung und lässt die Argumente der anderen nicht gelten.

3. *Phase des Kontaktabbruchs:* Schuldige werden gesucht, aber niemand ist bereit, für die Fehler des „anderen" Verantwortung zu übernehmen. Da Spannungen zwischen den unterschiedlichen Interessensgruppen immer größer werden, wird es immer schwieriger, über das zu sprechen, worum es eigentlich geht. Fazit: Man geht sich aus dem Weg.

4. *Phase der sozialen Ausweitung:* Die Motivation der Betroffenen sinkt auf den Nullpunkt, ihre Unzufriedenheit nimmt stetig zu und alle suchen nach geeigneten Verbündeten, die ihre Sichtweise teilen und die sich vor allem in ähnlicher Weise enttäuscht fühlen.

5. *Phase der Strategieentwicklung:* Nachdem die Bestätigung der Verbündeten das Selbstvertrauen gestärkt hat, beginnt man allmählich, Angriffs- und Verteidigungsstrategien zu entwickeln, die der einzig wahren und richtigen Sicht- und Vorgehensweise zum Sieg verhelfen sollen.

6. *Phase der Sabotage:* Die Wahrnehmungen, Gedanken und Gefühle der Betroffenen eines so initiierten Veränderungsprozesses werden ausschließlich von den möglichen negativen Auswirkungen auf die eigene berufliche Zukunft bestimmt. Die Folge ist, dass die Kooperationsbereitschaft stetig abnimmt und parallel dazu die Bereitschaft, sich den geplanten Veränderungen durch Behinderungen, Intrigen, Gerüchte, Verweigerungen oder anderen kreativen Formen des Widerstandes zu widersetzen, in ungeahntem Maße steigt.

7. *Phase des Realitätsverlustes:* Die Wahrnehmungs- und Deutungsmuster der Betroffenen nehmen immer paranoidere Züge an. Dem vermeintlichen Gegner werden Intentionen zugeschrieben, die noch destruktiver als die eigenen sind. Schon die kleinste weitere Irritation führt unweigerlich zur offenen Konfrontation der Kontrahenten.

8. *Die Pranger-Phase:* Jede Form der Zurückhaltung wird aufgegeben, Kritik offen und direkt geäußert; persönliche Angriffe nehmen zu und die „Schuldigen" des chaotischen Change-Managements werden öffentlich geprangert.

9. *Phase der Zerstörung:* Die Störungen zwischen den Betroffenen sind unerträglich geworden, die Gräben abgrundtief und unüberwindlich. Es geht nur noch um reine

Macht und um das eigene Überleben. „Du oder ich" ist das Motto der Stunde. Gewinnen die Befürworter des Change-Managements, werden ihre Pläne ohne Rücksicht auf Verluste mit brachialer Gewalt durchgesetzt, gewinnen die Gegner, werden die Pläne in der Schublade verschwinden, und man kehrt zur gewohnten Tagesordnung zurück. (Gamber, S. 31)

Wir können der Komplexität unserer Wirklichkeit nur gerecht werden, wenn wir auch unsere rechte Gehirnhälfte mit ihrer besonderen Fähigkeit, die Umwelt emotional, intuitiv und damit ganzheitlich zu erfassen und die so gewonnene Information adäquat zu verarbeiten, in unserem Leben zur Geltung kommen lassen.

Gefühle und Empfindungen sind im Reich der Vernunft keine Eindringlinge, wie viele immer noch zu glauben scheinen, da weder im Laufe der menschlichen Evolution noch in irgendeinem Entscheidungsträger sich die Strategien der menschlichen Vernunft unabhängig vom bestimmenden Einfluss biologischer Regulationsmechanismen entwickelt haben, zu deren Ausdrucksformen Gefühle und Empfindungen wesentlich dazugehören. „Mehr noch, sogar wenn sich die Vernunftstrategien in den Entwicklungsjahren ausgebildet haben, hängt ihre wirksame Anwendung wahrscheinlich in beträchtlichem Maße von der steten Fähigkeit ab, Gefühle zu empfinden." (Damasio, S. 12) Die Lösung von gegenwärtigen und vor allem zukünftigen Problemen erfordert ein Höchstmaß an Kreativität, und „um kreativ zu sein, brauchen wir unser ganzes Gehirn". (Spinola/Peschanel, S. 50)

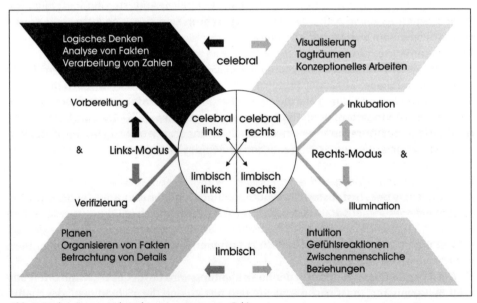

Abb. 7: Um kreativ zu sein, brauchen wir unser ganzes Gehirn

Auch wenn Organisationen Erfindungen von Menschen sind und rationale Strukturen besitzen, so bleiben die Prozesse, die in ihnen ablaufen, irrational. Führungskräfte müssen das wissen und sich darüber im Klaren sein, dass Mitarbeiter nicht logisch funktionieren, sondern psychologisch agieren und reagieren. Die Ursachen für veränderungsresistentes Verhalten, das innerbetrieblich – aus unserer Sicht gesehen – ca. 70 % der Widerstände und Konflikte bedingt, liegen nicht in objektiven Tatbeständen, sondern in den subjektiven Einstellungen und Glaubenssätzen, die bestimmen, wie eine Person ihre Wirklichkeit erlebt, interpretiert und bewertet.

1.4 Einsparungen sind gut, das Vertrauen der Mitarbeiter ist besser

Oft verlieren Unternehmen durch rein zahlenorientiertes Denken und Handeln (z. B. durch die Erstellung von Personalabbauplänen) unbezahlbares Know-how. Und immer häufiger müssen die Verantwortlichen dieses Kurzzeit-Managements erkennen, dass sie wenige Zeit später, wenn sich die düsteren Wolken der Rezession verzogen haben, die leichtfertig entlassenen Mitarbeiter mit deren spezifischen System- und Sachkenntnissen nun dringend wieder brauchen.

Die American Management Association (AMA) hat herausgefunden, dass wiederholte Entlassungswellen zu „niedrigeren Gewinnen und sinkender Produktivität der Arbeitskräfte" führen. Die Wyatt-Studie kam zu dem Ergebnis, dass „weniger als die Hälfte der Unternehmen ihr Ziel bei der Kostensenkung erreicht; weniger als ein Drittel steigerte die Gewinne, weniger als ein Viertel steigerte seine Produktivität." (Sennett, S. 62)

Peter Scott-Morgan von Arthur D. Little berichtet in seinem Buch „Die heimlichen Spielregeln" von einem Vorstandsvorsitzenden, der auf einer Top-Management-Konferenz kritisch anmerkte, dass wirtschaftliche Probleme als Kosten- und Strukturkrise rationalisiert würden, obwohl erfahrene und wissende Unternehmer ahnten, dass es um ganz andere Zusammenhänge als um die „hard facts" gehe. Er selbst bestätigt diese Sichtweise aufgrund seiner Erfahrungen in zahlreichen Beratungsprojekten. Kostenanalysen, Reorganisation, neue Strategien und neuerdings auch „Business Reengineering" sind in der Unternehmenswirklichkeit ganz anderen Kräften ausgesetzt, und genau diese „irrationalen" Kräfte machen den Erfolg oft zunichte.

Danach stellt Scott-Morgan das Ergebnis einer umfassenden Erhebung vor, die von Arthur D. Little bei Vorstandsvorsitzenden, deren Unternehmen gerade ein großangelegtes Veränderungsprogramm durchlief, durchgeführt worden war:

- 17 % waren mit dem Resultat wirklich zufrieden.
- 40 % waren desillusioniert.
- 70 % klagten über unvorhergesehene Probleme und unbeabsichtigte Nebeneffekte.
- 65 % vermissten, dass ihre Manager und Mitarbeiter den Veränderungsprozess akzeptierten und sich mit ihm identifizierten.

Als Highlight seiner Kritik an eindimensionalen und linearen Veränderungsprogrammen führt Scott-Morgan abschließend noch Mike Hammer und James Champy, die beiden Schlüsselfiguren des Business Reengineering ins Feld, die als Fazit ihrer langjährigen Beraterpraxis und -erfahrung selbstkritisch eingestehen, dass bis zu 70 % aller Projekte zu keinem erfolgreichen Ergebnis geführt hätten. (Scott-Morgan, S. 15) Eigenartigerweise bezeichnet James Champy selbst sein Reengineering als „Die Radikalkur für die Unternehmensführung". Nomen est omen!

Sobald die Mitarbeiter merken, dass sich hinter den beschönigenden und beschwichtigenden Worten der Unternehmensleitung über Arbeitsplatzsicherung durch Umstrukturierung die Absicht verbirgt, Produktionsstätten in Billiglohnländer zu verlagern, wird ihnen klar werden, dass sie sich nicht mehr auf ihr Unternehmen verlassen können, und sie werden der drohenden Entlassung zuvorkommen und sich ein neues Wirkungsfeld suchen.

Dass dies nicht zwangsläufig so sein muss, hat VW 1994 eindrücklich unter Beweis gestellt. (Kölner Stadtanzeiger, 5. Januar 1999, S. 25) Durch die kurzentschlossene Einführung der Vier-Tage-Woche wurden damals 30.000 Jobs gerettet. Nach zwei harten Jahren 1994/95 zog die Konjunktur wieder an, und seitdem wird bei VW in der Produktion entsprechend des erhöhten Bedarfes deutlich länger als vier Tage oder 28,8 Stunden pro Woche gearbeitet. In der „atmenden Fabrik" (Piëch) rollen inzwischen an sechs Tagen pro Woche Autos von den Bändern.

Bezogen auf unser VW-Beispiel, lauten die Fakten: 20 % weniger Arbeit, 16 % Prozent weniger Jahreseinkommen, dafür aber einen sicheren Job für alle 100.000 Beschäftigten in den sechs westdeutschen VW-Werken. So kann Umdenken aussehen!

Die „weichen Fakten" hingegen sind nicht so leicht quantifizierbar: Wie misst man das positive Gefühl von Sicherheit? Vielleicht an der Motivation der Mitarbeiter oder an ihrer Leistungsbereitschaft, oder vielleicht sogar an ihrer Dankbarkeit, die in Form von Zuverlässigkeit, Identifikation und Qualität zum Ausdruck gelangt.

Die kurzen „Überlebens-Zeitspannen" moderner Organisationen schränken die Möglichkeit des Reifens von Vertrauen zwischen Menschen stark ein. Damit verbunden ist das problematische Phänomen, dass solche nach utilitaristischen Motiven zusammengeschusterten Netzwerke sich durch „die Stärke ihrer schwachen Bindungen" auszeichnen.

> „Nichts Langfristiges ist ein verhängnisvolles Rezept für die Entwicklung von Vertrauen und gegenseitiger Verpflichtung." (Sennett, S. 27)

Das folgende Zahlenbeispiel unterstreicht noch einmal, welche Bedeutung das Humankapital für ein Unternehmen hat: Anfang der 80er Jahre setzte sich der Kaufpreis für ein Unternehmen noch zu 80 % aus Finanz- und nur zu 20 % aus Humankapital zusammen. Anfang der 90er Jahre wurde diese Relation umgekehrt, und der Anteil des Humankapitals stieg auf 70 %. (Kölner Stadtanzeiger, 30. September 1998)

1.5 Mitarbeiter sind ein Aktivum, in das investiert werden muss

Mitarbeiterqualifizierung und -entwicklung führen in den Unternehmen noch immer ein Schattendasein. Dies ergab die Analyse „Workforce 2000" des internationalen Beratungsunternehmens Gemini Consulting, das zu diesem Zweck zwischen Mai und Juli 1998 knapp 10.400 Beschäftigte in 10 Ländern Europas, Japan und den Vereinigten Staaten befragte. (Kölner Stadtanzeiger, 30. September 1998) Wir können dieses Ergebnis aufgrund unserer Erfahrungen nur bestätigen.

Oft beginnen wir Präsentationen zum Thema „Strategische Personalentwicklung" mit folgender Grafik:

Wir sagen:

Wir bauen auf unsere Mitarbeiter als eine tragende Säule unseres Erfolges.

Wir wissen:

Unternehmen, die sich eine führende Stellung in der Attraktivität als Arbeitgeber erarbeitet haben, belegen auch die Spitzenplätze bei Wachstum, Profitabilität und Innovationskraft.

Wir erkennen:

Dass das Personal eines Unternehmens nicht mehr nur als Kostenfaktor gesehen werden darf, sondern ein Aktivum darstellt, in welches investiert werden soll.

Wir stellen fest:

Dass 80 % der Führungskräfte (Marginson et al. 1988) von der Notwendigkeit einer umfassenden Personalpolitik (Human Resource Management) überzeugt sind, jedoch nur die wenigsten in der Lage sind, eine auf ihr Unternehmen ausgerichtete Politik konkret zu beschreiben.

Wie sieht es bei Ihnen aus?

Abb. 8: Wir sagen – Wir wissen – Wir erkennen – Wir stellen fest

Überwiegend findet diese Abbildung Zustimmung, und auch diese Tatsache verdeutlicht die Kluft zwischen den vielen interessanten und wissenschaftlich substanzierten Veröffentlichungen zum Thema Personalentwicklung (Theorie) und der erfolgreichen Umsetzung dieser Konzepte in Unternehmen (Praxis).

Nach dem Beginn des 21. Jahrhunderts wissen viele für die Personalentwicklung verantwortliche Entscheidungsträger immer noch nicht, was unter dem Begriff Personalentwicklung zu verstehen ist. Dies gilt nach unserer Erfahrung insbesondere für mittelständische Unternehmen.

1.6 Organisationen sind soziale Systeme

Die Verantwortlichen in Unternehmen für Personalentwicklung müssen lernen, ihre Organisation als ein soziales System zu verstehen. Dieses System besteht aus lebendigen Ganzheiten, deren Elemente in Wechselbeziehungen zueinander stehen und deren innere Zustände und Verhaltensweisen durch zirkuläre Prozesse zustande kommen. Gleichzeitig stehen solche sozialen Systeme in vielfältigen, ebenfalls zirkulären Austauschbeziehungen zu anderen Systemen ihrer Umwelt, und somit sind sie Teile einer vernetzten, dynamischen Wirklichkeit.

Wir müssen erkennen, dass Unternehmen keineswegs nur aus Strukturen, Aufbau- und Ablauforganisationen bestehen, sondern dass Menschen die unternehmerische Realität entsprechend ihrer werteorientierten Handlungsweisen beeinflussen. Wir müssen lernen, dass gute Lösungen nur dann erfolgreich sein können, wenn sie von den Mitarbeitern akzeptiert werden. Andernfalls fließen 70 % der Veränderungsenergie, wie bereits erwähnt, in den Widerstand.

Die Veränderung von Organisationen findet somit zuerst in den Köpfen ihrer Mitglieder statt. Erst nachdem diese eingetreten ist, verändert sich die Unternehmenskultur, und erst danach kann sie in (Veränderungs-)Strategien ihren sinnvollen Niederschlag finden.

Larry Greiner bestätigt diese Aussage, indem er in seinem 5-Phasen-Modell der Organisationsentwicklung (Abb.9) darauf hinweist, dass die erfolgreiche Bewältigung einer

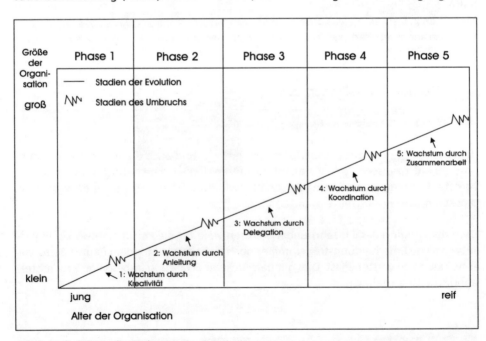

Abb. 9: Die fünf Phasen des Wachstums einer Organisation

Unternehmenskrise (Revolutionsphase) immer mit der Entwicklung einer neuen Führungskultur einhergeht.

Die Entwicklung einer neuen Führungskultur ist also die entscheidende Voraussetzung für erfolgreiches Change-Management. Und der Begriff Kultur bezieht sich im Kontext von Führung immer auf die Summe aller Denk-, Fühl- und Verhaltensweisen innerhalb einer Organisation.

1.7 Neue Führungskräfte braucht das Land

Die wachsende Komplexität der Umwelt und der ständige Wandel machen es erforderlich, dass Organisationen, die in dieser Wirklichkeit überleben wollen, in einer spezifischen Form lernfähig werden müssen. Denn die Spitzenorganisationen der Zukunft werden sich dadurch auszeichnen, dass sie wissen, wie man das Engagement und Lernpotenzial aller Ebenen einer Organisation erschließt. (Senge, S. 12)

Da nun aber Organisationen aus systemischer Perspektive betrachtet soziale Systeme sind, lernt eine Organisation immer nur, wenn ihre eigenen Mitglieder lernen.

Arnold Weissman und Joachim Feige haben in ihrem Buch „Sinnergie – Wendezeit für das Management" (Weissmann/Feige, S. 118) im Sinne der Transaktionsanalyse E. Bernes und auf der Grundlage des Orientierungsschemas von S. Covey über gelebte Verhaltens- und Spielformen versucht, die von Lynch/Kordis entwickelte Einteilung der Menschen in Delfine, Haie, Karpfen und pseudo-erleuchtete Karpfen in Form einer Grafik zu veranschaulichen.

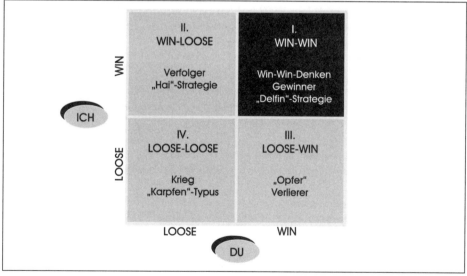

Abb. 10: Win-Win-Strategie

„I. Win-Win: Win-Win ist keine Technik, sondern eine Einstellung, die es allen Beteiligten ermöglicht, einen Vorteil und einen Mehrwert aus der Zusammenarbeit zu ziehen, und bei der es keine „Verlierer" gibt. Win-Win-Spieler sehen das Leben als Feld der Kooperation und nicht als Kampfarena. Sie denken nicht in Gegensätzen, sondern setzen auf Kooperation.

II. Win-Loose: Menschen, deren Denken kurzsichtige Gewinn-Verlust-Schemen zugrunde liegen, befinden sich in einem ständigen Kampf. Sie sind bereit, ihre Macht und ihren Besitz auf Kosten anderer zu vermehren und der Niedergang ihres Umfeldes befriedigt sie.

III. Loose-Win: Menschen mit einer Verlierer-Gewinner-Einstellung sind die natürlichen Opfer. Sie leben nach dem Leitsatz: „Ich verliere, du gewinnst. Ich war schon immer ein Verlierer, trample ruhig auf mir herum. Das tun alle."

IV. Loose-Loose: Diese Lebenseinstellung ist eine zutiefst negative, und sie muss, wenn sie dauerhaft ist, therapeutisch behandelt werden. Bei dieser Grundeinstellung verlieren der Einzelne und die Gemeinschaft gleichermaßen. (Weissman/Feige, S. 119)

Im Hinblick auf die zu entwickelnde Lernfähigkeit von Organisationen erscheint uns die Entwicklung eines zeitgemäßen Führungsverhaltens vorrangig zu sein. Erst wenn Führungskräfte in der Lage sind, gemäß der vier Verhaltensmaximen von „Delfinen" (Win-Win-Spielern) professionell zu agieren, können Organisationen erfolgreich durch die Wogen der Veränderung driften.

1.8 Die neuen Glaubenssätze

Die Win-Win-Führungskraft legt Wert auf die Erweiterung der Handlungsspielräume und Wahlmöglichkeiten ihrer Mitarbeiter und ihrer Partner und handelt demzufolge auf der Grundlage folgender Glaubenssätze:

„1. Kooperation
Um anderen Menschen von Nutzen sein zu können, muss ich mit ihnen kooperieren, ihnen gemeinsame Ziele erläutern und neue Wege für deren Umsetzung finden.

2. Kreativität
Nur wenn ich meinen alten Rahmen aufgebe und bereit bin, mich auch auf bisher Unbekanntes einzulassen, finde ich wirklich neue Wege und Lösungen.

3. Erreiche mehr gemeinsam
Dieser Gedanke basiert auf der Grundlage der Sinnergie. Durch das Zusammenwirken zweier kooperierender Partner entsteht etwas Drittes, das alles, was jeder der beiden allein hätte erreichen können, übertrifft.

4. Tit for tat – Wie du mir, so ich dir
Im Gegensatz zum Karpfen kann der Delfin auch austeilen, wenn sein Kooperationsan-
gebot nicht angenommen wurde und er z. B. von einem Hai ‚über den Tisch gezogen'
wurde. Aber danach bietet er erneut die Kooperation an." (Weismann/Feige, S. 120)

1.9 Die neuen Lerndisziplinen

Aus dem bisher Gesagten lassen sich folgende polare Schlüsselqualifikationen für (potenzielle) Führungskräfte in lernenden Organisationen ableiten:

- Komplexität erkennen, aushalten und reduzieren,
- analytisch-differenzierend und synthetisch-ganzheitlich denken,
- analysieren, differenzieren und abwägen sowie zielorientiert entscheiden und handeln,
- konsequent handeln und zugleich das eigene Verhalten, die eigenen Sichtweisen, Werte und Motive reflektieren,
- die Inhalts- und die Beziehungsebene jeder zwischenmenschlichen Kommunikation in ihrer Wechselwirkung erkennen, bei Bedarf aber auch auseinander halten,
- Konflikte erkennen, austragen und konstruktiv lösen sowie Konsens und Synergie fördern und
- Selbstorganisationskräfte in Systemen erkennen und achten, aktivieren und lenken. (Fischer, S. 69)

Peter M. Senge hat in seinem Buch „Die fünfte Disziplin" Lerndisziplinen (Abb. 11) beschrieben, in denen alle Organisationsmitglieder qualifiziert werden müssen, damit Unternehmen den permanent wachsenden Herausforderungen der Zukunft gewachsen sind.

1. **Persönliche Entwicklung**

   Die Fähigkeit zur andauernden persönlichen Weiterentwicklung,
   um die Ziele und Wünsche, die wir uns gesteckt haben, zu erreichen;
   einen Kontext für sich zu schaffen, der als kreatives Netzwerk ressourcenfördernd wirkt.

2. **Gemeinsame Visionen**

   Identifikation schaffen durch Herausbilden einer gemeinsamen Vorstellung
   über die Zukunft, mit einem gleichzeitigen Formulieren von Prinzipien und
   Leitlinien, durch die diese erreicht werden soll.

3. **Lernen im Team**

   Fähigkeit zur Kommunikation, Konfliktlösung und Konsensbildung in
   Arbeitsgruppen und Teams, so dass vorhandene Ressourcen und Kapazitäten
   optimal genutzt werden können.

4. **Systemdenken**

   In komplexen Zusammenhängen denken,
   Sachverhalte in Wechselbeziehungen und Wirkungskreisläufen beurteilen,
   um Wege der Systemgestaltung entwickeln zu können.

5. **Mentale Modelle**

   Die Reflexion der eigenen „inneren Landkarte" und die Überprüfung unserer Vorstellungswelt;
   das bedeutet vor allem, sich vor Augen zu halten, wie stark sich unser Denken
   und Handeln wechselseitig bedingen.

Abb. 11: 5 Disziplinen der lernenden Organisation

2. Didaktisches Konzept

2. Didaktisches Konzept

In den vergangenen 15 bis 20 Jahren konnten wir hinsichtlich der innerbetrieblichen Bevorzugung von Methoden mehrere Revolutionsphasen beobachten:

Die Phase der Professoren: Es gab eine Zeit, in der Unternehmen, die etwas auf sich hielten, namhafte Professoren einluden, um ihren Mitarbeitern endlich einmal aus berufenem Munde sagen zu lassen, wo der „Hase wirklich langläuft". Diese intellektuellen Exerzitien waren in der Regel so informativ wie eindrucksvoll – verändert haben sie nichts.

Die Phase der Lehrer: In der Zeit der Lehrerarbeitslosigkeit wandten sich viele establishment-feindliche und menschenfreundliche Pädagogen der innerbetrieblichen Weiterbildung zu. Nun spielte die Musik nur noch teilweise vorn. Gruppenarbeit und lebendiges Lernen waren angesagt.

Die Phase der Gruppendynamiker: Im allgemeinen Sprachgebrauch versteht man unter Gruppendynamik ein methodisches Vorgehen, das eine Fülle von Interventionen und Übungen nutzt, wie sie in den sechziger Jahren in gruppendynamischen Laboratorien, Sensitivity-Trainings und Organisations-Konferenzen für Angehörige aller sozialen Berufe erprobt wurden. (Kutter, S. 1) Die innerbetriebliche überfachliche Weiterbildung griff diese Methoden lustvoll auf, um „traditionelle Vermittlung von Wissen in polarer Gegenüberstellung von aktiv Lehrenden und passiv rezipierenden Lernenden (…) in Richtung auf die Arbeit mit kleinen Gruppen (…) aufzulockern". (Kutter, S. 10)

In sensitivitymäßig angehauchten (Selbsterfahrungs-)Gruppen für Führungskräfte wurde zum Zwecke der Persönlichkeitsentwicklung die Wahrnehmung des eigenen Erlebens und Verhaltens in einer Gruppe sowie die Wahrnehmung der eigenen Wirkung auf andere und der Wirkung anderer auf einen selbst zum Gegenstand der Betrachtung gemacht. Die zentrale Methode der Gruppendynamik ist das Geben und Nehmen von Feedback. In sachlich-wertschätzender Form angewandt, ermöglicht diese Methode dem Feedbacknehmer einen neuen, am Erleben orientierten Zugang zu seiner Selbstwahrnehmung. Aspekte der Außenwirkung, die er bisher nicht wahrgenommen hat, werden durch das Feedback anderer Gruppenmitglieder zugänglich, bewusst kommunizierbar und damit veränderbar gemacht.

Die Phase der Systemiker: Die Theorie, der diese neue Trainer- und Beratergeneration anhängt, trägt viele Namen: Kybernetik, Selbstorganisation, Konstruktivismus und/oder, so wird sie am häufigsten genannt, Systemtheorie. (Krieger, S. 7) Ernst von Glasersfeld hat diesen Denkansatz als einen „Faustschlag mitten in das Gesicht der traditionellen abendländischen Erkenntnisphilosophie" bezeichnet, der insbesondere all jene erkenntnistheoretischen Positionen trifft, die eine realistische Auffassung von wahrem Wissen vertreten bzw. annehmen und ernsthaft daran glauben, zu solch einem Wissen mittels (transzendentaler) Reflexion aufsteigen zu können.

Die „Systemtheorie" ist ein äußerst dynamischer interdisziplinärer Diskussionsansatz, der – kurz gesagt – mehr und mehr Evidenz für Immanuel Kants Einsicht beibringt, dass wir nie mit der Wirklichkeit „an sich" umgehen, sondern stets mit unserer Erfahrungswirklichkeit. Demzufolge ist Objektivität die Wahnvorstellung, Beobachtungen ohne einen Beobachter machen zu können (Heinz von Foerster), da für uns „das einzig Gegebene (...) die Art und Weise des Nehmens (ist)" (Roland Bates).

Rudolf Wimmer vertritt die Meinung, das „Systemische" sei in der Beraterszene zu einem Modewort avanciert. Es würde viel Geheimnistuerei rund um diese Gedankenwelt betrieben und eine eher vernebelnde als erklärende Begrifflichkeit verwendet, die den Eindruck zu erwecken trachte, dass sie eine bessere Erfassung der drängenden Probleme der Gegenwartsgesellschaft ermöglichen. (Wimmer, S. 62) Grundsätzlich bedeute systemisches Denken für ihn „eine ganz bestimmte Art und Weise, auf sich und die Welt zu schauen." (Wimmer, S. 62)

Doch was sind nun die wichtigsten Merkmale dieser besonderen Art und Weise, auf sich und die Welt bzw. die Organisation zu schauen?

Folgen wir der zentralen Annahme des systemischen Denkens, dass Organisationen hochkomplexe soziale Systeme sind, ergeben sich daraus einige Merkmale, die für die Frage nach ihrer Veränderung wichtig sind:

- Sie bestehen aus vielen verschiedenen Elementen, die stark vernetzt sind und viele veränderliche, rückgekoppelte Wirkungsabläufe umfassen.

- Sie sind „geschichtsabhängig", d. h. ihre Zustände verändern sich im Laufe ihrer Entwicklung.

- Sie sind nur bedingt analysierbar und quantifizierbar, da ihr jeweiliger Zustand nicht voraussagbar ist. Deshalb vermag eine quantifizierende Analyse das Wesentliche an ihnen nicht zu erfassen.

- Sie organisieren und reproduzieren sich ständig selbst.

- Interventionen von außen sind aufgrund der Eigendynamik des Systems prinzipiell nur eingeschränkt möglich und in ihrer Wirkung kaum planbar und kontrollierbar. (Fischer, S. 52)

Da Menschen ebenso wie die Organisationen, in denen sie arbeiten, lebende und daher nicht-triviale Systeme sind, erfordert ein entwicklungsförderndes Arbeiten mit ihnen ein methodisches Vorgehen, das einerseits bewährte Modelle wie sie die Humanistischen Psychologie sinnvoll einsetzt und das andererseits methodisch den neuen Anforderungen, die sich notwendigerweise aus der Systemtheorie ergeben, mit einem modifizierten Modell von Training entspricht.

Ruth Seliger hat in dieser Hinsicht eine wichtige Vorarbeit geleistet. Wir teilen drei Annahmen mit ihr:

- *„Personen spielen in der Organisation professionelle Rollen."*

- *„Professionelles Verhalten ist das Ergebnis individueller Entscheidungen."*

- *„Professionelles Verhalten ist die Nahtstelle von Person und Organisation." (Seliger, S. 36)*

Diesen Annahmen entsprechend, liegt unserem F.U.T.U.R.E.-Konzept folgendes Rollenverständnis zugrunde:

Die Organisation ist Experte für die Definition angemessenen professionellen Verhaltens. Die TeilnehmerInnen sind Experten für ihr eigenes Verhalten und tragen durch ihre Lernbereitschaft zur Sicherung der Qualität von Professionalität in der Organisation bei. Und wir, die Trainer, sind Experten für die Gestaltung adäquater Lern- und Entwicklungsmöglichkeiten.

2.1 Integration sozialer und funktionaler Aspekte

Das systemische Denken hat das Lernen in Organisationen stark verändert. Manch ein Gruppendynamiker versteht seine Trainerwelt nicht mehr, wenn er Hardliner der Systemtheorie in Seminaren zu Teilnehmern sagen hört: „Sie als Mensch interessieren mich überhaupt nicht. Sie haben für mich nur in Ihrer Rolle als Führungskraft eine Bedeutung. Mein Job ist es, Ihr Führungshandeln zu professionalisieren und nicht Ihre Ängste und Hemmungen zu bearbeiten."

Auftraggeber hören diese Töne wesentlich lieber. Für manchen unter ihnen erscheinen sie gar wie eine Erlösung. Man hört fast, wie die innere Stimme sagt: „Ich wusste es doch von Anfang an, dieses ganze psychosoziale Gerede bringt doch gar nichts; klar sagen, was Sache ist, und der Laden läuft".

Wir glauben, dass diese Sichtweise der systemischen Arbeit das Ergebnis einer Annahme ist, der wir uns in diesem Buch so nicht anschließen wollen, weil sie den Menschen in Organisationen durch die Überbetonung der „harten", strukturellen Seite anthropologisch nicht wertschätzt.

Trainer/Berater, die sich als Vertreter der reinen (systemischen) Lehre Marktvorteile verschaffen und ihre menschlich kühle und distanzierte Interventionsform mit ihrem professionellen Selbstverständnis als „Qualifikationsexperte" rechtfertigen, übersehen als Anhänger der „Differenztheorie" (N. Luhmann) eine wesentliche Differenzierung:

Soziale Systeme und damit auch Organisationen sind im Unterschied zu lebenden Organisationen für uns Systeme zweiter Ordnung, die nicht selbst, sondern nur über die Menschen, aus denen sie bestehen, denken und handeln können, weshalb sie sich daher ausschließlich über die Kommunikation und Interaktion der betreffenden Menschen regulieren und steuern. Diese Kommunikation ist prinzipiell offen, da Menschen ihre Umwelt unterschiedlich interpretieren und dementsprechend unterschiedlich handeln.

Die obige Unterscheidung ist notwendig, weil wir andernfalls Gefahr laufen, den Systemcharakter sozialer Systeme „organizistisch" zu verzerren, und damit all denen eine ideologische Rechtfertigung liefern, die die Autonomie der an den betreffenden Systemen beteiligten Menschen und ihre Beziehungen zueinander einschließlich der daraus resultierenden Differenzen und Konflikte leugnen und unterdrücken. (Fischer, S. 49)

F.U.T.U.R.E. versteht den Menschen als „Selbstzweck", nicht als „Mittel zum Zweck", und würdigt die neuen Sichtweisen der Systemtheorie bezüglich der strukturellen Koppelung zwischen Person und Organisation, ohne dabei den Menschen als „Körper-Seele-Geist"-Phänomen aus den Augen zu verlieren.

Neben der notwendigen Erarbeitung von „Rollenklarheit", der Lösung akuter Probleme in der jeweiligen beruflichen Praxis und der Wiederherstellung von „Handlungsfähigkeit" ist das Seminar für uns auch ein „Ort der Begegnung", an dem gelacht, geflucht und manchmal auch geweint werden darf und an dem zwischenmenschliche Beziehungen ernst genommen und keinem Zweck untergeordnet werden.

Wir leugnen nicht, dass das systemische Denken das Lernen in Organisationen verändert hat und weiterhin verändern wird, aber wir gehen auch nicht so weit zu sagen, der Zweck heilige die Mittel und die „Ethik" eines positiven Menschenbildes, so wie die Humanistische Psychologie (H. Quitmann) es auf der Grundlage der abendländischen Philosophie entwickelt hat, solle zugunsten der „Viabilität" und ihrer Funktionalisierung menschlichen Verhaltens über Bord geworfen werden. Wir schließen uns vielmehr Kants Meinung an, dass vernünftige Wesen, Menschen, „objektive Zwecke" sind und als solche „absoluten Wert" haben. (Weischedel, S. 6)

2.2 Personale Professionalität

F.U.T.U.R.E. versteht sich somit als sozio-funktionales Integrationsmodell, das sich mit der stetig wachsenden beruflichen Komplexität und Dynamik eines Rollenträgers professionell auseinander setzt und gleichsam den Menschen als soziales und nach Sinn fragendes Wesen begreift.

Das erklärte Hauptziel von F.U.T.U.R.E. ist vor allem, eine professionelle Identität zu entwickeln, Rollenerwartungen, die von Seiten der Organisation an eine Person adressiert werden, verbindlich zu vermitteln und den Erwartungen entsprechende professionelle Kompetenzen herauszubilden. Professionalität bedeutet in unserem Kontext grundsätzlich personale Professionalität, d. h. eine Sammlung und Integration von Kompetenzen, Know-how und Ausrichtungen in der beruflichen Welt, die in der (potenziellen) Führungskraft ein integriertes Ganzes bilden und ihrem Wesen entsprechen. (Schmid, S. 8)

Um dieses Ziel zu erreichen, wendet F.U.T.U.R.E. im Curriculum ein Methodeninventarium an, das erlebniszentriert, multiparadigmatisch und praxisorientiert ist.

Das didaktische Konzept der einzelnen Entwicklungsmaßnahmen beinhaltet eine Kombination von deduktivem Lernen (theoretischer Aspekt), induktivem Lernen (praktischer Aspekt) und Persönlichkeitsentwicklung (personaler Aspekt).

2.2.1 Deduktives Lernen

Obwohl Ernst von Glasersfeld, der Vater des radikalen Konstruktivismus, feststellt, dass „das denkende Subjekt sein Wissen nur auf der Grundlage eigener Erfahrungen konstruieren kann" (v. Glasersfeld, S. 22) und es demzufolge unmöglich sei, Wissen zu „vermitteln", und obwohl Ruth Seliger dementsprechend ausführt, dass dieses Wissen Trainer „vor ein großes Problem" stelle, da ihr Beruf und ihr Auftrag gerade beinhalte, „das zu tun, was nicht geht: in einem anderen lebenden System, einem Teilnehmer, Veränderungen (Lernen) zu erzielen und dort Wissen zu erzeugen" (Seliger, S. 30), halten wir das Impulsreferat zu thematischen Schwerpunkten innerhalb der einzelnen Entwicklungsmaßnahmen für sinnvoll und geeignet, Lernprozesse zu unterstützen.

Uns ist klar, dass ein von der Theorie herkommendes Lernen die Einstellungen und das Verhalten der Teilnehmer nicht zu verändern vermag. Doch hat der Weg von der Theorie in die Praxis für kopfgesteuerte Teilnehmer eine wesentlich höhere Anschlussfähigkeit und schafft dadurch Akzeptanz.

Trainerkollegen, die verhindern wollen, dass 70 % ihrer Energie in die Bearbeitung selbst erzeugter Widerstände fließen, sollten auch im Hinblick auf ihre Anschlussfähigkeit das Wissensbedürfnis ihrer Teilnehmer ernst nehmen und deshalb sowohl die eigene methodische Vorgehensweise als auch die Themenschwerpunkte des Seminars erläutern. Impulsreferate zur gezielten Vermittlung der Kernaussagen zentraler Modelle und Konzepte halten wir für sinnvoll, vor allem, wenn sie durch Trainererfahrungen, Demonstrationen und Übungen (Prozess aus Inhalt) ergänzt werden.

Die Teilnehmer sind in der Regel keine Philosophen, Pädagogen oder Soziologen. Sie haben einen anderen fachlichen und beruflichen Hintergrund und damit gleichsam eine andere Sozialisation erfahren, und nun sollen sie plötzlich etwas wertschätzen und anwenden, das sie bisher eher belächelt haben. Hier muss ihnen eine goldene Brücke gebaut werden, über die sie das neue „Psycholand" betreten können. Diese Brücke müssen wir, die Trainer und Berater, bauen. Inhaltlich vermitteln wir demzufolge in einem modernen, methodenübergreifenden Ansatz Konzepte der Führungs-, Kommunikations-, System- und Organisationstheorie je nach aktuellem Bedarf der Zielgruppe.

2.2.2 Induktives Lernen

Jede Entwicklungsmaßnahme bietet den Teilnehmern ausgiebig Gelegenheit, von der Praxis zu lernen. Die Outdoor-Übungen, der Theaterworkshop, das Planspiel, die kollegiale Beratung und die Lebens- und Karriereplanung fördern erlebniszentriertes Lernen. Durch die strukturierte Auswertung der gemachten Erfahrungen ermöglichen sie die Erarbeitung allgemein gültiger und praxisrelevanter Methoden. Dies gilt für alle Themen der Kommunikation (Mitarbeitergespräche, Moderationen, Meetings etc.) und für alle Themen der Kooperation (Arbeiten im Team, Projektarbeit, Workshops etc.).

Weiterhin werden Teilnehmern Lernräume angeboten, in die sie ihre aktuellen, konkreten und qualitativ hochwertigen Praxisfälle einbringen können und zu denen sie eine kollegiale Beratung erhalten. Im Sinne des fragmentarischen Lernens werden realistische Fälle mit Hilfe von Metamodellen neu durchdacht, im Hinblick auf ihre professionelle Stimmigkeit geprüft und neu konfiguriert. Dabei wird die individuelle Wirklichkeitslogik irritiert und ein neuer emotionaler und kognitiver Zugang zum Problemverständnis ermöglicht.

2.2.3 Persönlichkeitsentwicklung

Versteht man berufliche Kompetenz – im Hinblick auf verbindliches Führungshandeln – als Optimierung der professionellen Selbststeuerung, rücken automatisch personale Aspekte ins Zentrum der Aufmerksamkeit.

In zahlreichen Team-, Bereichs- und Organisationsentwicklungsmaßnahmen haben wir immer wieder erlebt, was Paul Watzlawicks Satz „Die Beziehungsebene überdeckt immer die Sachebene" für erfolgreiche Zusammenarbeit bedeutet. Organisationen sind nun einmal „soziale Systeme", die nur dann funktionieren, wenn die Kommunikation zwischen den einzelnen Organisationsmitgliedern „funktioniert". Das ist aber nur der Fall, wenn zwischenmenschliche Konflikte ausgetragen und geklärt werden. Andernfalls bewahrheitet sich, dass alles, was nicht ausgetragen wird, nachgetragen wird. Aus diesem Grund halten wir gruppendynamische Trainingsformen mit einem hohen Anteil an Selbsterfahrung für sinnvoll, denn sie vermitteln ein tieferes Verständnis für die Auswirkungen des eigenen sozialen Verhaltens auf andere Menschen und ermöglichen lebendiges Lernen zur Entwicklung von sozialer Kompetenz.

Immer wieder kommen (potenzielle) Führungskräfte mit der Erwartung zu uns ins Training, geeignete Werkzeuge und Techniken kennen zu lernen, um ihre Probleme mit Mitarbeitern gut bewaffnet bekämpfen zu können. In ihren Augen geht es um Sieg oder Niederlage, der Stärkere muss die Führungskraft sein, deshalb braucht sie die besseren Waffen. Wessen Geistes Kind die Waffen führt, interessiert sie nicht, Hauptsache das (kurzfristige) Ergebnis stimmt.

Dass erst Glaubwürdigkeit, soziales Gespür, Authentizität, Einfühlungsvermögen und die Fähigkeit, persönliche Wertschätzung zu vermitteln, vertrauensvolle und damit tragfähige zwischenmenschliche Beziehungen ermöglichen, ist für viele führungsgeschädigte Nachwuchskräfte eine ungewohnte Betrachtungsweise. Erst nachdem sie am eigenen Leibe erfahren haben, dass ihre Beziehungs- und Kontaktfähigkeit die entscheidenden Voraussetzungen für erfolgreiche Mitarbeiterführung sind, relativiert sich in ihren Augen auch der hohe Stellenwert von Führungsinstrumenten. Erst wenn Defizite einer Führungspersönlichkeit beseitigt worden sind, verlieren Führungsinstrumente ihren wehrhaften Charakter und werden zu sinnvollen Hilfen für die Praxis.

Für unser Konzept bedeutet dies, Lernräume zu öffnen, in denen die Teilnehmer einander fern des Tagesgeschäfts begegnen können und wo sie Zeit finden, Beziehungen zueinander aufzubauen, um das eigene Sozial- und Kontaktverhalten zu erleben und kritisch zu prüfen.

Vor Jahren haben wir eine dem F.U.T.U.R.E.-Konzept sehr nahe kommende Führungskräfte-Entwicklungsmaßnahme mit hohen Beamten eines neuen Bundeslandes durchgeführt. Vor Beginn bestand von Seiten der Teilnehmer große Skepsis. Niemand wusste so recht, was erlebniszentriertes Arbeiten bedeutet, und schon der Stuhlkreis ohne Tische löste eine mittlere Panik aus. Das Ergebnis des Trainings war jedoch sehr zufrieden stellend, und das Abschlussfeedback zeigte, dass vor allem die Beziehungen, die die Teilnehmer zwischenzeitlich zueinander aufgebaut hatten, als besonders wertvoll angesehen wurden. Durch diese neuen Beziehungen wurde auch die tägliche Zusammenarbeit wesentlich leichter, da positionsbedingte Berührungsängste erheblich reduziert wurden und dies sich sehr positiv auf das gegenseitige Verständnis ausgewirkt hatte. Es hieß, verglichen mit den alten Bundesländern, wo es derartige Entwicklungsangebote gar nicht gebe, habe diese Entwicklungsmaßnahme für Führungskräfte die Kommunikations- und Streitkultur in äußerst positiver Weise beeinflusst.

Unserer Meinung nach wird der Mehrwert solcher positiven Veränderungen der Kommunikationskultur von vielen Unternehmen gar nicht gesehen und/oder erheblich unterschätzt. Diese Organisationen verstehen die Wirkmächtigkeit der Wechselwirkungen zwischen Personalentwicklung und Unternehmensentwicklung nicht und betrachten die Führungskräfteentwicklung weiterhin als eine Art (Fahr-)Schule für Nachwuchskräfte.

F.U.T.U.R.E. beschreitet in dieser Hinsicht bewusst einen anderen Weg und arbeitet deshalb nicht nur an der Entwicklung der professionellen Fitness, sondern vor allem auch der sozialen Fitness der Teilnehmer.

Wenn aus der Organisationsperspektive Individuen in ihrer Rolle als (potenzielle) Führungskraft „Adressaten von Verhaltenserwartungen" (R. Seliger) sind und Verhalten komplementär und/oder identisch mit Einstellung ist, beginnt die Akzeptanz für neue Verhaltensweisen mit der einsichtigen Bereitschaft der „Betroffenen", ihre Einstellungen zu verändern. (Heinerth, S. 20)

Diese Akzeptanz zu erreichen bringt jedoch Probleme mit sich, da nach K. Heinerth „Einstellungen (…) relativ lang andauernde, gelernte, psychische und physiologische Bereitschaften (sind), durchgängig und einheitlich bestimmte Klassen von Objekten wahrzunehmen, zu bewerten und sich ihnen gegenüber in bestimmter Weise zu verhalten". (Heinerth, S. 20) Demzufolge haben sie die existenziellen Funktionen von Ökonomie, emotionaler Sicherheit und Selbstverwirklichung.

Unsere Einstellungen machen unsere Persönlichkeit aus, und ihre Festigkeit macht uns für andere Menschen berechenbar. Wer also von seinen (potenziellen) Führungskräften ein anderes Verhalten, ein „professionelles" – von der Organisation definiertes Verhalten – erwartet, der muss die Einstellungen, die das aktuelle Verhalten bedingen, verändern, und das bedeutet, er muss die Persönlichkeit der Führungskräfte entwickeln.

Deshalb erhalten die Teilnehmer in F.U.T.U.R.E. regelmäßig Gelegenheit, einander sorgfältiges individuelles Feedback über die persönliche und professionelle Entwicklung zu geben. Ausgehend von einer Haltung gegenseitiger Wertschätzung tauschen sie sich über die wahrgenommenen persönlichen Eigenarten und Potenziale aus, legen gemeinsam Entwicklungsfelder fest, die eigene Persönlichkeit und Wirksamkeit zu optimieren, und entwickeln Strategien, die diese Entwicklung auch am Arbeitsplatz fördert.

3. ■ Überblick

3. Überblick

Das Konzept berücksichtigt die Interessen der beiden Kundensysteme „Person" und „Organisation". Diese Unterscheidung soll einerseits eine fundierte Personalauswahl und später die entwicklungsorientierte Arbeit mit den Potenzialträgern ermöglichen, andererseits durch Einbindung der direkten Vorgesetzten die Umsetzung der vermittelten neuen Fähigkeiten, Fertigkeiten und Kenntnisse im Funktionsfeld der Potenzialträger gewährleisten.

Um dem Leser einen schnellen Zugang zum Gesamtkonzept zu ermöglichen, beschreiben wir in diesem Kapitel kurz die Einzelelemente von F.U.T.U.R.E. (Abb. 12). In Kapitel 4 werden die einzelnen Bausteine dann detailliert und in einer für den Leser leicht verständlichen Form beschrieben.

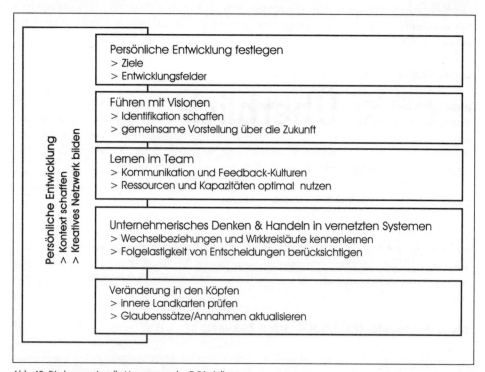

Abb. 12: Die konzeptionelle Umsetzung der 5 Disziplinen

Dem Aspekt „Persönliche Entwicklung" haben wir in unserem Konzept eine übergeordnete Rolle zuerkannt. Die individuelle Entwicklung einer Person kann nur in Form eines ständigen (Feedback-)Prozesses erfolgreich stattfinden. Von Seneca wissen wir, dass für ein Schiff ohne Hafen jeder Wind der richtige Wind ist. Deshalb muss die „Entwicklungsreise" mit der verbindlichen Festlegung der Entwicklungsfelder/-ziele des Teilnehmers (F.U.T.U.R.E.: Potenzialbestätigungsworkshop – PBW; Selbstentwicklungsworkshop – SEW) beginnen und während der gesamten Dauer von F.U.T.U.R.E. bearbeitet, überprüft und modifiziert werden.

Nach Festlegung der Entwicklungsfelder/-ziele des Teilnehmers in Abstimmung mit seinen direkten Vorgesetzten werden diese – dem Schwerpunkt der einzelnen Entwicklungsmaßnahmen entsprechend – zum durchgängigen Hauptthema gemacht:

Führen mit Visionen (F.U.T.U.R.E.: Ich & Führung)

bietet den Teilnehmern Gelegenheit, die werteorientierten Handlungsmaximen, die gewöhnlich in den Unternehmensleitbildern und Grundsätzen für Führung und Zusammenarbeit von Unternehmen schriftlich fixiert sind, in visionäre und vor allem praxisrelevante Führungskonzepte zu transformieren. Im Vordergrund steht dabei die Identifikation mit der strategischen Ausrichtung des Unternehmens und die Entwicklung eines Führungsverhaltens, das die Motivation und die Bereitschaft der (potenziellen) Mitarbeiter/Führungskräfte, an der erfolgreichen Umsetzung dieser Strategie aktiv mitzuwirken, fördert.

Lernen im Team (F.U.T.U.R.E.: Ich & Team)

ermöglicht den Teilnehmern, ihre Fähigkeiten zur Kommunikation, Konfliktlösung und Konsensbildung in Arbeits- bzw. Projektgruppen praxisnah zu erfahren. Auf der Grundlage dieser Erfahrungen entwickeln sie gemeinsam Methoden und Verhaltensweisen, die es ermöglichen, am jeweiligen Arbeitsplatz die vorhandenen Ressourcen und Kapazitäten der Mitarbeiter optimal zu nutzen.

Systemdenken (F.U.T.U.R.E.: Ich & System)

In diesem Teil begeben sich die Teilnehmer in die Rolle des Unternehmers, um anhand eines Planspiels die Folgelastigkeit getroffener Entscheidungen praxisnah zu erleben. Sie lernen, in komplexen Zusammenhängen zu denken, Sachverhalte in Wechselbeziehungen und Wirkkreisläufe zu beurteilen und Wege der Systemgestaltung zu entwickeln.

Mentale Modelle (F.U.T.U.R.E.: Ich & Zukunft)

In diesem abschließenden Teil werden die Teilnehmer in sogenannten Vertrauensgruppen dazu motiviert, ihre bisherige Sozialisation und berufliche Entwicklung kritisch zu rekonstruieren. Sie beschäftigen sich mit der Ökologie der Aufteilung ihrer Lebenszeit, der wirklichkeitslogischen Struktur ihrer individuellen Wertelandschaft, der Wirkmächtigkeit ihres Karriereankers und der Balance zwischen Körper, Geist und Seele.

Abbildung 13 stellt die inhaltliche Ausgestaltung des Konzeptes F.U.T.U.R.E. im Sinne der soeben beschriebenen Struktur noch einmal übersichtlich dar.

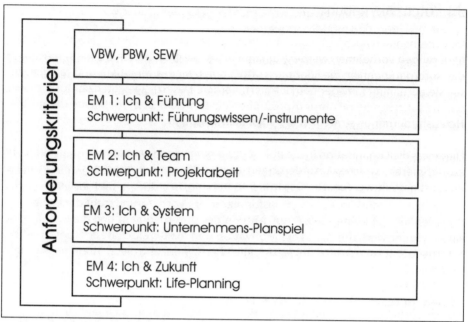

Abb . 13: F.U.T.U.R.E. – Gesamtübersicht

Inhaltlich ausgestaltet sieht das F.U.T.U.R.E.-Design wie folgt aus:

VBW	PBW	EM/ 1 "Ich & Führung"	EM/ 2 "Ich & Team"
• Kennenlernen der Konzeptstruktur • Inhalte • Methoden • Anforderungskriterien • Vorbereitung auf die Rolle des Begleiters von Personalentwicklungsmaßnahmen	• Methodisch ein AC • Einzelpräsentationen bis hin zu Gruppendynamik • Methoden • Anforderungskriterien • Vorbereitung auf die Rolle des Begleiters von Personalentwicklungsmaßnahmen	• Führung im Wandel • Wertorientierte Führung • Führungsinstrumente • Führungswissen	• Entwicklungsphasen von Teams • Die 12 Teamverstärker • Kooperation & Wettbewerb • Synergie im Team
	SEW	**EM/ 3** "Ich & System"	**EM/ 4** "Ich & Zukunft"
	• Methodisch ein AC • Einzelpräsentation bis hin zu Gruppendynamik • Teilnehmer als Beobachter • Beobachterkonferenz • Sofortige Info über das Ergebnis an den Teilnehmer	• Das Unternehmen als komplexes und dynamisches System • Das Kooperationsportfolio • Verbindliches Führungshandeln • Grundlagen des Coaching	• (Selbst-) Vertrauen und Beziehungsfähigkeit • Lebenszeit • Lebens- und Karriereplanung • Körperbewusstsein

Abb. 14: F.U.T.U.R.E. – Design

3.1 Potenzialerhebung

Da Unternehmen auch in Zukunft immer wieder strukturelle und organisatorische Veränderungen vornehmen werden, um im Wettbewerb zu bestehen, werden sich auch die Anforderungen an die Führungskräfte immer wieder verändern und folglich müssen sie auch immer wieder neu definiert werden. Das richtige Potenzial für die Übernahme solcher neuen Führungspositionen zu ermitteln ist deshalb eine der größten Herausforderungen strategischer Personalentwicklung.

Hier muss die Organisation in die Pflicht genommen und veranlasst werden, eindeutig zu definieren, welche Anforderungen an die Rolle einer Führungskraft in naher Zukunft gestellt werden. Die Organisation muss entscheiden, was sie braucht:

- Pioniere zum Aufbau völlig neuer Strukturen,

- Powertypen für die Bewältigung turbulenter Situationen,

- Diplomaten für betriebspolitisch schwierige Phasen,

- Coaches mit der Fähigkeit, Mitarbeiter persönlich anzusprechen und zu motivieren.

Erst wenn dies geklärt ist, kann ein Instrument entwickelt werden, das die flächige Erfassung von Potenzialträgern ermöglicht, die den aktuellen und vor allem zukünftigen Anforderungskriterien entspricht. Die schlechtere Alternative wäre, dass die Organisation sobald eine Stelle zu besetzen ist, „ad-hoc-Entscheidungen" trifft und in Kauf nimmt, dass die Trefferquote bei einer solchen Vorgehensweise völlig dem Zufall überlassen bleibt.

Ein professionelles Konzept der Suche nach Potenzialträgern sollte deshalb folgende Elemente beinhalten:

- Jeder Vorgesetzte zieht mindestens einmal pro Jahr mit jedem seiner Mitarbeiter Bilanz über einen verstrichenen Referenzzeitraum (jährliche Leistungsbeurteilung, Feedback, Mitarbeitergespräch).

- Aufgrund dieser Daten füllt der Vorgesetzte für jeden Mitarbeiter einen Potenzialerhebungsbogen aus.

- Anschließend tauscht sich der Vorgesetzte im Kreise seiner Kollegen über die hinsichtlich der Mitarbeiter gewonnenen Erkenntnisse aus.
(Integrationsrunde: kritische Überprüfung der individuellen Einschätzungen)

- Am Ende des dialogisch durchgeführten kollegialen Abgleichs entscheidet der jeweils direkte Vorgesetzte, ob sein Mitarbeiter Potenzial für
  - Führungsaufgaben oder
  - für die Erweiterung seiner Fachaufgaben besitzt.

Es folgt eine spezifische Förderung der Mitarbeiter, um sie auf der horizontalen Ebene für eine Erweiterung ihrer Fachaufgaben und auf der vertikalen Ebene für die zukünftige Übernahme von Führungsaufgaben zu befähigen.

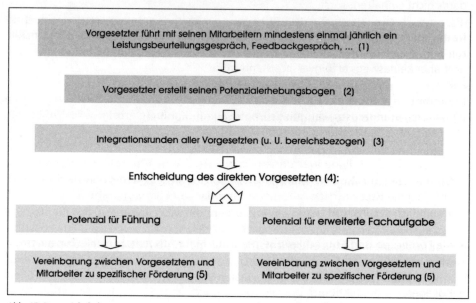

Abb. 15: Potenzialerhebung

3.2 Vorgesetzte einbinden

Wie bereits in Kapitel 3.1 dargestellt, beginnt die Einbindung der direkten Vorgesetzten nicht erst mit betriebsinternen oder -externen Qualifizierungsmaßnahmen, sondern am Arbeitsplatz, „vor Ort". Eine verbindliche Führungskultur kann sich in einem Unternehmen nur entwickeln, wenn die direkten Vorgesetzten aktiv in das F.U.T.U.R.E.-Konzept eingebunden werden. Es wird in Zukunft nicht mehr ausreichen, dass Vorgesetzte ihre Mitarbeiter zu Qualifizierungsmaßnahmen schicken und sich dann Monate später ganz nebenbei erkundigen, wie „es denn so gewesen ist". Der Vorgesetzte hat eine aktive, begleitende Rolle. Er ist verantwortlich in den Auswahlprozess und in die Begleitung des Entwicklungsprozesses seiner Mitarbeiter eingebunden.

Regelmäßiges Feedback und Coaching durch den direkten Vorgesetzten während des gesamten F.U.T.U.R.E.-Programmes ist ein wesentlicher Bestandteil der Qualitäts- und Erfolgssicherung.

Zu oft wird übersehen, dass Erfolg konservativ ist. Das gilt auch für den Erfolg von F.U.T.U.R.E. Der frühere Harvard-Professor David Maister spricht in diesem Zusammenhang von Disziplin, Intoleranz und Konsequenz. Aufgrund von Erfahrungen in unzähligen Unternehmen ist er zu dem Schluss gekommen, dass man aus Konzepten nur dann einen Nutzen ziehen kann, wenn die ihnen zugrunde liegenden (Qualitäts-)Standards von allen Beteiligten verbindlich eingehalten werden. Demzufolge müssen seiner Meinung nach die Verantwortlichen in Unternehmen – vor allem die der oberen Ebenen – lernen, all denjenigen gegenüber intolerant zu sein, die gemeinsam festgelegte Standards nicht einhalten.

Nette, kollegiale, freundliche und tolerante Unternehmen müssen sich darüber im Klaren sein, dass eine Unverbindlichkeitskultur zwar das allgemeine Wohlbehagen steigert aber keineswegs erfolgversprechend ist.

Intolerant gegenüber der Nichteinhaltung von gemeinsam verbindlich festgelegten (Qualitäts-) Standards zu sein, bedeutet im Hinblick auf die erfolgreiche Umsetzung von F.U.T.U.R.E., dass jeder Vorgesetzte

- sich den neuen Rollenerwartungen, so wie sie in einem Unternehmensleitbild, in Grundsätzen für Zusammenarbeit und Führung und in den daraus abgeleiteten unternehmensspezifischen Anforderungsprofilen für Führungskräfte festgelegt sind, verbindlich verpflichtet fühlt,

- die Förderung und Entwicklung seiner Mitarbeiter als eine zentrale Führungsaufgabe versteht,

- Kollegen, die despektierlich über Personalentwicklungs-Konzepte sprechen, zur Seite nimmt und sie auf die geltenden Spielregeln aufmerksam macht, und

- von seinem eigenen direkten Vorgesetzten sanktioniert wird, wenn er den neuen Rollenerwartungen offensichtlich nicht entspricht.

Nur durch diese Form der von uns so definierten Intoleranz können in einem Unternehmen Verbindlichkeit im Führungshandeln, Disziplin in der Einhaltung von (Qualitäts-)Standards und Konsequenz bei der Umsetzung von Personalentwicklungskonzepten – in unserem Falle von F.U.T.U.R.E. – erreicht werden. Nur durch diese Intoleranz kann strategische Personalentwicklung professionell umgesetzt werden.

Im Hinblick auf Rollenklarheit, Verbindlichkeit und Professionalität basieren die beiden folgenden Konzeptbausteine auf der aktiven Einbindung und Mitwirkung der direkten Vorgesetzen:

- Vorbereitungsworkshop (VBW) und

- Potenzialbestätigungsworkshop (PBW)

Für Unternehmen, die sich aufgrund aktueller zeitlicher und/oder personeller Engpässe in einer Notsituation befinden und die deshalb ihre Vorgesetzten in dieser Auswahlphase nicht zu unserem PBW schicken wollen/können, haben wir als Alternative den

Selbstentwicklungsworkshop (SEW)

konzipiert.

Für die Steuerung des Gesamtprojekts F.U.T.U.R.E. in einem Unternehmen ist es nützlich, eine sogenannte Steuerungsgruppe zu gründen. Deren Aufgabe ist es, unternehmensspezifisch die Projektorganisation des Personalentwicklungskonzepts zu erstellen und die durch dieses Konzept initiierten Prozesse und etablierten Projekte zu steuern. Die Mitglieder der Steuerungsgruppe verstehen sich als Experten für die Vernetzung von Organisations- und Personalentwicklung.

3.2.1 Der Vorbereitungsworkshop (VBW)

Der VBW soll die Vorgesetzten tatsächlich zunächst einmal auf eine so umfassende Personalentwicklungsmaßnahme vorbereiten.

Im zweitägigen VBW erhalten die Vorgesetzten Gelegenheit, sich kognitiv und zum Teil auch erlebniszentriert mit den zentralen Inhalten und Methoden der Struktur des F.U.T.U.R.E.-Konzepts auseinanderzusetzen.

Außerdem bietet der VBW den Vorgesetzten die Möglichkeit, sich im Kollegenkreis professionell auf ihre neue Rolle als kompetente Begleiter ihrer Mitarbeiter vorzubereiten. Diese Vorgehensweise trägt zum Abbau von Widerständen und Vorbehalten bei und erhöht dadurch die Akzeptanz für das Personalentwicklungskonzept. Hier wird auch die Basis für eine kompetentere Potenzialerhebung und Potenzialförderung in der Zukunft geschaffen. Weiterhin erhalten die Vorgesetzten Gelegenheit dazu, inhaltlich auf das Gesamtkonzept F.U.T.U.R.E. Einfluss zu nehmen. Sie können z. B. entscheiden, welche Führungsinstrumente (Leistungsbeurteilung, Potenzialeinschätzung, Mitarbeiterfeedback, Mitarbeitergespräch etc.) in der Entwicklungsmaßnahme „Ich & Führung" vermittelt und geübt werden sollen.

3.2.2 Der Potenzialbestätigungsworkshop (PBW)

Im Gegensatz zum VBW fordert der PBW von den Vorgesetzten bereits eine aktive Beteiligung als Beobachter und Entscheider. Im zweitägigen PBW, der methodisch mit einem Assessmentcenter (AC) vergleichbar ist, wird auf eine paritätische Besetzung von Teilnehmern und Beobachtern geachtet. Aus konzeptionellen Gründen ist es sinnvoll, die Teilnehmerzahl auf 12 zu begrenzen.

Die methodisch unterschiedlichen Übungen, angefangen von der Gruppendynamik bis hin zu Einzelpräsentationen, ermöglichen den Beobachtern, ihre Kandidaten in unterschiedlichen Situationen zu erleben. Durch die Unterschiedlichkeit der Übungen wird eine relative „objektive" abschließende Beurteilung der Eignung eines Teilnehmers als Führungskraft möglich.

In einer gemeinsamen Beobachterkonferenz tauschen die Beobachter gegen Mitte des zweiten Tages ihre Bewertungen aus und formulieren zum Abschluss ein Ergebnis, das den PBW-Kandidaten gleich anschliessend von ihrem direkten Vorgesetzten mitgeteilt wird.

Ein paar Tage später legt der Vorgesetzte zusammen mit seinem Mitarbeiter die für F.U.T.U.R.E notwendigen Entwicklungsziele fest.

3.2.3 Der Selbstentwicklungsworkshop (SEW)

Der SEW ist eine akzeptable Alternative zum PBW, wenn Unternehmen ihre Vorgesetzten über längere Zeit nicht aus dem Produktions-/Verwaltungsprozess herausnehmen können. Außerdem bietet der SEW „unabkömmlichen" Vorgesetzten die Chance, ihren Potenzialträgern extern einen Vergleich mit anderen zu ermöglichen.

Inhaltlich und methodisch sind SEW und PBW teilweise vergleichbar, allerdings nehmen am SEW keine Vorgesetzten als Beobachter teil. Diese Rolle übernehmen die Teilnehmer in diesem Fall selbst. Das Seminardesign ist demzufolge so gestaltet, dass jeweils die Hälfte der Teilnehmer an Übungen teilnimmt, während die andere Hälfte beobachtet und später Feedback gibt.

Von der jeweiligen Beobachtergruppe werden subjektive Eindrücke gesammelt und unter vorher festgelegten Kriterien (Rolle/Funktion, Führungsfähigkeit/Auswirkung, soziale und interkulturelle Fähigkeit/Auswirkung, Empfehlung) in Form eines Entwicklungsberichtes festgehalten. Jedem Teilnehmer wird unmittelbar nach dem SEW von einem „autorisierten" Mitglied der jeweiligen Beobachtergruppe das Ergebnis mitgeteilt. Dieser Bericht wird anschließend im Unternehmen im Beisein der direkten Vorgesetzten mit den Mitarbeitern und dem SEW-Moderator besprochen und Entwicklungsziele festgelegt.

3.3 Entwicklungsmaßnahmen (EM 1–4)

Nach Abschluss des Auswahlprozesess kann der Potenzialträger entweder sofort oder später im Zusammenhang mit der Übernahme einer konkreten Führungsaufgabe an den vier personenorientierten Entwicklungsmaßnahmen teilnehmen. Die jeweiligen Seminar- und Themenschwerpunkte werden nun kurz dargestellt. Eine ausführliche Beschreibung finden Sie ab Kapitel 4.5.

3.3.1 Ich & Führung (EM 1)

Führung im Wandel

Werteorientierte Führung

- *Vom Vorgesetzten zum Coach*

- *Führungskultur*

- *Die Führungskraft als Adressat von Verhaltenserwartungen*

- *Rollenklarheit und Professionalität*

- *Verbindliches Führungshandeln*

Führungsinstrumente

- *Leistungsbeurteilung („Blick nach hinten")*

- *Potenzialeinschätzung („Blick nach vorne")*

- *Mitarbeiterfeedback*

- *Mitarbeitergespräch*

Führungswissen

- *Rechtliche Grundlagen*

- *Führungstheorie (Modelle/Stile)*

- *Motivationstheorie*

- *Persönlichkeitspsychologie*

Dieser Einstieg bietet den Potenzialträgern Gelegenheit, die theoretischen Grundlagen der Mitarbeiterführung kennen und in praxisbezogenen Übungen anwenden zu lernen. Darüber hinaus besteht die Möglichkeit, Vertreter des Top-Managements als Referenten zu spezifischen Themen einzuladen (Stichworte: Unternehmenspolitik, Personalentwicklung, Personalinstrumente, Recht etc.) und dadurch zur allgemeinen Verbesserung der Unternehmenskommunikation beizutragen (Stichwort: Dialogfähigkeit).

3.3.2 Ich & Team (EM 2)

Entwicklungsphasen von Teams

- *Testphase*

- *Nahkampfphase*

- *Orientierungsphase*

- *Integrationsphase*

Die 12 Teamverstärker

- *Führungskultur*

- *Qualifikation*

- *Klima etc.*

Kooperation und Wettbewerb

- *Selbst-, Gruppen- und Aufgabenorientierung*

- *Probleme lösen und Entscheidungen treffen*

- *Methoden*

Synergie im Team

- *Ressourcen erkennen und nutzen*

- *Integration von Andersartigkeit*

- *Prozessorientierte Projektarbeit*

Das Entscheidende an dieser Entwicklungsmaßnahme ist, dass die Potenzialträger die Team- und Projektarbeit erlebnisbezogen erlernen. Aus didaktisch-methodischen Gründen bietet sich in diesem Zusammenhang an, Outdoor-Übungen zur Sensibilisierung für Gruppenprozesse zu nutzen. Weiterhin können komplexe Projekte als Lernräume angeboten werden, die es im Sinne des erlebnisorientierten Lernens den Potenzialträgern ermöglichen, die Entwicklung des eigenen Lernsystems sowohl auf der inhaltlichen Ebene als auch auf der Beziehungs- und Prozessebene zu beobachten und unter dem Aspekt der „Prozessoptimierung" auszuwerten.

3.3.3 Ich & System (EM 3)

Das Unternehmen als komplexes und dynamisches System

- *Rahmenbedingungen für wirtschaftlichen Erfolg*

- *Lineares Denken und Handeln als Illusion*

- *Betriebswirtschaftliche Zusammenhänge ganzheitlich verstehen*

- *Grundlagen des Marketings, der Kostenrechnung, der Produktkalkulation*

- *Bereichsübergreifendes Denken und Handeln*

Das Kooperationsportfolio

- *Qualität der Kommunikation*

- *Qualität der (Arbeits-)Ergebnisse*

Verbindliches Führungshandeln

- *Systemanalyse*

- *Rollenanalyse*

Grundlagen des Coachings

- *Monolog, Dialog, Reflektion*

- *Thema, Problem, Kontext, Lösung, Handlung*

- *Impulsgespräch und Prozessfragen*

- *Metakommunikation (Tilgung, Verzerrung, Verallgemeinerung)*

Der besondere Nutzen dieser Entwicklungsstufe liegt darin, dass die Potenzialträger lernen, ihr Unternehmen als „lebende" Organisation zu verstehen, in der Beziehungen (Soziogramm: „verdeckte" Beziehungsstruktur) und Funktionen (Systemanalyse: Zuständigkeiten/Schnittstellen) einander wechselseitig positiv und negativ beeinflussen. Sie lernen mit geeigneten Methoden und Instrumenten ihr „Führungssystem" zu analysieren und lösungsorientiert zu entwickeln (Coaching).

3.3.4 Ich & Zukunft (EM 4)

(Selbst-)Vertrauen und Beziehungsfähigkeit

- *Outdoor: z. B. der Vertrauensfall*

- *Meine Werte und die Werte meiner Eltern*

Lebenszeit

- *Berufsleben und Privatleben*

- *Kräftehaushalt (Ökologie)*

Lebens- und Karriereplanung

- *Lebensplanung*

- *Karriereplanung*

Körperbewusstsein

- *Selbstanalyse*

- *Mentaltraining*

- *Körpertraining*

In diesem Teil des Seminars erhalten die Potenzialträger Gelegenheit, sich intensiv mit sich selbst auseinanderzusetzen. Sie lernen mit Hilfe verschiedener Modelle, ihre eigene Persönlichkeitsentwicklung selbstkritisch zu hinterfragen, Entwicklungsdefizite zu erkennen und neue Handlungskonzepte anzuwenden.

4. Design

4.   Design

Das F.U.T.U.R.E.-Konzept ist, wie bereits erläutert wurde, eine entwicklungsbegleitende Maßnahme für angehende Führungskräfte. Das F.U.T.U.R.E.-Design basiert auf den zentralen Glaubenssätzen einer „lernenden Organisation" und vernetzt im Sinne von Peter M. Senge die fünf Disziplinen zeitgemäßen Change-Managements:

- Eine Vision kreieren, die zu begeistern vermag, und Teilnahme, Eigendynamik und Zustimmung sicherstellen.

- Die Wirklichkeit als von uns kreiert begreifen und Objektivität als „Wahnvorstellung" zu verstehen lernen.

- Kontinuierliches Bemühen um Selbstschulung, Selbstführung und Persönlichkeitsentwicklung fördern.

- Verstehen lernen, dass Sich-Ergänzen und Aufeinanderzugehen grundlegende Verhaltensweisen jedes leistungsstarken Teams sind und individuelle Unterschiede synergetisch für den gemeinsamen Erfolg nutzen: Differenz als Chance.

- Ein neuartiges Verständnis vom Wandlungsprozess in Organisationen entwickeln. Dieser verläuft nicht von oben nach unten oder von unten nach oben, sondern auf allen Ebenen gleichzeitig und orientiert sich an einem gemeinsamen Verständnis des Systems.

Nach unseren Erfahrungen beeinflussen die vielfältigen Veränderungsprozesse in Unternehmen das tradierte Führungsverständnis und Führungsverhalten in erheblichem Maße. Mit zunehmender Verschlankung von Organisationen erhöht sich sukzessive die Führungsspanne. Dies verlangt von den Führungskräften einen ausgesprochen professionellen Umgang mit der Ressource Zeit und die Fähigkeit, die Mitarbeiter und Teams dahingehend zu entwickeln, dass sie mit einem hohen Maß an Eigendynamik und Selbstverantwortung ziel- und ergebnisorientiert arbeiten.

Im Sinne dieser zentralen Herausforderung vor die sich alle Führungskräfte gestellt sehen, treten neue Anforderungen an die Führungspraxis und an die Führungspersönlichkeit in den Vordergrund, die der Philosophie unseres F.U.T.U.R.E.-Designs entsprechen, strategische Personalentwicklung eindeutig in den Kontext der Organisation zu stellen (Organisationsentwicklung und Personalentwicklung als zwei Seiten einer Medaille).

Menschen übernehmen in unterschiedlichen Lebenssituationen und -zusammenhängen verschiedene Rollen (Freund, Kollege, Mitarbeiter, Führungskraft etc.). Deshalb geht es uns bei der Entwicklung von Professionalität vornehmlich darum, ein klares Rollenbewusstsein aufzubauen. Die Differenzierung des Rollenverständnisses bewirkt, dass die Teilnehmer ein neues Bewusstsein der Vielfalt der von ihnen erwarteten Verhaltensweisen entwickeln.

Die Professionalität einer Führungskraft kommt darin zum Ausdruck, mit welcher Klarheit und Eindeutigkeit sie die folgenden Fragen zu beantworten vermag:

Strategische Orientierung

- Wie differenziert habe ich meinen Bereich strategisch durchdacht?
- Worin besteht unser Beitrag für die gesamte Organisation?
- Welche Interventionen sind notwendig, damit wir die strategische Positionierung, die wir anstreben, auch erreichen?

Persönlichkeits-Profil

- Wie sieht mein „Stärken-/Schwächen-Profil" aus?
- Wie nehmen mich meine Mitarbeiter wahr?
- Welche Bereiche und Themen stellen für mich eine besondere Herausforderung dar?

Mitarbeiter-Entwicklungs-Prozess

- Wie kann ich meine Mitarbeiter im Sinne von „Hilfe zur Selbsthilfe" unterstützen?
- Wie erkenne und nutze ich die Ressourcen meiner Mitarbeiter?
- Wie gebe ich Eigendynamik und Selbstverantwortung Raum?

Synergie im Team

- Wie nutze ich die unterschiedlichen Fähigkeiten meiner Mitarbeiter für unseren gemeinsamen Erfolg?
- Wie entwickle ich mein Team zu zielkongruenter Selbststeuerung, hoher Service-Orientiertheit und intrinsischer Leistungsmotivation?

Das Gesamtkonzept ermöglicht den Teilnehmern, von der verbindlichen Einbeziehung der direkten Vorgesetzten über die Erstellung individueller Entwicklungsberichte bis hin zu den Entwicklungsmaßnahmen EM 1 bis EM 4, erlebniszentriert und praxisorientiert Antworten auf diese Fragen zu finden.

4.1 Strategische Personalentwicklung: Möglichkeiten und Grenzen

Unsere bisherigen Erfahrungen – besonders bei mittelständischen Unternehmen – haben gezeigt, dass die Akzeptanz der oberen Führungsebenen für eine strategische Personalentwicklung und innerhalb dieser für eine systematische Führungskräfteentwicklung überwiegend gering ausgeprägt ist.

Vor allem die folgenden Aspekte verhindern gewöhnlich eine langfristige und erfolgreiche Umsetzung strategischer Personalentwicklungskonzepte:

- mangelndes Verständnis für die Notwendigkeit derart „aufwändiger" Konzepte
- unangemessenes Wirtschaftlichkeitsdenken
- Informationsdefizite
- unzureichende Führungskompetenz auf den oberen Ebenen
- Rationalisierung von Ängsten und Widerständen
- fehlende Verbindlichkeit im Führungshandeln
- mangelhafte Führungskultur und Sachzwänge (z. B. Zeitmangel)

Es gibt zahlreiche Unternehmen, deren höhere Führungskräfte noch nie an einer personenbezogenen und erlebniszentrierten Entwicklungsmaßnahme teilgenommen haben. Ihnen fehlt daher oft die Fähigkeit, sich kritisch mit sich selbst auseinanderzusetzen und ihre Mitarbeiter durch sinnstiftende Aufgaben zu motivieren und ihre Entwicklung zu fördern.

4.1.1 Strategische Personalentwicklung: Der Anspruch

Strategische Personalentwicklung beginnt für uns mit der Klärung bzw. Beantwortung zwei zentraler Fragen:

- Welche strategische Ausrichtung hat das Klientensystem?

- Wie groß ist die Bereitschaft des Klientensystems, alle Vorgesetzten aktiv in den Personalentwicklungsprozess einzubinden?

Erst wenn diese beiden Fragen zufriedenstellend beantwortet sind, können weitere Aktivitäten sinnvoll angedacht werden, d. h., wenn es im Hause des Auftraggebers eine klare, schriftlich fixierte Strategie gibt und darüber hinaus die Notwendigkeit gesehen wird und Bereitschaft besteht, die Vorgesetzten verbindlich in den bevorstehenden Personalentwicklungsprozess einzubinden.

Im Idealfall sollte eine strategische Personalentwicklung folgende Schritte umfassen:

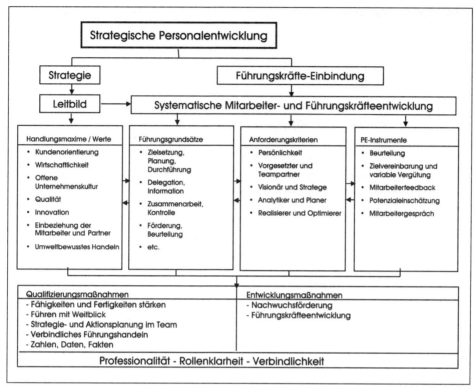

Abb. 16: Strategische Personalentwicklung

Unternehmensleitbild

Für eine sinnvolle und vor allem verbindliche strategische Personalentwicklung ist die werteorientierte Ausformulierung von Handlungsmaximen unerlässlich. Wenn auf der obersten Führungsebene ein Wertekonsens besteht, können Personalentwicklungsaktivitäten strategisch ausgerichtet werden.

Grundsätze für Zusammenarbeit und Führung

Larry Greiner hat festgestellt, dass sich Organisationen durch ein Abwechseln von Evolutions- und Revolutionsprozessen verändern. Dabei ist zu beachten, dass strukturelle Veränderungen zwangsläufig mentale Veränderungen erforderlich machen. Konkret bedeutet dies, dass Umstrukturierungsprozesse auch eine Veränderung der jeweiligen Führungskultur erfordern. Deshalb sollte das gesamte Klientensystem (Führungskräfte plus Mitarbeiter) in die Ausformulierung konkreter Richtlinien zum Thema „Zusammenarbeit und Führung" (Führungsgrundsätze) aktiv eingebunden werden. Schon allein die gemeinsame Erarbeitung derartiger Richtlinien kann aufgrund ihres dialogischen Charakters die Einstellungen der beteiligten Mitarbeiter verändern.

Anforderungskriterien

Der schriftlichen Fixierung der Führungsgrundsätze folgt zwingend die Festlegung konkreter, beobachtbarer Anforderungskriterien, an denen alle Führungskräfte einer Organisation ihr Denken und Handeln ausrichten.

Die konkretisierten Anforderungskriterien dienen dann als Maßstab für alle Qualifizierungs- und Entwicklungsmaßnahmen.

Da nur Akzeptanz gute Führungsgrundsätze erfolgreich macht, sollte eine repräsentative Auswahl von Führungskräften und Mitarbeitern in den Entwicklungsprozess der Führungsgrundsätze und Anforderungskriterien aktiv eingebunden werden. Die Arbeitnehmervertreter sollten zum frühestmöglichen Zeitpunkt unternehmensspezifisch über diesen Prozess informiert und – wo notwendig – eingebunden werden.

Folgende Vorgehensweise hat sich aus unserer Sicht bewährt:

● Bildung der Arbeitsgruppen

Zu Beginn sollte mit der Geschäftsführung geklärt werden, welche Führungskräfte und Mitarbeiter an der Erarbeitung der Führungsgrundsätze und Anforderungskriterien teilnehmen sollen. In großen Verwaltungen hat sich die Besetzung der beiden Arbeitsgruppen mit Führungskräften (Abteilungsleiter bis Sachgebietsleiter) und Mitarbeitern (Sachbearbeiter) bewährt.

● Erarbeitung der Führungsgrundsätze

Unter der Moderation eines externen Beraters erstellen beide Arbeitsgruppen zunächst getrennt voneinander aufgrund ihrer spezifischen Erfahrung (Sicht der Führenden/Sicht der Geführten) einen Entwurf der zukünftigen Führungsgrundsätze.

● Kollegialer Abgleich

Damit möglichst viele Mitarbeiter der Organisation aktiv an der Entwicklung der Führungsgrundsätze teilnehmen können (Stichwort: Akzeptanz), werden im Anschluss hieran die von den beiden Arbeitsgruppen erstellten Entwürfe zwei arbeitsgruppenspezifischen Kollegenkreisen (Führungskräfte/Mitarbeiter) präsentiert, von ihnen diskutiert und den Gesprächsergebnissen entsprechend modifiziert.

Methodisch schlagen wir vor, aus jeder Arbeitsgruppe nur zwei „Präsentatoren" zu wählen, die im Auftrag ihrer Arbeitsgruppe die jeweiligen Entwürfe der Führungsgrundsätze den entsprechenden Kollegenkreisen präsentieren.

● Integration der Arbeitsgruppenergebnisse

Nach der Präsentation und Modifikation der Führungsgrundsätze (Entwürfe) vor den arbeitsgruppenspezifischen Kollegenkreisen diskutieren dann abschließend die beiden Arbeitsgruppen ihre Entwürfe miteinander und fassen sie zu einem gemeinsamen konsensfähigen Ergebnis zusammen. Aus Gründen der Praktikabilität schlagen wir auch für diesen Schritt vor, aus jeder Arbeitsgruppe vier bis fünf Teilnehmer auszuwählen, die im Auftrag ihrer Kollegen die Endfassung der Führungsgrundsätze erstellen.

Wie die Erfahrung lehrt, führt die hier empfohlene Einbindung vieler betroffener Mitarbeiterinnen und Mitarbeiter dazu, dass Ergebnisse in einem wesentlich stärkeren Maße akzeptiert werden, als dies bei anderen Vorgehensweisen der Fall ist. In unserem konkreten Fall werden die Namen der Arbeitsgruppenmitglieder in der Broschüre veröffentlicht. Durch diese Namensnennung übernehmen sie gleichsam Verantwortung für ihr Produkt und können von ihren nicht in den Entwicklungsprozess eingebundenen Kollegen daraufhin angesprochen und darüber befragt werden.

Personalentwicklungsinstrumente

Strategische Personalentwicklung muss instrumentell unterstützt werden. Dies bedeutet, dass unter Einbeziehung der Mitarbeiter (Projektteams) unternehmensverträglich Instrumente entwickelt werden müssen, die einerseits miteinander kompatibel sind und andererseits eine sinnvolle Unterstützung zur Realisierung einer strategischen Personalentwicklung darstellen.

Besondere Aufmerksamkeit sollte dabei auf das Instrument „Potenzialeinschätzung" gerichtet werden, da die leistungsbezogene Einschätzung von Mitarbeitern (leistungsschwache, gute und exzellente Mitarbeiter und Potenzialträger) die wesentliche Voraussetzung für die Entwicklung gezielter Qualifizierungs- und Entwicklungsmaßnahmen ist.

Qualifizierungsmaßnahmen

Entsprechend den im Unternehmensleitbild fixierten werteorientierten Handlungsmaximen (z. B. Kundenorientierung, offene Unternehmenskultur) sollten Qualifizierungsmaßnahmen dazu dienen, Fähigkeiten, Fertigkeiten und Kenntnisse zu vermitteln, die alle Mitarbeiter dazu befähigen, die strategische Ausrichtung des Unternehmens professionell und verbindlich zu unterstützen (z. B. durch Gruppenmoderation und Festlegung von Feedbackregeln).

Entwicklungsmaßnahmen

Neben den Qualifizierungsmaßnahmen ergeben sich aus den regelmäßigen Potenzialeinschätzungen Entwicklungsbedarfe für „Führungsnachwuchskräfte". Diese Entwicklungsmaßnahmen sollten in wesentlich stärkerem Maße personenorientiert sein als die Qualifizierungsmaßnahmen und vornehmlich dazu beitragen, Rollenklarheit und Handlungsfähigkeit im Systemkontext der jeweiligen Potenzialträger sicherzustellen.

Die folgende Abbildung verdeutlicht, wie die einzelnen Elemente einer strategischen Personalentwicklung (Unternehmensleitbild, Führungsgrundsätze, Anforderungsprofil, Qualifizierungskonzept und Entwicklungskonzept) miteinander zu verknüpfen sind.

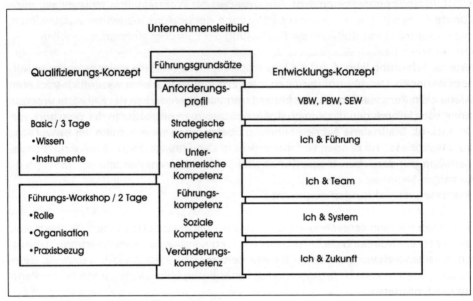

Abb. 17: Qualifizierungs- und Entwicklungsprogramm

4.1.2 Strategische Personalentwicklung: Die Wirklichkeit

Hinsichtlich der Akzeptanz einer sinnvollen strategischen Personalentwicklung verhält sich die Wirklichkeit in der Regel diametral zum in Kapitel 4.1.1 dargestellten Anspruch. Dafür sind nach unserer Erfahrung vor allem zwei Gründe verantwortlich:

- kurzfristig ergebnisorientiertes Denken und
- entwicklungspessimistische Grundeinstellungen.

Kurzfristig ergebnisorientiertes Denken: Weil der Prophet im eigenen Land nichts gilt, werden wir von Personalleitern oft gebeten, auf sogenannten Kick-off-Veranstaltungen für die obere Führungsebene einen Einstiegsvortrag zu halten, der die Entscheidungsträger wachrütteln und ihnen die Augen öffnen soll, dass dringend etwas getan werden muss. Wir sind immer wieder erstaunt, wenn wir erleben, wie selbstkritisch, offenherzig und einsichtig sich die meisten Führungskräfte auf derartigen Workshops geben. Selbst die leidgeprüften Personalleiter trauen häufig ihren eigenen Ohren und Augen nicht, wenn sie die interessierten Fragen und die positiven Kommentare ihrer Kollegen hören und wenn sie deren Betroffenheit und Motivation wahrnehmen.

Am Ende eines solchen Vortrages gibt es dann Beifall, Zustimmung und eine abschließende Danksagung in Verbindung mit der Erklärung, man habe den akuten Handlungsbedarf erkannt und müsse sich nun darüber Gedanken machen, wie der nächste Schritt in eine bessere Personalentwicklungs-Zukunft in diesem Unternehmen aussehen könnte.

Oft vergehen danach Wochen, bis der etwas verunsicherte und enttäuschte Personalleiter anruft und bekennt, dass alles so gut ausgesehen habe nach der Veranstaltung, aber keiner der Verantwortlichen bereit sei, Zeit in die Mitarbeiterentwicklung zu investieren. Ein Personalleiter hatte in der Euphoriephase nach unserem Vortrag sogar einen Europafonds genutzt, um preisgünstige Seminare einzukaufen, die dem am Ende der Kick-off-Maßnahme mit den Führungskräften gemeinsam erhobenen Bedarf entsprachen. Dieser zuvor so optimistische Mensch berichtete, dass keine Führungskraft – aus Zeitgründen – bereit war, Mitarbeiter in die angebotenen und vor allem preisgünstigen Seminare zu schicken.

Dieses Beispiel macht stellvertretend für viele andere deutlich, wie ein kurzfristig sach- und ergebnisorientiertes Denken eine sinnvolle Personalentwicklung verhindert und wie problematisch das Verhalten von Zahlen-Daten-Fakten-Menschen hinsichtlich einer langfristigen Sicherung des Humankapitals oft ist.

Entwicklungspessimistische Grundeinstellung: Der zweite wichtige Hinderungsgrund für eine erfolgreiche strategische Personalentwicklung ist unserer Meinung nach, dass es immer noch zu viele Führungskräfte gibt, die keinen Sinn darin sehen, ihre Mitarbeiter erfolgreich zu machen, und die nicht an eine positive Entwicklung von Mitarbeitern glauben.

Obwohl generell allen Führungsgrundsätzen implizit ein positives, aufgeklärtes Menschenbild zugrunde liegt, betrachten diese Führungskräfte ihre Mitarbeiter nicht als „Selbstzweck", sondern als „Mittel zum Zweck" und behandeln sie nach wie vor wie Erfüllungsgehilfen oder Befehlsempfänger.

XY-Theorie

Douglas McGregor, der Vater der XY-Theorie, hat herausgefunden, dass ungeachtet schriftlicher Absichtserklärungen zum Thema Mitarbeiterführung viele Führungskräfte nach wie vor Glaubenssätze verinnerlicht haben, die einen partnerschaftlichen und damit entwicklungsfördernden Austausch zwischen Vorgesetzten und Mitarbeitern unmöglich macht. Obwohl er seine Untersuchungen im Jahre 1960 durchgeführt hat, halten wir seine Kernaussagen immer noch für aktuell und zeitgemäß.

Glaubenssätze der X-Theorie

- „Der Durchschnittsmensch hat eine angeborene Abneigung gegen Arbeit und versucht, ihr aus dem Weg zu gehen, wo er kann. (...)

- Weil Arbeitsunlust kennzeichnend für den Menschen ist, muss er meist gezwungen, gelenkt, geführt und mit Strafe bedroht werden, damit er die vom Unternehmen vorgegebenen Ziele erreicht. (...)

- Der Durchschnittsmensch möchte an die Hand genommen, geführt werden und Verantwortung vermeiden. Er verzichtet auf die Umsetzung ehrgeiziger Pläne und strebt nach Sicherheit."

Meist wird das Verhalten eines Menschen weitestgehend von seinen Glaubenssätzen und Wertvorstellungen bestimmt. Welche fatalen Auswirkungen die Glaubenssätze der X-Theorie auf die Motivation von Mitarbeitern haben kann, macht ein von Mitarbeitern gezeichnetes Selbstbild, das in einem Führungskräfteseminar für die Meisterebene eines Unternehmens gezeichnet wurde, erschreckend deutlich.

Abb. 18: Funktionsmaschine Mensch

Auf die Frage „Wie müssten Sie als Mitarbeiter beschaffen sein bzw. aussehen, damit Ihr direkter Vorgesetzter mit Ihnen völlig zufrieden wäre?", zeichneten die Teilnehmer eine roboterhafte Funktionsmaschine in Menschengestalt. (Abb. 18)

Führungskräfte, deren Mitarbeiter sich so darstellen, dürfen sich über Absentismus, Demotivation und Leistungsschwäche nicht beklagen und werden im Sinne des Phänomens der sich selbsterfüllenden Prophezeiung im Reaktionsverhalten ihrer Mitarbeiter immer Indizien für die Bestätigung ihrer pessimistischen Grundhaltungen bezüglich der Mitarbeiterentwicklung finden. Dies ist ein typisches Beispiel für die berühmte Frage, ob zuerst die Henne oder das Ei da war.

Führungskräfte, die den Glaubenssätzen der Y-Theorie in ihrem Führungshandeln entsprechen, werden solche Sorgen kaum haben. Unter ihnen finden wir überwiegend Befürworter und Multiplikatoren einer zukunftsorientierten Personalarbeit.

Glaubenssätze der Y-Theorie

- „(...) Dem Durchschnittsmenschen ist Arbeitsscheu nicht angeboren. Je nach den jeweils wirksamen Einflüssen kann Arbeit als Quelle der Befriedigung empfunden (und dann freiwillig geleistet) oder als Strafe hingenommen (und, wenn möglich, gemieden) werden.

- Überwachung und Drohung sind nicht die einzige Möglichkeit, jemanden zu bewegen, sich für die Ziele eines Unternehmens einzusetzen. Wenn jemand sich verpflichtet fühlt, bestimmte Ziele zu erreichen, wird er sich auch der dazu erforderlichen Selbstdisziplin und Selbstkontrolle unterwerfen.

- Wie sehr sich ein Mitarbeiter Zielen verpflichtet fühlt, hängt von der Belohnung ab, die ihn bei ihrem Erreichen erwartet. Die wichtigste derartige Belohnung, die Möglichkeit, die Bedürfnisse der Persönlichkeit zu erfüllen und ihr bei ihrer Entfaltung zu helfen, kann insbesondere aus Bemühungen um die Ziele des Unternehmens resultieren.

- Der Durchschnittsmensch lernt, unter geeigneten Bedingungen Verantwortung nicht nur zu übernehmen, sondern sie sogar aktiv zu suchen. Flucht vor Verantwortung, Mangel an Ehrgeiz und Drang nach Sicherheit sind meist Folgen schlechter Erfahrungen – also keine angeborenen menschlichen Eigenschaften.

- Die Anlagen für eine verhältnismäßig detaillierte Vorstellungskraft, für ein gutes Beurteilungsvermögen und für ein Empfindungsvermögen, dass die Lösung organisatorischer Probleme erleichtert, ist in der Bevölkerung weit verbreitet, und nicht nur hier und dort anzutreffen.

- In der Realität der modernen industriellen Wirklichkeit wird das Potenzial an Verstandeskräften, über die ein Durchschnittsmensch verfügt, nur zum Teil genutzt."

Es dürfte klar geworden sein, dass erfolgreiche Führungsarbeit – hier im Sinne von Mitarbeiterentwicklung verstanden – nur möglich ist, wenn auf der Werteebene der jeweiligen Führungskraft positive Glaubenssätze hinsichtlich des impliziten Menschenbildes zugrunde liegen. (Pollack, S. 104-105)

4.2 Die Schlüsselrolle des Vorgesetzten

Die veranschaulichte Kluft zwischen Anspruch und Wirklichkeit der Führungspraxis hat gezeigt, wie schwierig es ist, die direkten Vorgesetzten unserer Teilnehmer davon zu überzeugen, dass es zu ihren zentralen Führungsaufgaben zählt, ihre Potenzialträger bzw. Potenziale zu fördern und zu entwickeln. In vielen Unternehmen fehlen hierfür auch entsprechende Rahmenbedingungen (Beurteilungs- und Potenzialeinschätzungsinstrumente), die direkte Vorgesetzte verbindlich dazu verpflichten, sich als

Coach und Entwickler seiner Mitarbeiter zu verstehen und sein tägliches Führungshandeln dementsprechend zu verändern. Auch hier sind viele Unternehmen aufgefordert, die Führungsrolle der direkten Vorgesetzten eindeutig festzulegen.

Strategische Personalentwicklung kann nur gelingen, wenn alle Führungskräfte die Mitarbeiterentwicklung nicht nur unterstützen, sondern sie als wesentlichen Bestandteil ihres Führungsauftrages verstehen. Mitarbeiterentwicklung ist eine zentrale Führungsaufgabe. Vorgesetzte aller Verantwortungsebenen sind verpflichtet, ihre Mitarbeiter ressourcenorientiert zu entwickeln, damit sie ihre Kompetenzen in fachlicher und überfachlicher Hinsicht optimieren und damit das Humankapital des Unternehmens steigern können. (Sahm in Personal 1975, S. 25)

Wolfgang Mentzel bringt die angesprochene Problematik auf den Punkt.

Er schreibt: *„Dem Vorgesetzten fällt bei der Personalentwicklung eine Schlüsselrolle zu, denn er trägt wesentliche Verantwortung für die Entwicklung seiner Mitarbeiter. Sowohl bei der Ermittlung des Entwicklungsbedarfs, beim Vollzug einzelner Entwicklungsmaßnahmen und bei der Kontrolle der erzielten Ergebnisse wirkt der Vorgesetzte mit. Er kennt die Stärken und Schwächen seiner Mitarbeiter und weiß, inwieweit diese die Anforderungen der Arbeitsplätze erfüllen. Der Vorgesetzte hat darüber hinaus die Möglichkeit festzustellen, ob die Mitarbeiter über das erforderliche Entwicklungspotenzial und die notwendige Bereitschaft für die Übernahme weitgehender Aufgabenstellungen verfügen. Durch eine regelmäßige Mitarbeiterbeurteilung ist er in der Lage, der Personalabteilung, die für die Planung und Durchführung von Entwicklungsmaßnahmen notwendigen Informationen zu liefern. Die Personalabteilung ist immer auf die Mitarbeit der Vorgesetzten angewiesen. Sie kann diese zwar durch ein entsprechendes Instrumentarium unterstützen, sie kann den Vorgesetzten aber niemals Verantwortung für die Entwicklung ihrer Mitarbeiter abnehmen. (...) Die Personalentwicklung ist ein Teil der Gesamtaufgabe jedes Vorgesetzten und soll auch in die Stellenbeschreibung aufgenommen werden. Das wird in der Praxis häufig versäumt. Bei der Beurteilung der Vorgesetzten selbst sollten diese auch immer daraufhin beurteilt werden, ob und wie sie ihrer Verantwortung für die Entwicklung ihrer Mitarbeiter nachgekommen sind."* (Mentzel, S. 40-41)

4.3 Instrumente der Potenzialerhebung

Einer qualifizierten Potenzialförderung geht immer eine qualfizierte Potenzialerkennung bzw. Potenzialerhebung voran. In kleinen wie in großen Unternehmen hat es sich als notwendig und hilfreich erwiesen, hierfür entsprechende Instrumente zu entwickeln, mit denen alle Mitarbeiter einbezogen werden können. Dies hat den Vorteil, dass

• die Qualität der Potenzialerhebungen durch vergleichbare Beurteilungsmaßstäbe verlässlich und abgesichert ist,

- die einzelnen Potenzialbewertungen für alle Führungskräfte transparent sind und

- die Personalentwicklung sich als Bestandteil der Führungsaufgabe aller Vorgesetzten etabliert.

F.U.T.U.R.E. sieht folgende Instrumente für die Potenzialerhebung – die in den nachfolgenden Kapiteln im Einzelnen noch ausführlich erläutert werden – vor:

- Ein in der Organisation allgemein bekanntes und verbindliches Anforderungsprofil (Kap. 4.3.1), dem sich alle Hierarchieebenen verpflichtet fühlen.

- Einen Potenzialerhebungsbogen (Kap. 4.3.2), der mit Hilfe kurzer Texte eine möglichst genaue Beschreibung des Potenzials zuläßt und hochwertige Aussagen zu den einzelnen Kriterien des Anforderungsprofils fordert.

- Eine F.U.T.U.R.E.-Potenzialträger-Matrix (Kap. 4.3.3), auf der alle Potenzialträger Qualifikations-Schwerpunktgruppen zugeordnet werden, so dass ein Quervergleich möglich ist.

- Ein Entwicklungsgespräch (Kap. 4.3.4) zwischen Vorgesetztem und Mitarbeiter bei dem konkret die nächsten Entwicklungsmaßnahmen mit Zeitangaben und Verantwortlichkeiten festgelegt werden.

4.3.1 Das Anforderungsprofil

Standing kommt in seinen Arbeiten zu der Schlussfolgerung, dass die einzige Gemeinsamkeit aller Führungskräfte die Fähigkeit ist, Gedanken anderen mitzuteilen und Handlungen anderer zu beeinflussen. (Comelli, S. 71)

Demzufolge findet man in vielen Unternehmen Anforderungsprofile mit sehr ähnlichen Beobachtungsfeldern, die im Hinblick auf ihre praktische Anwendung entsprechend konkretisiert und damit gleichsam auf beobachtbare Verhaltensweisen operationalisiert sind.

Hilfreich hat sich in der Praxis eine Vorgehensweise nach dem Vorschlag von Comelli erwiesen. Er unterscheidet in seinem Anforderungsprofil „Faktoren", „Kategorien" und „Merkmale".

Insgesamt legt er vier „Faktoren" fest:

- Steuerung sozialer Prozesse
- Systemisches Denken und Handeln
- Aktivität
- Ausdruck

Jeder „Faktor" wird mit Begriffen beschrieben, die Comelli „Kategorien" nennt und die dem allgemeinen Sprachgebrauch entnommen sind. „Kategorien" sind lediglich Orientierungshilfen für die spätere Beobachtung und Bewertung. Für die Beschreibung des „Anforderungsprofils" kann jedoch auf Anforderungskategorien verzichtet werden, da nur die „Merkmale" von praktischem Nutzen sind: Nur mit ihnen lässt sich jede Situation spezifisch beschreiben und nur sie allein sind beobachtbar.

Das folgende Beispiel verdeutlicht die begriffliche und inhaltliche Unterscheidung der „Faktoren" von den „Kategorien" und die „Kategorien" von den „Merkmalen".

Der „Faktor" „Steuerung sozialer Prozesse" wird durch folgende „Kategorien" konkretisiert:

- Sensibilität
- Kontakte
- Kooperation
- Integration
- Information
- Selbstkontrolle

Diese sprachlich immer noch sehr allgemeinen „Kategorien" werden weiter konkretisiert, indem sie auf beobachtbare „Merkmale" zurückgeführt werden. Mit diesen Merkmalen lassen sich teilnehmerspezifische Verhaltensweisen beschreiben.

Sensibilität

- erkennt Probleme/Gefühle anderer
- berücksichtigt Gefühle und Bedürfnisse anderer bei seiner Zielsetzung
- schätzt die eigene Wirkung auf andere realistisch ein

Kontakte

- geht von sich aus auf andere zu/beginnt das Gespräch
- legt Ziele, Absichten, Methoden seines Verhaltens offen
- bietet Beratung an
- bringt anderen Vertrauen entgegen/unterstellt guten Willen

Kooperation

- greift andere Meinungen/Ideen auf und führt sie weiter
- hilft anderen aus Schwierigkeiten
- setzt sich nicht auf Kosten anderer durch
- teilt Erfolgserlebnisse mit anderen
- setzt keine Druck- bzw. Machtmittel ein

Integration

- erkennt, wo und wodurch Konflikte entstehen
- strebt Lösungen an
- richtet unterschiedliche/konkurrierende Interessen auf ein Ziel aus
- definiert Spielregeln
- geht auf Mitarbeiter/Kollegen ein, ohne sein Konzept aufzugeben

Information

- informiert andere
- hält keine wichtigen Informationen zurück
- hört zu, unterbricht andere nicht
- nimmt sich Zeit für das Gespräch

Selbstkontrolle

- reagiert auf Angriffe nicht aggressiv
- wird nicht laut
- erzeugt bei anderen keine Spannungen/Aggressionen

Im Rahmen unserer DaimlerChrysler-Aktivitäten haben wir ein, wie uns scheint, sehr gelungenes Anforderungsprofil für Führungskräfte kennengelernt. Anhand dessen werden im Rahmen der regelmäßigen Potenzialeinschätzung vom direkten Vorgesetzten folgende Kernkompetenzen beurteilt:

- Fachliches Potenzial
- Strategische Kompetenz
- Unternehmerische Kompetenz
- Führungskompetenz
- Schaffen von Orientierung
- Soziale und interkulturelle Kompetenz
- Veränderungskompetenz
- Innere Unabhängigkeit

Um den Praxisbezug dieser Kernkompetenzen für Führungskräfte noch stärker zu veranschaulichen, werden die einzelnen Kernkompetenzen über die stichwortartige Definition hinaus ausführlich erläutert. Als Beispiel greifen wir die Beschreibung der Führungskompetenz heraus:

Führungskompetenz lässt sich definieren als die Bereitschaft und die Kompetenz, Verantwortung für andere Menschen zu übernehmen und Entscheidungen zu treffen, die Folgen für andere haben. Des Weiteren bedeutet Führungskompetenz die Fähigkeit, Orientierung zu vermitteln, Visionen vorzugeben und zu verbreiten, Menschen von einer Sache, einem Auftrag zu überzeugen und sie dafür zu begeistern. Unternehmerische

Führung ist am Unternehmensergebnis ausgerichtet und vermittelt diese Orientierung auch den Mitarbeitern. Voraussetzung für eine motivierende Wirkung auf andere ist persönliche Integrität, Glaubwürdigkeit, Offenheit und Vorbildlichkeit im eigenen Verhalten.

Für die Einschätzung des Führungspotenzials, z. B. auf der Sachbearbeiterebene bzw. auf der Meisterebene werden von DaimlerChrysler die einzelnen Kernkompetenzen zielgruppenspezifisch übersetzt.

Einschätzung des Potenzials zur Übernahme von Führungsaufgaben auf der Sachbearbeiterebene: Was macht Führungskompetenz aus?

- Vorbildfunktion
- Integration anderer
- Durchsetzungsvermögen
- Überzeugungsfähigkeit
- Verbindlichkeit
- Entscheidungsfähigkeit/-bereitschaft
- Zeitmanagement
- Übernahme von Verantwortung
- positive und kritische Rückmeldung

Wie kann Führungskompetenz auf Sachbearbeiterebene beobachtet werden?

- geht mit gutem Beispiel voran (z. B. Termintreue, Einhalten von Absprachen, Qualität der Arbeitsergebnisse)
- bezieht andere mit ein (z. B. bei Besprechungen, durch Nachfragen, Auffordern etc.)
- beteiligt Kollegen/Projektmitglieder an Entscheidungen
- setzt „Pflöcke" (z. B. in Besprechungen)
- trifft klare Vereinbarungen und hält sich daran
- sichert nicht jedes Handeln beim Vorgesetzten ab
- erkennt Entscheidungsbedarf, führt Entscheidungen herbei und sorgt für die Umsetzung
- setzt Termine und überprüft das Erreichen der Ziele zum betreffenden Zeitpunkt
- setzt und verfolgt seine Ziele, auch bei Schwierigkeiten
- zeigt ohne weitere Aufforderung Bereitschaft zur Verantwortungsübernahme
- übernimmt oftmals die Moderation in Besprechungen
- überträgt im Rahmen seiner Kompetenz Aufgaben und Verantwortung
- trägt die Konsequenzen seines Tuns
- gibt Rückmeldungen zu Arbeitsergebnissen und zu wahrgenommenem Verhalten - (z. B. in Arbeitsgruppen/Projekten)

Einschätzung des Potenzials und der Führungsqualität auf der Meisterebene: Was macht Führungskompetenz aus?

- Vorbildfunktion
- Führen mit Zielen

- verbindliches Handeln
- Entscheidungsfähigkeit
- Durchsetzungsvermögen
- Fähigkeit, Aufgaben, Kompetenz und Verantwortung zu übertragen
- Beteiligung und Einbeziehung von Mitarbeitern
- Information von Mitarbeitern
- Förderung und Entwicklung von Mitarbeitern
- Geben positiver und kritischer Rückmeldungen

Wie kann Führungskompetenz auf der Meisterebene beobachtet werden?

- zeigt Zuversicht und Tatkraft und spornt seine Mitarbeiter an
- gibt vor, was er von anderen erwartet
- ist häufig bei der Mannschaft vor Ort
- setzt Ziele, vereinbart diese und überprüft die Erreichung
- verfolgt Ziele konsequent, auch bei Schwierigkeiten
- trifft Vereinbarungen und sorgt für deren Einhaltung
- erkennt Entscheidungsbedarf; trifft klare Entscheidungen und sorgt für die Umsetzung
- überträgt Aufgaben, Kompetenz und Verantwortung; gibt nachvollziehbare Anweisungen
- beteiligt Mitarbeiter an den Entscheidungen
- informiert umfassend und erläutert Zusammenhänge
- kann die Stärken/Schwächen seiner Mitarbeiter beschreiben
- setzt seine Mitarbeiter so ein, dass sie gefördert werden
- stellt dem Unternehmen qualifizierte Mitarbeiter zur Verfügung
- sorgt für die Qualifikation seiner Mitarbeiter
- nimmt Mitarbeiter aus anderen Bereichen auf und entwickelt sie weiter
- gibt Rückmeldungen zu den Arbeitsergebnissen an seine Mitarbeiter

4.3.2 Der Potenzialerhebungsbogen

Die Erhebung des Potenzials eines Mitarbeiters erfolgt durch den direkten Vorgesetzten anhand des nachfolgend dargestellten zweiteiligen Potenzialerhebungsbogens. In diesen Prozess werden alle Mitarbeiter einer Organisationseinheit einbezogen.

In einem ersten Schritt (Blatt A) bewertet der Vorgesetzte summarisch die bisherigen Leistungen des Mitarbeiters und gibt an, ob der Betreffende nach seiner Einschätzung auch über Potenzial für andere Aufgaben verfügt.

Mitarbeiter:	Vorgesetzter: Datum:

Eignungsstufen
(Bitte ankreuzen und bei Bedarf ergänzende Bemerkungen notieren)

▶ Noch keine Aussage möglich (Mitarbeiter ist z. B. erst kurze Zeit in dieser Funktion)
....
....

▶ Mitarbeiter ist an diesem Platz falsch eingesetzt (aufgabenbezogen)
....

▶ Mitarbeiter ist an diesem Platz falsch eingesetzt (personenbezogen)
....

▶ Mitarbeiter ist richtig eingesetzt
....

▶ Mitarbeiter hat Potenzial auf der gleichen Hierarchiestufe für andere/erweiterte Sachaufgaben
....

▶ Mitarbeiter hat Potenzial für die nächste Hierarchiestufe
....

▶ Mitarbeiter hat über die nächste Hierarchiestufe hinausgehendes Potenzial
....

Abb. 19: Gesamtleistungsaussage

In einem zweiten Schritt (Blatt B) konkretisiert der Vorgesetzte seine Gesamtleistungsaussage anhand der einzelnen Schlüsselqualifikationen.

Schlüsselqualifikation	Beschreibung
Fachwissen	....
Stratege	....
Unternehmer	....
Führungskraft	....
Soziales/Kommunikation	....
Veränderung	....
Innere Autonomie	....

Abb. 20: Schlüsselqualifikationen

4.3.3 Die Potenzialträger-Matrix

Das Ergebnis dieser Potenzialerhebungsaktion wird in strukturierter Form in der sogenannten Potenzialträger-Matrix dokumentiert. Diese Matrix lässt, bezogen auf die
jeweilige Organisationseinheit, einen schnellen Überblick über den Gesamtqualifikati-
onsstand des Führungskräftenachwuchspotenzials zu („gute Besetzung – schlechte
Besetzung").

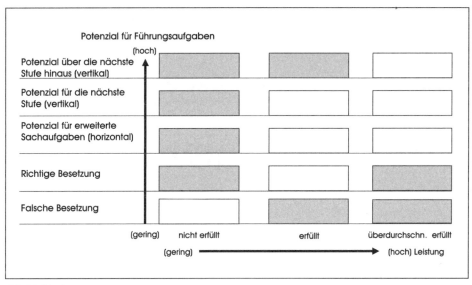

Abb. 21: Matrix

Alle Führungskräfte einer Organisationseinheit validieren anschließend gemeinsam
und ausführlich anhand der nun möglichen Quervergleiche die einzelnen Potenzial-
aussagen (Bestätigungsrunden).

Als hilfreich hat sich zudem erwiesen, die Potenzialträger vor diesem Quervergleichs-
gespräch ein bis zwei Gespräche mit Führungskräften anderer organisatorischer Einheiten – die sie bisher nicht kannten – führen zu lassen.

In der Bestätigungsrunde können diese beiden Gesprächspartner dann ihre Eindrücke
aus den Interviews zur Korrektur und Unterstützung der Potenzialaussage des direkten Vorgesetzten einbringen.

Im Anschluss an diese Bestätigungsrunden führen die direkten Vorgesetzten mit den Potenzialträgern der beiden oberen Kategorien der Matrix (Top-Nachwuchskräfte) Führungs-
gespräche und legen gemeinsam die weiteren Entwicklungsschritte fest. Mit den sogenannten „Falschbesetzungen" wird ähnlich verfahren. Auch mit ihnen führt der direkte
Vorgesetzte ein verbindliches Gespräch (Konsequenzgespräch), dessen Ziel es ist, den Mitarbeiter wertschätzend zur Person und eindeutig in der Sache darüber zu informieren, dass

er von seiner jetzigen Funktion entbunden wird. Mit den Mitarbeitern („richtige Besetzung" und „horizontale Potenzialträger") führt der direkte Vorgesetzte ebenfalls Gespräche. Hier geht es vor allem darum, mögliche fachbezogene Entwicklungsmaßnahmen zu besprechen, insbesondere bei denen, die horizontales Potenzial attestiert bekamen.

4.3.4 Das Entwicklungsgespräch

In dem Gespräch zwischen dem direkten Vorgesetzten und dem Mitarbeiter, das nach der Bestätigungsrunde stattfindet, kommt der sozialen Kompetenz des Vorgesetzten eine besonders wichtige Bedeutung zu.

Der Mitarbeiter, dessen Fähigkeiten und Kenntnisse im Rahmen der Potenzialerfassungsmaßnahmen bewertet wurden und der zu Beginn des Gespräches das Gesamtergebnis noch nicht kennt, glaubt häufig, als Potenzialträger für „etwas Höheres" identifiziert worden zu sein. Es ist in dieser Situation eine einfühlsame Gesprächsführung notwendig. Dies betrifft insbesondere die sogenannten „Durchschnittlichen", d. h. Mitarbeiter ohne vertikales und mit nur geringem horizontalen Potenzial, die aber als Leistungsträger im Gesamtprozess eine wichtige Rolle spielen. Die sogenannten „Falschbesetzungen" dagegen erahnen häufig schon das Ergebnis, wenngleich es oft verdrängt wird. Daher muss der Vorgesetzte an dieser Stelle einfühlsam, konkret und nachvollziehbar in der Lage sein,

- die Leistungen des zurückliegenden Zeitraums (z. B. ein Jahr)
- die einzelnen Anforderungsmerkmale im Rahmen der Potenzialeinschätzung
- die zentralen Argumente aus den Bestätigungsrunden

einfühlsam, konkret und nachvollziehbar beschreiben und eventuell auch erläutern zu können.

Problematisch wird es für beide, wenn die bisherigen Rückmeldungen des direkten Vorgesetzten dem Mitarbeiter ein völlig anderes Bild als das aus der Potenzialerhebung vermittelt haben. Die Zusammenarbeit wäre dann erheblich gestört und die Akzeptanz des Vorgesetzten beim Mitarbeiter auf den Nullpunkt gesunken.

Der Vorgesetzte darf aber auch nicht den Eindruck erwecken, dass das Gesamtergebnis der Potenzialerfassung zur Disposition steht und nun mit dem Mitarbeiter gemeinsam modifiziert werden kann. Frei nach dem Motto: „Ich hätte ja gerne, aber die anderen?!" Standvermögen und Klarheit sind erforderlich – nur so kann ein Vorgesetzter seinem Mitarbeiter Orientierung geben.

Das Ergebnis des Führungsgespräches muss eine für beide Seiten – Mitarbeiter und Vorgesetzte – akzeptable Vereinbarung sein, die eine künftige vertrauensvolle Zusammenarbeit möglich macht. Es ist wichtig, dass der Mitarbeiter dieses Gespräch als Ansporn für die Erreichung neuer realistischer Ziele empfindet und dadurch eine hohe Motivation entwickelt.

Dies klingt jedoch leichter, als es in Wirklichkeit ist. Erfahrungsgemäß wird der Mitarbeiter ein kritisches Gesamtergebnis in Frage stellen und die ungerechte Behandlung durch den Vorgesetzten, so wie er sie seit langem schon empfindet, in den Vordergrund stellen oder der Mitarbeiter wird froh sein, dass es jetzt „amtlich" ist, dass er hier den falschen Job hat und dass man ihn nun endlich hier „rausholt".

In beiden Fällen hat der Vorgesetzte nur die Möglichkeit, über viele und intensive Gespräche den Mitarbeiter wieder – wenn überhaupt – in den Kreis der „richtig Eingesetzten" zurückzuführen. Oft gibt es jedoch zu einer Frühpensionierungsmaßnahme, Ausscheidensvereinbarung, Versetzung etc. keine Alternative.

Für Mitarbeiter, die weiter im Unternehmen bleiben, müssen klare Vereinbarung getroffen werden über:

- konkrete Aufgaben
- Rahmenbedingungen
- Konditionen
- Ziele usw.

Und nachdem eine solche Vereinbarung getroffen worden ist, muss diese natürlich auch eingehalten und eingefordert werden. Für einen Mitarbeiter ist in einer derartigen Situation nichts verhängnisvoller, als dass er möglicherweise mit beschönigendem Vorwand „abgeschoben" oder hingehalten/vertröstet wird, nach ein paar Monaten sich niemand mehr um ihn kümmert und er sich somit noch mehr als in der Vergangenheit zu einem problematischen Stelleninhaber entwickelt. Personalentwicklung besteht also nicht zuletzt aus Klarheit in der Kommunikation mit Konsequenz und Verbindlichkeit im Handeln.

4.4 Der Vorgesetzte als Personalentwickler

Potenzialträger weiter zu fördern, ist die zentrale Aufgabe der direkten Vorgesetzten in einem Unternehmen. Ein allgemein verbindliches Personalentwicklungskonzept mit hoher Durchgängigkeit und hoher Akzeptanz zu haben, ist die eine Seite; die andere Seite ist jedoch, dass die Führungskräfte in der Lage und Willens sind, dieses Instrument verantwortungsbewusst anzuwenden.

Die persönliche Grundhaltung der Vorgesetzten ist also ebenso wichtig wie ein funktionierendes Konzept.

In der Regel konzentrieren sich Führungskräfte darauf, ihre Energie auf die Leitung und Steuerung von Mitarbeitergruppen zur Erledigung von Sach- und Fachaufgaben im Gesamtprozess einer Organisation zu verwenden. Jedem Vorgesetzten ist dabei bewusst, dass er sich auch um seine Nachwuchskräfte kümmern muss. In vielen Fällen ist den Führungskräften allerdings „das Hemd näher als die Jacke". In der Regel ist es deshalb erforderlich, dass ein Anstoß „von außen" (z. B. vom Top-Management) kommen muss, damit sich diese Führungskräfte um die Förderung und Entwicklung ihrer Mitarbeiter kümmern. Die direkten Vorgesetzten lassen sich am besten mit Hilfe entsprechender visualisierter Tools aktivieren.

Dies sind vor allem:

- Grafiken, die den Gesamtverlauf der Führungskräfteauswahl und -förderung darstellen,
- Anforderungsmerkmale mit klar formulierten beobachtbaren Verhaltensweisen,
- Formulare, mit deren Hilfe die Beobachtungen festgehalten werden können.

Solche Tools/Hilfsmittel bleiben jedoch formales „Stückwerk", wenn die Vorgesetzten, die sie anwenden nicht von der Wichtigkeit und Bedeutung der Personalentwicklung für den wirtschaftlichen Erfolg ihres Unternehmens überzeugt sind. Diese Paper erhöhen zwar bei einigen Vorgesetzten die Akzeptanz für Personalentwicklung; Personalentwicklung wird aber trotzdem häufig nur als „notwendiges Übel" verstanden, wenn der Vorgesetzte nicht von innen heraus ein positives Verhältnis zur Entwicklung und zum Weiterkommen seiner Mitarbeiter besitzt.

Der Vorgesetzte muss sich also intensiv mit der Frage beschäftigen: „Bin ich auch bereit, meinen Mitarbeiter im Rahmen der Führungskräfteförderung mittel- oder langfristig abzugeben oder bin ich dies nicht?" Häufig entscheiden Vorgesetzte diese Frage mit einem klaren „Nein". Kommuniziert wird allerdings nicht dieses „Nein". Vorgeschoben werden sachliche Defizite oder organisatorische Zwänge (kein Personalersatz), die eine momentane Förderung verhindern. Dieses Verhalten führt dazu, dass Mitarbeiter an ihren Arbeitsplatz gebunden bleiben. Doch Potenzialträger wissen in der Regel sehr gut über alle anderen Potenzialträger Bescheid. Sie beobachten genau, wie die Förderung von Potenzialträgern in den einzelnen Bereichen erfolgt. Die subjektive Enttäuschung ist dann sehr groß, wenn ein Potenzialträger registriert, dass er mit fadenscheinigen Argumenten „hingehalten" wird, während aus seiner Sicht schwächere Kollegen gefördert werden und aktiv an Potenzialentwicklungsmaßnahmen teilnehmen. Auch wenn die tatsächlich geförderten Potenzialträger – objektiv betrachtet – nicht schwächer sind, reagiert der „verhinderte" Potenzialträger mit Wut, Resignation und Enttäuschung.

Erfreulicherweise nimmt diese „Verhinderungsstrategie" der Vorgesetzten in Betrieben, in denen Personalentwicklung einen hohen Stellenwert hat und in den betrieblichen Medien sowie in der Regelkommunikation permanent präsent ist, deutlich ab und die Bereitschaft, Mitarbeiter auf die „Entwicklungsreise" zu schicken, steigt.

Personalentwicklung muss als zentrales Element der Unternehmensstrategie neben den Aktivitäten, die der direkten Produkterstellung dienen, permanent gelebt werden. Das bedeutet, die Entwicklung des Führungskräftenachwuchses wird von allen (Führungskräften und Sachbearbeitern) als Erfolgsparameter verstanden. Personalentwicklung muss also raus aus der Exotenecke, die es nur auf besonderen, einmal jährlich stattfindenden Anstoß seitens der Unternehmensleitung durchzuführen gilt.

Andererseits darf Personalentwicklung nur im Rahmen der realen Möglichkeiten einer Organisation praktiziert werden. Genauso schädlich wie Inaktivität ist eine zu offensive Kampagne zur internen Rekrutierung von Führungskräften, ohne dass entsprechende Stellen bzw. Entwicklungsmöglichkeiten angeboten werden können. Personalentwicklung darf demzufolge nicht als Sozialleistung einer Organisation verstanden werden („Wir müssen den Mitarbeitern etwas Gutes tun").

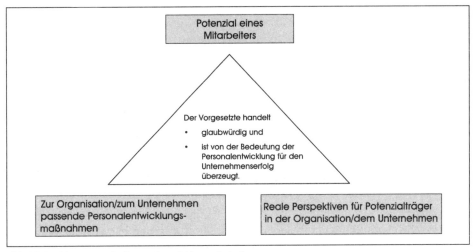

Abb. 22: Der Vorgesetzte im Personalentwicklungs-Dreieck

Personalentwicklung muss in einer Organisation sowohl flächig als auch langfristig angelegt sein und sollte keinen kurzfristigen Modetrends unterworfen werden. Allerdings sollte es möglich sein, jederzeit Veränderungen der Unternehmensstrategie und neue wissenschaftliche Erkenntnisse zum Thema Personalentwicklung zu berücksichtigen und aufzunehmen. Personalentwicklung kann demzufolge, wie in Abbildung 22 dargestellt, nur in einem vertrauensvollen Beziehungsgeflecht zwischen Mitarbeiter und Vorgesetztem gedeihen. Deutlich wird hier, dass Personalentwicklung nicht bereits dadurch eingeführt und praktiziert wird, indem professionell gestaltete Glanzbroschüren, in denen das Konzept beschrieben ist, im Betrieb verteilt werden.

Ein positives Grundverständnis der Personalentwicklung werden Vorgesetzte nur dann aufbauen, wenn in dieser Phase die Personalbereiche aktiv gefordert werden. Regelmäßige Gespräche zwischen Personalberatern und Vorgesetzten sowie großflächig angelegte Informationsworkshops und/oder entsprechende Artikel in den betrieblichen Medien haben sich in dieser Hinsicht als sehr hilfreich erwiesen. Eine Unternehmenskultur, in der Personalentwicklung in dem hier beschriebenen Verständnis gelebt wird, kann nur über eine längere Zeit wachsen.

Ein wirkungsvolles Verständnis von Personalentwicklung entsteht langsam und benötigt Zeit. Es trägt aber dann langfristig als weitgehend „selbsttragendes" Kulturmerkmal zum Unternehmenserfolg entscheidend bei.

Damit F.U.T.U.R.E. ein voller Erfolg für alle Beteiligten (Unternehmen, Vorgesetzte, Potenzialträger und Trainer) werden kann, sind bei der Vorbereitung auf die aktive Beteiligung an den Personalentwicklungsmaßnahmen folgende Punkte zu beachten:

- Ängste und Widerstände ernst nehmen
- Transparenz schaffen
- Anschlussfähigkeit herstellen
- Orientierung geben
- Rollen klären
- Verbindlichkeit einfordern

Ängste und Widerstände ernst nehmen

Was hierunter verstanden werden kann, hat eine Geschäftsführerin bei einer Präsentation dieses Personalentwicklungskonzeptes vor den oberen Führungskräften eines Unternehmens mit einer Frage an uns als Berater auf den Punkt gebracht. Sie fragte uns, wie wir uns die Begleitung der Potenzialträger durch die jeweiligen direkten Vorgesetzen vorstellen. Da keiner der direkten Vorgesetzten in seiner bisherigen beruflichen Entwicklung Gelegenheit dazu gehabt habe, an einer derartigen anspruchsvollen Entwicklungsmaßnahme teilzunehmen, habe sie in dieser Hinsicht große Bedenken. Sie befürchte, dass die direkten Vorgesetzten mit ihrer neuen Rolle als Coach und Entwickler ihrer Mitarbeiter überfordert seien. Jedenfalls sehe sie sich außerstande, diesem neuen Anspruch aufgrund ihrer bisherigen Führungserfahrung gerecht zu werden.

Diesen Bedenken trägt das Konzept F.U.T.U.R.E. dadurch Rechnung, dass es einen zweitägigen Vorbereitungsworkshop (siehe Kapitel 4.4.1) vorsieht, um den Vorgesetzten die Möglichkeit zu geben, sich die zentralen Kenntnisse für ihre neue Rolle im Kontext einer strategisch ausgerichteten Personalentwicklung anzueignen.

Transparenz schaffen

Das zweitägige Vorbereitungsseminar soll den direkten Vorgesetzten Gelegenheit dazu geben, die Gesamtmaßnahme kennenzulernen. Jede Entwicklungsstufe (Ich & Führung, Ich & Team, Ich & System, Ich & Zukunft) wird präsentiert, diskutiert und erlebnisorientiert vermittelt. Die Teilnehmer lernen so die Schwerpunktthemen kennen, erhalten die Möglichkeit, eigene Erfahrungen mit den Lerninhalten zu machen und können ihre Gedanken und Wünsche bei der endgültigen Festlegung der Themenschwerpunkte mit einbringen.

Anschlussfähigkeit herstellen

Durch diese Vorgehensweise lösen sich die Vorbehalte der direkten Vorgesetzten auf und ihre Bereitschaft zur Übernahme von Verantwortung in diesem Prozess wächst. F.U.T.U.R.E. wird nun nicht mehr als ein aufwändiges, zeitraubendes, kostspieliges und vor allem verordnetes Personalentwicklungs-Monster betrachtet, sondern als eine notwendige Investition von Zeit und Geld angesehen, die zur Unternehmenssicherung einen wesentlichen Beitrag leistet. Diese Veränderung führt dann auch dazu, dass sich die Anschlussfähigkeit auf Seiten der direkten Vorgesetzten erhöht und zwangsläufig eine Veränderung der Führungskultur hin zu einer positiven Mitarbeiterorientierung erfolgt.

Orientierung geben

Die konzentrierte Auseinandersetzung mit dem Konzept F.U.T.U.R.E. innerhalb des Vorbereitungsseminars verschafft den direkten Vorgesetzten ein Mindestmaß an Orientierung. Führungskräfte, die es nicht gewohnt sind, in einen länger dauernden Entwicklungsprozess ihrer Mitarbeiter aktiv mit eingebunden zu werden, verlieren teilweise den Überblick, was ihre Rollen und Aufgaben innerhalb dieses Prozesses angeht. Beobachter, Feedbackgeber, Entwickler und Coach in einer Person zu sein, zählte bisher nicht zu ihrem Tagesgeschäft.

Im Hinblick auf die neuen Herausforderungen, die das Konzept F.U.T.U.R.E. an sie stellt, erscheint häufig die bisherige Führungskultur als wenig akzeptabel. Dies schafft erneut Widerstände und Versagensängste, denen Aufmerksamkeit geschenkt werden muss. Es ist von hoher Bedeutung, in derartigen Vorbereitungsseminaren darauf hinzuweisen, dass die bisherige Führungskultur ihren Zweck erfüllt hat und sie damit auch im positiven Sinne für das verantwortlich zu machen ist, was die derzeitige Veränderung angeht. Es ist wichtig, die alte Führungskultur zu würdigen, um der neuen Führungskultur eine Chance zu geben.

Rollen klären

Der Vorbereitungsworkshop (Kapitel. 4.4.1) fokussiert vor allem darauf, die neuen Aufgaben, die der Rolle der direkten Vorgesetzten innerhalb des F.U.T.U.R.E.-Konzeptes zugeschrieben werden, kennenzulernen:

- Festlegung der Anforderungskriterien („Messlatte")
- Beobachtung und Prozessbegleitung des Potenzialbestätigungsworkshops
- Reflexion der Lernzielerreichung

Festlegung der Anforderungskriterien

Die jeweiligen direkten Vorgesetzten legen gemeinsam eine konsensfähige und damit verbindliche „Messlatte" (Anforderungskriterien) fest, an der die ausgewählten Potenzialträger in einem Potenzialbestätigungsworkshop (siehe Kapitel 4.4.2) oder einem Selbstentwicklungsworkshop (siehe Kapitel 4.4.3) hinsichtlich ihres gezeigten Verhaltens beobachtet und eingeschätzt werden.

In größeren Organisationen bzw. Unternehmen wird diese „Messlatte" von der Geschäftsleitung oder dem Vorstand generell verbindlich verabschiedet.

Beobachtung und Prozessbegleitung

Während im Selbstentwicklungsworkshop (SEW) die direkten Vorgesetzten nicht mit eingebunden sind, übernehmen sie im Potenzialbestätigungsworkshop (PBW) die Rolle des Beobachters und Prozessbegleiters. Auch legen die Vorgesetzten am Ende des Potenzialbestätigungsworkshops (PBW) die individuellen Entwicklungsziele für den Mitarbeiter fest. Für diese Rolle werden die Vorgesetzten noch gesondert vorbereitet.

Reflexion der Lernzielerreichung

Das in diesem Buch beschriebene Konzept sieht vor, dass sich die direkten Vorgesetzten nach jeder Maßnahme mit ihrem Mitarbeiter (unter Umständen mit der Personalabteilung) zusammensetzen, um die Lernzielerreichung gemeinsam zu reflektieren und gegebenenfalls neue bzw. modifizierte Entwicklungsziele festzulegen.

Verbindlichkeiten einfordern

Am Ende des Vorbereitungsworkshops (VBW) wird den direkten Vorgesetzten noch einmal verdeutlicht, wie wichtig die konsequente und verbindliche Wahrnehmung ihrer Rolle

- für den Entwicklungserfolg ihres Mitarbeiters und
- für die Bildung und Stabilisierung einer unternehmensspezifischen Personalentwicklungs-Kultur ist.

Es werden gemeinsam Standards festgelegt, auf die sich jeder verbindlich verpflichtet und es werden Sanktionen vereinbart, wie mit denjenigen umzugehen ist, die diese Absprachen nicht einhalten.

4.4.1 Der Vorbereitungsworkshop (VBW)

Der VBW soll den direkten Vorgesetzten Orientierung und Hilfestellung zur Unterstützung ihrer neuen Rolle als Begleiter und Entwickler ihrer Potenzialträger geben.

Darüberhinaus handelt es sich um eine personenbezogene Qualifizierung der Vorgesetzten selbst, die dazu beiträgt, dass sich

- das Verantwortungsbewusstsein
- die Einstellungen und
- das Verhalten

der Vorgesetzten hinsichtlich ihrer Aufgaben im Rahmen der Personalführung und -entwicklung positiv verändern.

Die Vorgesetzten erhalten im VBW Gelegenheit, sich kognitiv und erlebniszentriert mit folgenden Punkten auseinander zu setzen:

- Inhalte und Methoden des F.U.T.U.R.E.-Konzeptes
- Rollenklärung (Beobachter, Begleiter, Entwickler)
- Anforderungskriterien beobachten und schriftlich fixieren
- Beurteilung und Feedback

Damit leistet der VBW einen ersten Beitrag zur Entwicklung einer werteorientierten Führungskultur mit folgenden Schwerpunkten:

- Steigerung der sozialen Kompetenz der an dem PBW beteiligten Führungskräfte
- Entwicklung einer unternehmensspezifischen Führungsphilosophie

Diese Ziele werden durch Schaffung von Transparenz bezüglich der für alle gültigen Anforderungskriterien und durch Auseinandersetzung mit Themen der Führungskultur erreicht.

Die Methoden: Der VBW ist für viele Führungskräfte wahrscheinlich die erste Maßnahme, die sich nicht vornehmlich mit Sachthemen beschäftigt, sondern sie in einem Bereich fordert, der in ihrem bisherigen Denken eine eher unbedeutende Rolle gespielt hat: Die Entwicklung ihrer Mitarbeiter.

Um eine hohe Akzeptanz und Anschlussfähigkeit bei den Vorgesetzten zu erreichen, sollte das Design dieser Maßnahme vor allem zwei Punkte berücksichtigen:

- Es sollte ausreichend Fakten und Daten über das Personalentwicklungskonzept F.U.T.U.R.E. bieten und

- erlebniszentrierte Elemente enthalten, die den Vorgesetzten einen Eindruck hinsichtlich der Anforderungen vermitteln, die F.U.T.U.R.E. an die Teilnehmer stellt.

Die Vorgesetzten lernen das didaktisch-methodische Konzept von F.U.T.U.R.E. kognitiv (Vorträge) und erlebniszentriert (Übungen) kennen.

Die vier zentralen Entwicklungsmaßnahmen

- **Ich & Führung (EM 1),**
- **Ich & Team (EM 2),**
- **Ich & System (EM 3),**
- **Ich & Zukunft (EM 4)**

werden in halbtägigen Seminarsequenzen vorgestellt innerhalb derer Themen/Inhalte aktiv erarbeitet werden.

Die Übungen: Sie sind so ausgewählt, dass sie exemplarisch einen praktischen Einblick in die vier Entwicklungsmaßnahmen geben.

Die Anforderungskriterien: Sie werden – soweit noch nicht vorhanden – gemeinsam mit den direkten Vorgesetzten schriftlich fixiert.

Die Dauer: Der VBW dauert zwei Tage. Davon werden ca. eineinhalb Tage für die Übungen und ein halber Tag für die Vorbereitung auf die Beobachterrolle im Potenzialbestätigungsworkshop (PBW) benötigt.

Beteiligte: Die direkten Vorgesetzten der Potenzialträger.

Das Ergebnis: Die Vorgesetzten kennen die Anforderungen an ihre neue Rolle als Beobachter, Begleiter und Entwickler ihrer Potenzialträger und übernehmen dadurch Mitverantwortung für das F.U.T.U.R.E.-Konzept.

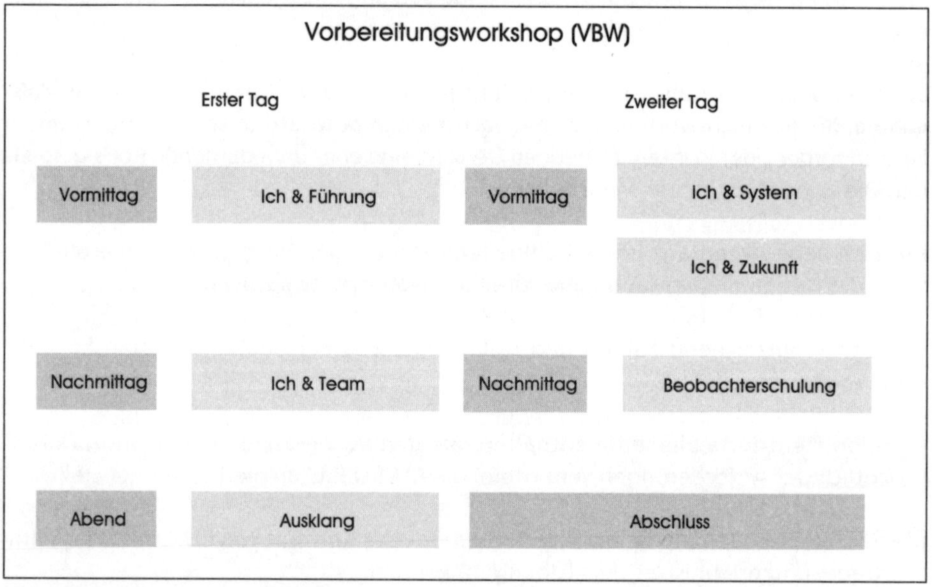

Abb. 23: Der Vorbereitungsworkshop (VBW)

Ablauf 1. Tag

Ich & Führung (EM 1)

Der Vormittag dient vor allem dazu, den direkten Vorgesetzten einen Einblick in die erste Entwicklungsmaßnahme (Ich & Führung) zu geben. Hauptsächlich beschäftigt sich dieser Teil mit aktuellen Führungstheorien, gelebter und erlebter Führung und mit den neuen Anforderungen an Führungskräfte.

Die Vorgesetzten erfahren anhand eines Vortrages und in Form von Selbstreflexion, dass Führung etwas mit ihrer ganz persönlichen Grundhaltung als Vorgesetzter zu tun hat (positive Lebenseinstellung oder negative Lebenseinstellung).

Der Rollenwandel des Vorgesetzten (vom Vorgesetzten zum Coach) ist ebenso Gegenstand von Vorträgen und Diskussionen wie die Erläuterung von Grundzügen einer wertorientierten Führung.

Ich & Team (EM 2)

Am Nachmittag lernen die Vorgesetzten, dass eine Gruppe ein komplexes Gebilde ist, das sich nach bestimmten gruppendynamischen Gesetzmäßigkeiten verhält (z. B. „Gruppenuhr"). Anhand des TZT-Modells von Vopel, das kognitives und intuitives Lernen ermöglicht, erkennen sie die Wirkmächtigkeit der vier Themenschwerpunkte und Fragen für die Entwicklung eines erfolgreichen Teams:

- Die Unternehmenskultur
       Wie kann sich mein Team mit dem Unternehmen und seinen Zielen identifizieren?
- Die Team-Mitglieder
       Wie kann das Potenzial des einzelnen im Team genutzt werden?
- Interaktion im Team
       Wie wird die Gruppe zum Team?
- Aufgaben und Projekte
       Wie kann das Team seine Arbeit wirkungsvoll organisieren?

Methodisch wird auch in diesem Teil des Workshops mit Vorträgen, Diskussionen, gruppendynamischen Übungen gearbeitet und es findet eine Prozessauswertung statt.

Tagesausklang

Der Abend ist frei. Dies ist aus mehreren Gründen auch für den Erfolg des VBW wichtig:

- Die Vorgesetzten (Teilnehmer) sollen auch mal „mental durchatmen" können.

- Es gibt für einzelne wichtige Themen, über die sie gern mit anderen Seminarteilnehmern sprechen möchten.

- Oft greifen die Teilnehmer tagsüber zurückgestellte Fragen wieder auf und besprechen diese im „kleinen Kreis".

- Die vielen Informationen, Anregungen, Selbsterkenntnisse etc. müssen verarbeitet werden, um den Kopf für den nächsten Tag wieder frei zu haben.

- Das „Freizeitverhalten" der Teilnehmer ist für die Trainer ein wichtiges Indiz, inwieweit sich die Teilnehmer (Vorgesetzten) mit der Personalentwicklung auseinandersetzen. Es wird erkennbar, ob die Personalentwicklung nur ein Thema während der offiziellen Arbeitszeiten ist und in der freien Zeit dann wieder andere Themen im Vordergrund stehen. Dieses verlangt von dem Trainer bei derartigen Abendeinheiten ein aufmerksames „in die Gruppe reinhören".

Ablauf 2. Tag

Ich & System (EM 3)

Die Vorgesetzten erfahren in Kurzfassung die wesentlichen Inhalte des zwei Tage dauernden Unternehmensplanspiels „TOPSIM", das die Potenzialträger im Rahmen von F.U.T.U.R.E. in die Welt des „unternehmerischen Denkens und Handelns" einführt und ihnen die Folgelastigkeit ihrer Entscheidungen in komplexen und dynamischen Unternehmen vor Augen führt.

Dieser Teil des F.U.T.U.R.E.-Konzeptes schließt die beiden vorab behandelten Themen „Ich & Führung" und „Ich & Team" in ein übergeordnetes Ganzes ein. Den neuen Fokus bildet nun das System, in dem die Vorgesetzten ihre Rolle als Führungskraft wahrnehmen.

Auf der einen Seite bestimmt das System die Rolle der Führungskraft, auf der anderen Seite bestimmt die Rolle der Führungskraft auch das System. Ebenso verhält es sich mit den Teams. Diese Wechselwirkung eröffnet neue Handlungsräume, die mittels Systemanalyse und kollegialer Fallarbeit konkretisiert werden können.

Der VBW führt mit Hilfe von Vorträgen, Diskussionen, Einzel- und Kleingruppenarbeit die direkten Vorgesetzten intensiv in diese Thematik ein.

Ich & Zukunft (EM 4)

Ein weiterer Schwerpunkt ist die Information der Vorgesetzten über den vierten Baustein der F.U.T.U.R.E.-Entwicklungsmaßnahmen. Die Vorgesetzten erfahren, dass sich dieser abschließende Teil mit der Lebens- und Karriereplanung der Potenzialträger beschäftigt. Im Vordergrund steht die Beantwortung folgender Fragen:

- Wie ökologisch ist mein derzeitiges Zeit- und Selbstmanagement?
- Welche Werte sind für meine private und berufliche Situation von Bedeutung?
- Wer bin ich?
- Wie kann ich die Erkenntnisse über meine Person für meine private Entwicklung nutzen?
- Was ist mein zentraler Karriereanker?
- Wie kann ich meinen Karriereanker für meine weitere berufliche Entwicklung nutzen?

Anhand kurzer Übungseinheiten bekommen die Vorgesetzten einen Einblick in die methodische Bearbeitung dieser Themen und entwickeln so ein tieferes Verständnis für die Sinnhaftigkeit dieses F.U.T.U.R.E.-Teiles.

Eine der Grundannahmen von F.U.T.U.R.E. in seiner Eigenschaft als sozio-funktionales Integrationsmodell besagt, dass der Erfolg einer Organisation zuallererst vom privaten und beruflichen Erfolg seiner Mitglieder abhängig ist. Dies wird den Teilnehmern in diesem Teil des VBW vermittelt.

Ökologischer Umgang mit menschlichen Ressourcen ist eine wesentliche Grundlage für langfristigen ökonomischen Erfolg.

Beobachterschulung

Um die Wahrnehmungskompetenz der Vorgesetzten für den Potenzialbestätigungsworkshop (PBW) zu steigern, sieht das Design des VBW vor, dass nach dem Mittagessen des zweiten Tages bis zum Ende des VBW am späten Nachmittag ein(e) Wahrnehmungsschulung/Kommunikationstraining stattfindet. (→ Übung Nr. 1 und Übung Nr. 21)

Den Vorgesetzten werden dazu zunächst die wichtigsten theoretischen Grundlagen aus der Wahrnehmungspsychologie erläutert. Im Vordergrund steht jedoch das Üben konkreter Situationen mit den Teilnehmern aus dem VBW.

Besonders wichtig ist die klare Trennung zwischen einer beobachteten/wahrgenommenen Situation und die Bewertung der so handelnden Person. Erfahrungsgemäß benötigen „ungeübte" Personen längere Zeit bis sie hier sicher sind. Aber genau diese Fähigkeit benötigen die Vorgesetzten um ihre Mitarbeiter kompetent und verantwortungsvoll auf deren Entwicklungsweg begleiten und fördern zu können. (→ Übung Nr. 2)

4.4.2 Der Potenzialbestätigungsworkshop (PBW)

Der PBW soll den Vorgesetzten Orientierung und Hilfestellung bezüglich des weiteren Vorgehens bei der Förderung der beruflichen Entwicklung ihrer Mitarbeiter bieten.

Deshalb sollen im PBW

* die Verhaltensweisen mehrerer Teilnehmer
* von mehreren geschulten Beobachtern
* in Bezug auf vorher definierte Anforderungen (Anforderungskriterien)
* in simulierten Praxissituationen

beobachtet und beurteilt werden.

Der PBW dient also der Beobachtung, Beurteilung und Auswahl zukünftiger Führungs-kräfte, d. h.

- der Potenzialerfassung und -einschätzung
- als Grundlage für weitere und vertiefende Personalentwicklungsmaßnahmen (Job-Rotationen, Learning on the job, Projektaufgaben und weitere persönliche Qualifi-zierungsaktivitäten).

Der PBW ist gleichzeitig eine persönlichkeits- und führungsorientierte Weiterbildung für die Mitarbeiter und die Vorgesetzten.

Für die Vorgesetzten heißt dies insbesondere:

- Bewusstseinsförderung in Bezug auf ihre Aufgaben in Personalführung und -ent-wicklung.

Für die Teilnehmer heißt dies:

- Information über die Wirkung des eigenen Verhaltens
- persönliche Standortbestimmung (Selbst-/Fremdwahrnehmung) und
- Hinweise zur Entwicklung persönlicher Qualifizierungsschritte und Laufbahnplanung zu bekommen.

Damit leistet der PBW einen Beitrag zur Entwicklung einer werteorientierten Führungs-kultur, die folgende Schwerpunkte beinhaltet:

- Steigerung der sozialen Kompetenz der an dem PBW beteiligten Führungskräfte und
- Entwicklung einer unternehmensspezifischen Führungsphilosophie durch Schaffung von Transparenz hinsichtlich der für alle gültigen Anforderungskriterien und Aus-einandersetzung mit Themen der Führungskultur.

Die Methoden: Die Teilnehmer führen Einzel- und Gruppenübungen durch, bei denen die Anforderungskriterien für Führungskräfte beobachtbar sind. Hierbei werden die Teilnehmer hauptsächlich von ihren eigenen Vorgesetzten, aber auch von den Vorge-setzten der anderen Teilnehmer beobachtet.

Die gewonnenen Eindrücke werden gesammelt, gemeinsam in der Beobachterkonfe-renz diskutiert und in Bezug auf die Anforderungskriterien bewertet. Nach jeder Übung erhalten die Teilnehmer – hier weicht unser PBW vom klassischen AC ab – ein kurzes Feedback. Der Nutzen dieses Vorgehens besteht darin, dass bei den Teilnehmern die Fähigkeit beobachtet werden kann, inwieweit sie Rückmeldungen sofort umsetzen kön-nen.

Die Übungen: Sie sind so ausgewählt, dass sie einen praktischen Bezug zur Arbeitswelt der Teilnehmer und der Beobachter haben.

Die Anforderungskriterien: Sie sollten schriftlich vorliegen, klar formulierte und beobachtbare Verhaltensweisen beinhalten, den Teilnehmern und Beobachtern ausreichend bekannt sein und von ihnen uneingeschränkt akzeptiert werden.

Die Dauer: Der PBW dauert zwei Tage, wobei ca. eineinhalb Tage für die Übungen und ein halber Tag für die Bewertung und Rückmeldung benötigt werden.

Beteiligte: 12 Teilnehmer und der jeweilige Vorgesetzte als Beobachter (paritätische Besetzung):

- Ein(e) Mitarbeiter(In) des Personalbereiches (LeiterIn)
- Ein(e) externe(r) Begleiter(In) (ModeratorIn)

Das Ergebnis: Nach der Beobachterkonferenz am Ende des PBW erhalten die Teilnehmer im Rahmen eines halbstündigen Gespräches ihr Ergebnis mitgeteilt.

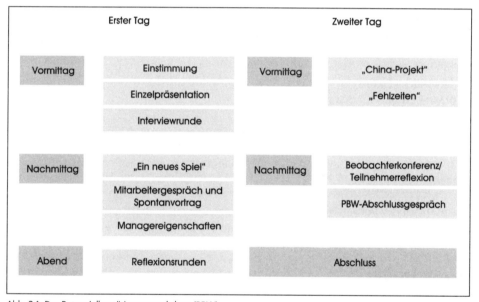

Abb. 24: Der Potenzialbestätigungsworkshop (PBW)

Ablauf 1. Tag

Einstimmung

Nach der Begrüßung werden die Teilnehmer über

- Sinn und Zweck,
- Themen,
- methodische Vorgehensweise und
- Verlauf

des zweitägigen Potenzialbestätigungsworkshops (PBW) informiert.

Einzelpräsentation

Zu Beginn erhalten die Teilnehmer 30 Minuten Zeit zur Vorbereitung ihrer persönlichen Präsentation. Diese erfolgt im Plenum, darf max. 3 Minuten dauern und es dürfen vorhandene Medien (Flipchart, Folien, Metaplanwand etc.) genutzt werden. Inhaltlich sollen die Einzelpräsentationen folgende Punkte thematisieren:

- persönliche Daten
- private Entwicklung/Stationen
- berufliche Entwicklung/Entscheidungen
- Lebensmaxime

Während der Vorbereitungszeit gibt der Moderator den Beobachtern „letzte" Instruktionen.

Nach Ablauf der Vorbereitungszeit präsentieren sich die Teilnehmer im Plenum vor den anderen Kollegen und Vorgesetzten. Im Anschluss an jede Teilnehmerpräsentation stellt sich der jeweils zugehörige Beobachter ebenfalls kurz vor. (→ Übung Nr. 3)

Interviewrunde

Nach den Einzelpräsentationen erhalten die Beobachter – in zwei Kleingruppen à 6 Teilnehmern – Gelegenheit, anhand eines unstrukturierten Interviews Themen/Inhalte aus den Einzelpräsentationen aufzugreifen und zu vertiefen. (→ Übung Nr. 4)

„Ein neues Spiel"

Nach der Mittagspause werden die Teilnehmer wieder in zwei Kleingruppen à 6 Personen aufgeteilt. Sie sollen in der jeweiligen Gruppe in 60 Minuten ein völlig neues Gesellschaftsspiel entwickeln. Hilfsmittel sind jeweils zwei Würfel, eine DIN A3 Papier-Unterlage mit sinnlosen Zeichen, Zahlen und Linien sowie ein Moderatorenkoffer. Die jeweiligen Vorgesetzten begleiten den Prozess wiederum in ihrer Rolle als Beobachter.

Nach 60 Minuten müssen die Beobachter mit den von den Teilnehmern entwickelten Spielregeln 15 Minuten – ohne Hilfestellung der „Entwickler" – spielen können. Die Teilnehmer erhalten nach dieser Übung ein Kurzfeedback über den Gruppenprozess durch die Beobachter. (→ Übung Nr. 5)

„Mitarbeitergespräch" und Spontanvortrag

Dieser Teil verläuft in zwei Phasen: Die eine Hälfte der Teilnehmer ist beim Rollenspiel „Mitarbeitergespräch" aktiv, ebenso die Hälfte der Beobachter. Die übrigen Teilnehmer referieren (Spontanvortrag ohne Vorbereitungszeit) während dieser Zeit einzeln drei Minuten lang vor den anwesenden Beobachtern zu einer aktuellen Presse-Schlagzeile. Die Themen (Wirtschaft, Gesellschaft und Politik) stammen aus der regionalen und überregionalen Presse der letzten vier Wochen.

Beim Mitarbeitergespräch „spielen" jeweils zwei Teilnehmer einen Teamleiter bzw. einen Abteilungsleiter, während zwei Beobachter die Rolle des Mitarbeiters bzw. des Betriebsrats übernehmen.

Die beiden „Parteien" haben anhand eines vorgegebenen Textes, der eine Szene aus dem betrieblichen Alltag kurz beschreibt, Gelegenheit, sich 10 Minuten auf das Gespräch vorzubereiten und sich ihre Gesprächsstrategie zurechtzulegen. Das Rollenspiel dauert dann 15 Minuten. Nach Ende der ersten „Runde" (Rollenspiel und Spontanvortrag) wechseln die Teilnehmer und die Beobachter die Übung.
(→ Übung Nr. 6) (→ Übung Nr. 7)

Managereigenschaften

Die Teilnehmer erhalten eine Liste von Eigenschaften, über die eine Führungskraft verfügen sollte. Danach werden die Teilnehmer in zwei Kleingruppen à 6 Personen aufgeteilt und aufgefordert, die Eigenschaften in einer Gruppendiskussion zu einer konsensfähigen Rangfolge zu ordnen. Es folgt dann wieder das bereits erwähnte Kurzfeedback der Beobachter. (→ Übung Nr. 8)

Reflexionsrunden

Diese parallel – getrennt nach Teilnehmer und Beobachter – stattfindenden Gesprächsrunden sollen dazu dienen, den Verlauf des Tages kritisch zu beleuchten. Die Beobachter haben so die Möglichkeit, den nächsten Tag „bedarfsorientiert" zu modifizieren. So können zum Beispiel zur Vertiefung der bisherigen Beobachtungen andere Übungen kurzfristig in den Workshop aufgenommen werden (stets unter Berücksichtigung des zeitlichen organisatorischen und inhaltlichen Gesamtrahmens).

Ablauf 2. Tag

„China-Projekt"

Die Teilnehmer werden in zwei 6-er Gruppen aufgeteilt. Ihre Aufgabe besteht darin, in 60 Minuten ein Konzept und die notwendige Strategie für:

- den Bau einer Fabrik in China und
- die dann erforderliche Personalbeschaffung und -qualifizierung

zur erfolgreichen Umsetzung zu entwickeln.

Beide Gruppen präsentieren danach ca. 15 Minuten ihre Konzepte vor dem Vorstand, der aus fünf Beobachtern besteht.

Anschließend bewerten Teilnehmer und Beobachter die Präsentationen sowie den Inhalt der Konzepte. Danach ziehen sich die Teilnehmer wieder in ihre Gruppenräume und erhalten von den Beobachtern ein Kurzfeedback zu ihrem Verhalten während des gesamten Gruppenprozesses. (→ Übung Nr. 9)

„Fehlzeiten"

Ein Teilnehmer spielt in diesem 15-minütigen Dialog einen Vorgesetzten, der sich mit einem Mitarbeiter, der ständig hohe krankheitsbedingte Fehlzeiten aufweist, auseinandersetzen muss. Dieser Mitarbeiter wird von einem Beobachter (nicht vom direkten Vorgesetzten) gespielt. Ein weiterer Beobachter schaut dem Gespräch zu und gibt im Anschluss ca. 15 Minuten Feedback an den Teilnehmer. Wegen der kompletten Einbindung der Beobachter (als Mitarbeiter, Beobachter und Feedbackgeber), findet dieses Rollenspiel in zwei Gesprächsrunden statt. Deshalb hat jeweils die halbe Teilnehmergruppe ca. 30 Minuten Pause. (→ Übung Nr. 10)

Beobachterkonferenz/Teilnehmerreflexion
(Diese beiden Aktivitäten finden gleichzeitig statt.)

Die Beobachterkonferenz: Die Beobachter ordnen ihre Notizen, die sie während der einzelnen Übungen gesammelt haben, auf einem Arbeitsblatt den einzelnen Auswahlkriterien zu. Stichwortartig wird das beobachtete Verhalten und die entsprechende Bewertung durch den Vorgesetzten notiert.

Erfahrungsgemäß benötigen die Vorgesetzten hierzu ca. 60 Minuten. Ergänzend hierzu sollen die Vorgesetzten an dieser Stelle

- die im PBW identifizierten Entwicklungsziele bzw. Lernfelder festlegen und
- eine konkrete Potenzialaussage für den jeweiligen Mitarbeiter formulieren.

An der Beobachterkonferenz nehmen die Vorgesetzten und der Potenzialbestätigungsworkshop-Leiter als Moderator teil. Zunächst veröffentlicht jeder Vorgesetzte

- seine Beobachtungen bezogen auf die einzelnen Auswahlkriterien,
- seine mitarbeiterbezogenen Entwicklungsziele/Lernfelder und
- seine Potenzialaussage über seinen Potenzialträger.

Bei der anschließenden Diskussion bringen die anderen Vorgesetzten, die den betreffenden Potenzialträger während des PBW beobachtet haben, ihre Wahrnehmungen ein. So kann die ursprüngliche Bewertung des zuständigen Beobachters (meist direkter Vorgesetzter) anhand weiterer Beispiele bestätigt, ergänzt bzw. korrigiert werden. Der verantwortliche Vorgesetzte erhält somit eine breite Basis für die Ableitung der Entwicklungsziele und für die Begründung seiner Potenzialaussage.

Über diesen Prozess, der bei 12 Teilnehmern meist 4 – 5 Stunden dauert, werden die Stellungnahmen für sämtliche Teilnehmer von den Beobachtern gemeinsam durchgesprochen.

Neben den Ergebnissen für die Potenzialträger, bringt die eben beschriebene Vorgehensweise in der Beobachterkonferenz einen zusätzlichen, für das Gesamtunternehmen äußerst wichtigen Nutzen:

- Qualifikationsstandards werden gesetzt.
- Die Vorgesetzten erhalten eine „allgemeingültige" Werteskala, die es ihnen ermöglicht, ihr Feedback gegenüber ihren Mitarbeitern in einen Wertekontext der Organisation zu stellen.
- Die Vorgesetzten erleben den Nutzen allgemeingültiger Anforderungsmerkmale sowie von Wertestandards im Unternehmen für die zukünftige Identifizierung neuer Potenzialträger.

Die Teilnehmerreflexion: Parallel zum Beobachteraustausch begeben sich die Potenzialträger in eine Feedbackschleife, die vom Moderator geleitet wird. Der erste Schritt ist hierbei eine Selbsteinschätzung anhand der allgemeingültigen Auswahlkriterien. Im Anschluss daran tauschen sich die Teilnehmer in Dreiergruppen (freie Wahl) über ihre Selbsteinschätzung aus und erkennen erste Abweichungen oder Bestätigungen der Selbsteinschätzung.

Einen besonderen Schwerpunkt bildet dabei die Formulierung individueller Entwicklungsziele bzw. Lernfelder. Die Gesprächspartner beraten einander und generieren so ganz „nebenbei" Umsetzungsideen. Der Grundstein für eine erfolgreiche individuelle Entwicklung wird also zu wesentlichen Teilen bereits hier gelegt.

PBW-Abschlussgespräch

Der Vorgesetzte teilt seinem Potenzialträger die von der Beobachterkonferenz gemeinsam formulierte

- Potenzialeinschätzung und die
- Entwicklungsziele bzw. Lernfelder

mit. Dieses „Vier-Augen-Gespräch" versteht sich als Kurzinformation („Blitzlicht") unmittelbar nach der Beobachterkonferenz und dauert maximal eine halbe Stunde. Ein ausführliches – den gesamten Auswahlprozess (PBW und Arbeit „vor Ort") berück-sichtigendes Gespräch – findet innerhalb von vier Wochen nach dem PBW statt.

Abschluss

Mit einem kurzen Resümee des PBW-Leiters im Rahmen eines „Steh-Empfangs", mit Getränken und kleinen Häppchen, findet der PBW seinen Abschluss.

4.4.3 Der Selbstentwicklungsworkshop (SEW)

Der SEW soll den direkten Vorgesetzten entlasten. Sein Potenzialträger legt darin eigen-ständig und ohne Begleitung eines Vorgesetzten seine individuellen Entwicklungsziele bzw. Lernfelder im Kreise anderer Potenzialträger fest. Der SEW kann als Alternative zum PBW eingesetzt werden – aber nur dann, wenn nach eingehender Prüfung der betrieb-lichen Rahmenbedingungen (Zeit, Geld, Personalkapazität etc.) ein PBW (siehe Kap. 4.4.2) nicht möglich ist.

Die Potenzialträger erhalten im SEW Gelegenheit, sich mit folgenden Themen kogni-tiv und erlebniszentriert auseinander zu setzen:

- Inhalte und Methoden des F.U.T.U.R.E.-Konzeptes
- Rollenklärung (Beobachter und Beobachtete)
- Anforderungskriterien; beobachten und schriftlich fixieren
- Feedback und Beurteilung

Damit leistet der SEW einen ersten Beitrag zur Entwicklung einer werteorientierten Führungskultur, die im wesentlichen folgende Schwerpunkte beinhaltet:

- Steigerung der sozialen Kompetenz der PBW-Potenzialträger
- Entwicklung einer unternehmensspezifischen Führungskultur durch aktive Ausein-andersetzung und Anwendung (Beurteilung und Feedback) mit den im Unterneh-men als verbindlich kommunizierten Anforderungskriterien

Die Methoden: Der SEW ist vermutlich für die meisten der Potenzialträger die erste Maßnahme, die von jedem einzelnen verlangt, eigenverantwortlich Selbst- und Fremd-entwicklungsbedarfe zu erheben und verbindlich festzulegen.

Völlig neu für sie dürfte sein, dass sich der SEW nicht vornehmlich mit Sachthemen beschäf-tigt, sondern die Potenzialträger auf einem „Gebiet" fordert, das in ihrer bisherigen Denk-

und Betrachtungswelt eher unbekannt ist: Ihre eigene personenbezogene Entwicklung. Der SEW fordert die Potenzialträger auf, in folgenden Rollen Erfahrungen zu sammeln:

- *Als Teilnehmer:* Jeder Potenzialträger wird während drei Übungseinheiten von anderen Potenzialträgern unter Berücksichtigung der Anforderungskriterien beobachtet und erhält am Ende des Selbstentwicklungsworkshops (SEW) einen schriftlich fixierten Entwicklungsbericht.
- *Als Beobachter:* Jeder Potenzialträger begleitet einen anderen Potenzialträger während des gesamten SEW als Beobachter und erstellt anhand der Anforderungskriterien einen aussagekräftigen Entwicklungsbericht.

Die Übungen: Sie sind so ausgewählt, dass sie den Beobachtern ermöglichen, gezeigtes Verhalten nach den vorher festgelegten Anforderungskriterien zu beurteilen.

Die Anforderungskriterien: Sie werden auf zwei zentrale Kategorien konzentriert (Führungskompetenz/soziale und interkulturelle Kompetenz). Damit kann Komplexität der Beobachtungen soweit reduziert werden um Handlungsfähigkeit herzustellen.

Die Dauer: Der SEW dauert zwei Tage, wobei ca. eineinhalb Tage für die Übungen und ein halber Tag für die Vorbereitung und Veröffentlichung der personenbezogenen Entwicklungsberichte (Feedback im Plenum) benötigt werden.

Beteiligte: Die von den direkten Vorgesetzten benannten Potenzialträger.

Das Ergebnis: Die Potenzialträger kennen nun die Anforderungen, die in ihrer neuen Rolle als Führungskraft an sie gestellt werden und sie haben gemeinsam mit den anderen Potenzialträgern ihren aktuellen Entwicklungsbedarf erhoben und in Form eines Entwicklungsberichts festgelegt.

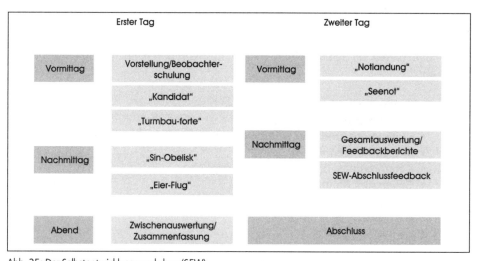

Abb. 25: Der Selbstentwicklungsworkshop (SEW)

Ablauf 1. Tag

Einstimmung

Nach der Begrüßung erhalten die Teilnehmer eine kurze Orientierung über:

- Sinn und Zweck,
- Themen,
- methodische Vorgehensweise und
- Verlauf

des zweitägigen SEW.

Vorstellungsrunde

Danach erhalten die Teilnehmer Gelegenheit, sich anhand folgender Leitfragen persönlich vorzustellen:

- Was sollte die Gruppe über Sie erfahren?
- Wie sind Sie von Ihrem Vorgesetzten über diesen Workshop informiert worden?
- Welche Erwartungen haben Sie an diesen SEW?
- Was wird Ihr persönlicher Beitrag zum erfolgreichen Verlauf dieser zwei Tage sein?
- Woran werden Sie erkennen, dass sich dieser SEW für Sie persönlich gelohnt hat?

Beobachterschulung

Nach dieser kurzen Vorstellungsrunde, die ggf. auch schon unter Beobachtung stehen kann, legen die Potenzialträger gemeinsam die zu beobachtenden Merkmale fest. Es hat sich als hilfreich erwiesen, die zu beobachtenden Merkmale aus zwei Kernkompetenzen abzuleiten.

In der Regel bieten wir den Beobachtern zwei Kernkompetenzen mit folgenden Merkmalen an:

- Führungskompetenz
    - Schaffen von Orientierung
    - Motivations- und Überzeugungskraft
    - Delegationsvermögen
    - Koordinations- und Integrationsfähigkeit
    - Geben und Nehmen von Feedback
    - Entwickeln von Mitarbeitern
    - Durchsetzungsvermögen
    - Glaubwürdigkeit

- Soziale und interkulturelle Kompetenz
  - Einfühlungsvermögen
  - Offenheit und Wertschätzung für andere(s)
  - interkulturelle Sensibilität und Lernbereitschaft
  - Kontakt- und Kommunikationsfähigkeit
  - Teamfähigkeit
  - Bewältigung von Konflikten
  - Fairness und Verlässlichkeit

Anhand dieser Begriffe werden die Beobachter angeleitet, entsprechendes beobachtbares Verhalten zu formulieren. Für ungeübte Beobachter ist es besonders wichtig, auf die Unterscheidung von Beobachtung und Bewertung zu achten.

„Kandidat"

Nach dieser kurzen „Beobachterschulung" wird die Gruppe der Potenzialträger in zwei Kleingruppen (A und B) aufgeteilt. Es sollte hierbei darauf geachtet werden, dass die Gesamtgruppe nicht kleiner als 8 und nicht größer als 12 Personen ist, damit jeder Teilnehmer intensiv beobachtet werden kann.

Gruppe A wird aufgefordert, sich in der Mitte des Raumes um die bereitgestellten Tische zu setzen (Innenkreis). Gruppe B (Beobachter) setzt sich so um den Innenkreis herum, dass jeder Beobachter „seinen" Teilnehmer optimal beobachten kann.

Danach hat Gruppe A 45 Minuten Zeit, folgenden Arbeitsauftrag gemeinsam zu bearbeiten:

Wie heißt der Kandidat, der den Anforderungen, die an die Position des Direktors gestellt werden, entspricht?

Zu dieser Übung erhält jeder Teilnehmer eine Kandidatenliste und ein Informationspapier, wobei die Informationspapiere äußerlich gleich aussehen, inhaltlich jedoch unterschiedlich sind.

Nach dieser Übungsphase ziehen sich die Beobachter für eine Stunde mit einem Trainer zurück und strukturieren ihre gemachten Beobachtungen anhand der vorgegebenen Kernkompetenzen. Parallel hierzu werten die Teilnehmer, die gerade diese Übung hinter sich gebracht haben, den gemeinsam erlebten Gruppenprozess aus. Auch diese Gruppe wird von einem Trainer moderiert. (→ Übung Nr. 11)

Zur Auswertung des Gruppenprozesses haben sich folgende Leitfragen bewährt:

- Wie zufrieden sind Sie mit dem Verlauf des Gruppenprozesses?
- Wie zufrieden sind Sie mit dem vorliegenden Ergebnis?
- Welche Verhaltensweisen haben der Gruppe geholfen, ihr Ziel zu erreichen?

- Welche Verhaltensweisen haben die Gruppe gehindert, ihr Ziel zu erreichen?
- Wie hat sich die Gruppe organisiert?
- Wie wurden Hilfsmittel/Medien benutzt?
- Was würden Sie beim nächsten Durchgang ändern?

„Turmbau-forte"

Zu Beginn der zweiten Übungsphase erhält die Gruppe der Potenzialträger folgenden Arbeitsauftrag:

Bauen Sie aus dem bereitgestellten Material in den nächsten 45 Minuten einen Turm, der folgenden Anforderungen entspricht:

- Der Turm steht frei im Raum auf seinem Fundament.
- Der Turm hat die Höhe von 1,80 m.
- Der Turm trägt in seiner Mitte zwei Flaschen Wasser und auf seiner Spitze eine Flasche Wasser.
- Der Turm besteht ausschließlich aus Bauelementen, die den Maßen des Lineals entsprechen.

(→ Übung Nr. 12)

Nach Fertigstellung des Turms folgt die zweite Auswertungsphase in den beiden Kleingruppen. Da die Beobachtergruppe in der Regel mehr Zeit benötigt um die gemachten Beobachtungen personenbezogen zu strukturieren, bietet es sich an, in der Gruppe der Potenzialträger neben der üblichen Prozessauswertung anhand der entsprechenden Leitfragen situativ Lernangebote zu folgenden Themenschwerpunkten zu machen:

- Konstituierende Elemente von Gruppen
- Typisiertes Rollenverhalten
- Das Vierphasenmodell
- Die Teamentwicklungsuhr
- Hilfreiche Kommunikationsskills

(siehe Arbeitsmaterial)

Nach dieser einstündigen Auswertungsphase tauschen die beiden Kleingruppen ihre Rollen, Potenzialträger werden zu Beobachtern, Beobachter werden zu Potenzialträgern.

„Sin Obelisk"

Analog zur Übung „Kandidat" erhält Gruppe B (jetzt Spieler vorher Beobachter) eine ähnliche Problemlösungsaufgabe. Der Arbeitsauftrag lautet:

In der alten Stadt Atlantis wurde zu Ehren der Göttin Ondra ein 'Sin, ein massiver rechteckiger Obelisk', gebaut. Das Bauwerk wurde in weniger als zwei Wochen vollendet. Ihre Gruppe soll nun herausfinden, an welchem Tag der Obelisk fertiggestellt wurde.

Für die Lösung dieses Problems haben Sie 45 Minuten Zeit. Sie erhalten kleine Zettel (Kärtchen) mit Informationen zu der Aufgabe; diese Informationen dürfen Sie nur mündlich veröffentlichen. Niemand darf jedoch Ihre Infozettel nehmen bzw. hineinschauen.

Nach Beendigung dieser Gruppenübung erfolgt wiederum eine ca. einstündige Auswertung in den beiden Kleingruppen, wobei auch hier wiederum die Vorgehensweise den vorangegangenen Auswertungsphasen entspricht. (→ Übung Nr. 13)

„Eierflug"

Die Gruppe der Potenzialträger erhält 45 Minuten Zeit um den nachstehenden Arbeitsauftrag zu erledigen:

Bauen Sie in Ihrer Kleingruppe ein Flugobjekt, das ausschließlich aus den hierfür bereitgestellten Materialien besteht und mit dem Sie ein rohes Ei vom Balkon dieses Hauses „fliegen" lassen können, ohne dass es bei der Landung einen Schaden nimmt.

Die Höhe der Abflugstelle muss natürlich ortsspezifisch vorgegeben werden. Nach Abschluss dieser Übungseinheit folgt die nächste Auswertungsrunde, die ebenfalls eine Stunde Zeit beansprucht. (→ Übung Nr. 14)

Ablauf 2. Tag

„Notlandung"

Nach der Übung „Eierflug" werden die Gruppen noch einmal getauscht, so dass nun Gruppe A aktiv wird. Jeder Teilnehmer erhält eine Situationsbeschreibung und eine Liste von Gegenständen. Folgender Arbeitsauftrag wird erteilt:

Ordnen Sie die Gegenstände entsprechend ihrer Wichtigkeit für das Überleben der Gesamtgruppe.

Nach Abschluss dieser Übung erfolgt eine weitere Auswertungsrunde. Danach werden die Gruppen zum letzten Mal getauscht, so dass nun die Gruppe B den nächsten Arbeitsauftrag erhält. (→ Übung Nr. 15)

„Seenot"

Gruppe B erhält analog zur Übung „Notlandung" den Auftrag, Gegenstände entsprechend der Notlage so zu ordnen, dass das Überleben der Gruppe gewährleistet ist. Als Arbeitsunterlage erhält jeder Teilnehmer eine Situationsbeschreibung und eine Liste von Gegenständen. (→ Übung Nr. 16)

Entwicklungsberichte

Nach dieser letzten Übungseinheit erhalten die Gruppen insgesamt 2 bis 3 Stunden Zeit, ihre vorstrukturierten Entwicklungsberichte in eine aussagekräftige Endfassung zu bringen. Dabei werden die beiden Kleingruppen von ihren jeweiligen Trainern begleitet und unterstützt. Die personenbezogenen Entwicklungsberichte brauchen noch nicht vollständig ausformuliert zu werden, sondern im Sinne einer Skizze[1] alle wesentlichen Informationen beinhalten, die es den beiden Trainern anschließend ermöglichen, hieraus einen anspruchsvollen und aussagekräftigen Entwicklungsbericht formulieren zu können. Das Ende des SEW besteht nun darin, den Teilnehmern noch einmal Gelegenheit zu geben, ihre Eindrücke wiederzugeben und sich bis zur ersten Entwicklungsmaßnahme „Ich & Führung" voneinander zu verabschieden.

Erläuterungen:

Die *Entwicklungsberichte* werden den jeweiligen Potenzialträgern per Post persönlich zugestellt. Das weitere Procedere sieht wie folgt aus:

Die Potenzialträger informieren ihren direkten Vorgesetzten über die Entwicklungsberichte. Die Vorgesetzten führen mit dem Potenzialträger und einem der beiden Trainer ein sogenanntes Entwicklungsgespräch, in dem die Aussagen des Entwicklungsberichtes überprüft, gemeinsam diskutiert werden. Anschließend werden in einem sogenannten Dreiecksvertrag, die Entwicklungsziele konkretisiert und verbindlich zusammengefasst.

Inhalte des Dreiecksvertrags:

- Die Erwartungen zwischen dem Vorgesetzten und dem Trainer. Hier wird geklärt, welche Ziele der Vorgesetzte und der Trainer haben und an welchen Kriterien sie den Erfolg von F.U.T.U.R.E. ablesen können.

- Die Erwartungen zwischen Vorgesetzten und Potenzialträger. Hier wird geklärt, welche Erwartungen der Vorgesetzte an seinen Potenzialträger (Richtung/Erfolgskriterien) richtet. Der Potenzialträger seinerseits klärt mit seinem Vorgesetzten ab, welche Unterstützung er benötigt um erfolgreich an F.U.T.U.R.E. teilnehmen zu können.

- Die Erwartungen zwischen dem Potenzialträger und dem Trainer. Hier wird geklärt, welche Ziele und Erwartungen auf Seiten des Potenzialträgers bezogen auf F.U.T.U.R.E. bestehen und welche Unterstützung der Potenzialträger vom Trainer benötigt. Der Trainer klärt mit dem Potenzialträger die Grenzen der Unterstützung und den Rahmen der Selbstverantwortung ab.

---

[1] Die Skizze – eine Stichwortsammlung auf Flipchart – wird zum Abschluss des SEW in Form eines Feedbacks jedem Potenzialträger im Plenum mitgeteilt.

Die wesentlichen Lerneffekte dieses zweitägigen SEW können funktionsgruppenspezifisch (Potenzialträger/Beobachter) wie folgt zusammengefasst werden:

Die Teilnehmer lernen in ihrer Beobachterrolle:

- eigene Wahrnehmungen anhand von Faktoren, Kategorien und Merkmalen zu strukturieren und zu beschreiben
- die Problematik der subjektiven Wahrnehmung einzuschätzen
- ihre Wahrnehmungen mit den Wahrnehmungen anderer Gruppenmitglieder abzugleichen und ein konsensfähiges Ergebnis zu erzielen.

Die Teilnehmer erleben in der „Spielerrolle" in den einzelnen Übungsphasen typische Führungssituationen. Dabei lernen sie:

- ihr Kommunikations-, Kooperations- und Entscheidungsverhalten in einer konkreten Führungssituation kennen und
- entwicklungsförderndes Feedback führungsbezogen zu geben.

4.5 Die Entwicklungsmaßnahmen (EM 1–4)

Zwischen Potenzialbestätigungsworkshop (PBW) bzw. Selbstentwicklungsworkshop (SEW) und dem Beginn der ersten Entwicklungsmaßnahme sollten nicht mehr als drei Monate liegen, da sich sonst leicht der Bezug Entwicklungsziele und Entwicklungsmaßnahmen auflöst. Auch die Ergebnisse aus den Entwicklungsgesprächen, die nach dem Selbstentwicklungsworkshop (SEW) zwischen dem direkten Vorgesetzten, dem Potenzialträger und dem Trainer stattfinden, verlieren ihre Bedeutung, wenn größere Zeiträume dazwischen liegen.

4.5.1 EM 1 – Ich & Führung

Die erste Entwicklungsmaßnahme steht unter dem Fokus „Mitarbeiterführung" und bietet den Teilnehmern Gelegenheit, Grundlagen der Führung kennenzulernen.

Führungsinstrumente:

- Leistungsbeurteilung
- Potenzialeinschätzung
- Mitarbeiterfeedback
- Zielvereinbarung
- Mitarbeitergespräch

Entsprechend der Führungspraxis im jeweiligen Unternehmen werden diese Instrumente vorgestellt und anhand praktischer Anwendungsbeispiele eingeübt.[2]

Für unseren Zweck haben wir exemplarisch einen dreitägigen Verlaufsplan ausgewählt, der sich ausschließlich auf die wesentlichen Grundlagen von Führung bezieht. Da die Teilnehmer dieser Entwicklungsmaßnahme über keine Führungserfahrungen verfügen, besteht das Hauptziel vor allem darin, ein gemeinsames Führungsverständnis zu entwickeln.[3]

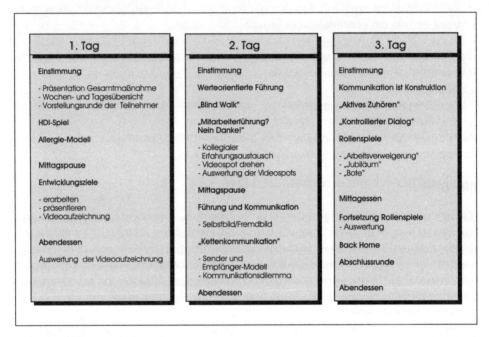

Abb. 26: Verlaufsplan EM 1 Ich & Führung

Ablauf 1. Tag

Einstimmung

Bei der ersten Entwicklungsmaßnahme sollte die Gesamtmaßnahme und ihre Zielsetzung ausführlich erläutert werden. Es muss klar werden, was sich das Unternehmen von

---

[2] Neben diesen unternehmensspezifischen Inhalten können in diesem Seminarblock auch Führungskräfte der oberen Ebene eingeladen werden und zu aktuellen unternehmenspolitischen Themen Stellung beziehen. Derartige Gesprächsrunden haben den Vorteil, dass sie sowohl die Führungskultur als auch die Kommunikation in einem Unternehmen erheblich verbessern können.

[3] Empfehlenswert ist auch ein viertägiges Seminardesign, das am ersten Tag ein halbtägiges Outdoor-Training beinhaltet. Der Vorteil dieser Variante liegt vor allem darin, dass die Teilnehmer schneller Abstand nehmen vom Tagesgeschäft und das gemeinsame erlebniszentrierte Arbeiten die Kohärenz der Gruppe fördert.

dieser Maßnahme verspricht und welche Rolle die direkten Vorgesetzten und die Teilnehmer spielen. Der Präsentation der Gesamtmaßnahme sollte eine Wochen- und Tagesübersicht folgen.

Im Anschluss hieran erhalten die Teilnehmer Gelegenheit, sich den Trainern und den übrigen Teilnehmern anhand folgender Leitfragen vorzustellen (Annahme: Gruppenzusammensetzung und Trainer sind nicht identisch mit denen der bisher beschriebenen F.U.T.U.R.E.-Bausteine PBW, SEW):

• Was sollte die Gruppe über Sie erfahren?
• Was waren für Sie hinsichtlich der bisherigen F.U.T.U.R.E.-Aktivitäten (Auswahl zum Potenzialträger, PBW/SEW, Entwicklungsgespräche) die wichtigsten Erfahrungen?
• Was sollte in diesen 3 Tagen passieren, damit sich die von Ihnen investierte Zeit gelohnt hat?
• Wie lautet Ihre Führungsmaxime?

Nach dieser Vorstellungsrunde werden gemeinsam die „Spielregeln", die von allen Potenzialträgern verbindlich einzuhalten sind, festgelegt.

HDI-Spiel

Das HDI-Modell basiert auf Erkenntnissen der modernen Hirnforschung und es wurde von Ned Herrmann in den USA entwickelt. Hinter der Abkürzung HDI stehen die Begriffe Hirn-Dominanz-Instrument. Das Kernstück des HDI besteht aus einem Fragebogen zur Selbsteinschätzung. Es handelt sich dabei nicht um einen Test, sondern ein Analyseinstrument, das verdeutlicht, welche Denk- und Verhaltensweisen ein Mensch bevorzugt und welche weniger dominant ausgeprägt sind oder gar vermieden werden.

Ned Herrmann bezeichnet sein Modell als „metaphorische Interpretation unseres Denkens und unserer bevorzugten Art des Wissens". Er schließt die Forschungsergebnisse von Mac Lean und Sperry ein. Das Modell enthält vier getrennte Denk- und Verhaltensstile, die sich aus der linken und der rechten Hemisphäre sowie dem oberen (cerebralen) und mittleren (limbischen) Teil des Gehirns ergeben.

Die unterschiedlichen Denk- und Verhaltensweisen haben in unterschiedlichen Teilen des Gehirns ihren Ursprung. In den letzten Jahren wurde sehr viel über die Wirkungsweise unseres Gehirns publiziert. Wir können diese Erkenntnisse im Seminar nutzen, um noch besser über unsere Möglichkeiten und Begrenzungen Bescheid zu wissen. Diese Selbsterkenntnis erlaubt uns, Stärken besser einzusetzen und Situationen zu vermeiden, in denen eigene Schwächen hinderlich sind.

Das HDI-Modell von Ned Hermann wird heute in vielen Bereichen angewandt. Personalauswahl, Team-Zusammensetzung, Entwicklung von Lernmodulen, Kreativitäts-Training, persönliche Beratung, z. B. Berufsberatung und Eheberatung sowie Selbsterkenntnis und Selbststeuerung.

A	Rationales Ich	Experimentelles Ich	B
	analysiert	spekuliert	
	quantifiziert	ist kreativ	
	ist logisch	konzeptionell	
	ist kritisch	ist intuitiv	
	ist realistisch	ist risikofreudig	
	liebt Zahlen	übertritt Regeln	
	ist faktenorientiert	mag Überaschungen	
	technisch orientier	ist neugierig/spielt	
	Sicherheitsbedürftiges Ich	**Fühlendes Ich**	
	trifft Vorkehrungen	ist mitfühlend	
	strukturiert	ist gefühlsbetont	
	realisiert Dinge	unterrichtet gern	
	ist zuverlässig	bewegt viel	
	organisiert	ist hilfsbereit	
	ist ordentlich	ist expressiv	
	ist pünktlich	ist emotional	
C	plant	redet viel	D

Abb. 27: Das Herrmann-Dominanz-Modell

Zu diesem Modell wurde in den letzten Jahren von Roland Spinola das sogenannte HDI-Spiel entwickelt.

Dieses Spiel bietet den Teilnehmern in spielerischer Form Gelegenheit dazu, ihre präferierten Denk- und Verhaltensweisen zu identifizieren. Dazu stehen ihnen 64 Spielkarten mit Schlüsselworten zur Verfügung, die den einzelnen Quadranten am treffendsten charakterisieren.

Fakten	Formen	Fantasie	Fühlen
analytisch	absichernd	aufbauend	ausdrucksstark
direkt	artikuliert	flexibel	entgegenkommend
herausfordernd	detailliert	integrierend	enthusiastisch
kritisch	dominant	konzeptionell	harmonisierend
mathematisch	kontrolliert	musisch	intuitiv (Gefühl)
Problemlöser	Planer	phantasievoll	leidenschaftlich
rational	prozedural	simultan	musikalisch
rigoros	sequenziell	offen	spirituell
definitiv	administrativ	abenteuerfreudig	zwischenmenschlich
faktenbetont	beharrlich	Entdeckertyp	emotional
intellektuell	dizipliniert	ganzheitlich	freundlich
logisch	fleißig	intuitiv (Denken)	hilfsbereit
objektiv	organisierend	kreativ	kooperativ
quantitativ	praktisch	neugierig	mitfühlend
realistisch	pünktlich	risikofreudig	offen
technisch	strukturiert	spontan	vertrauensvoll

Spielverlauf

Die 64 Spielkarten werden mit dem Gesicht nach unten auf einem großen Tisch ausgebreitet. Es werden vor Beginn dieser spielerischen Übung keine Informationen zum HDI-Modell gegeben. Die Teilnehmer werden nun aufgefordert, jeweils fünf Karten auszusuchen (Zufallsprinzip) und diese entsprechend ihrer Präferenz in eine Reihenfolge zu bringen. Nachdem jeder Teilnehmer Karten vor sich ausgebreitet und in eine Reihenfolge gebracht hat, werden von jedem Teilnehmer die beiden oben liegenden Karten veröffentlicht.

Dann werden die Teilnehmer gebeten, die beiden Karten, die am wenigsten auf sie zutreffen, auszusortieren und auf den Tisch zurückzulegen und von dort zwei neue Karten aufzunehmen. Nach erneuter Rangreihenbildung dürfen die Teilnehmer miteinander in Verhandlungsgespräche treten und ihre Karten so lange tauschen, bis sie die Karten gefunden haben, die ihre eigenen Denk- und Verhaltensstile am deutlichsten widerspiegeln. Eine abschließende neue Rangreihe wird gebildet und veröffentlicht.

Danach wird die Großgruppe in Kleingruppen aufgeteilt mit der Bitte, folgenden Arbeitsauftrag zu bearbeiten:

- *Veröffentlichen Sie in Ihren Kleingruppen Ihr Ergebnis und tauschen Sie sich hierüber kollegial aus.*

- *Beschreiben Sie Situationen, in denen Sie Ihre präferierten Denk- und Verhaltensstile förderlich bzw. hinderlich erleben.*

- *An welchen Denk- und Verhaltensstilen wollen Sie im Rahmen dieser EM „Ich & Führung" arbeiten, damit eine ganzheitliche Nutzung Ihrer Denk- und Verhaltensweisen möglich wird?*

Im Anschluss an diese Kleingruppenarbeit werden die Einzelergebnisse im Plenum kurz präsentiert und wichtige Fragen geklärt. (→ Übung Nr. 17)

Allergie-Modell

Als weitere Vorbereitung zur Konkretisierung der individuellen Entwicklungsziele lernen die Teilnehmer das Allergie-Modell kennen. Dieses Modell lässt sich grafisch folgendermaßen darstellen:

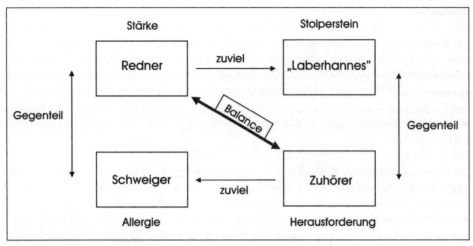

Abb. 28: Das Allergie-Modell

Im Plenum werden die Teilnehmer aufgefordert, drei bis fünf Führungsstärken, die sie zu glauben haben, schriftlich festzuhalten. Im Anschluss wird das Allergie-Modell präsentiert und anhand eines Beispiels verdeutlicht, wie mit diesem Modell gearbeitet werden kann.

In unserem Beispiel haben wir als Stärke die Fähigkeit, sich anderen mitzuteilen (Redner) gewählt. Anhand dieses einfachen Beispiels kann gut deutlich gemacht werden, dass jede Stärke auch ihr Gegenteil enthält und dass es immer darauf ankommt, in welcher Dosierung die Stärke eingesetzt wird.

„Reden" wird zum Stolperstein, sobald ich mein „Reden" übertreibe. Um dies zu vermeiden, kann es wichtig sein, das gegenteilige Verhalten zum Stolperstein, in unserem Beispiel also das Zuhören, stärker zu entwickeln. Somit wäre das Herausforderungsthema in unserem Beispiel, anderen Menschen besser zuzuhören.

Aber auch im Zuhören steckt eine Gefahr. Wenn ich nur noch zuhöre, ohne mich mitzuteilen, werde ich von anderen Menschen als Schweiger wahrgenommen und das wiederum führt häufig auch zu Irritationen. Das Schweigen wäre in unserem Beispiel die Allergie, womit gemeint ist, dass Menschen, die sich sehr gerne reden hören, in aller Regel große Probleme haben mit Menschen, die kaum etwas sagen. „Redelöwen" fühlen sich durch das Schweigen anderer Menschen irritiert, was sich wiederum häufig negativ auf die jeweilige Beziehung auswirkt.

Nach dieser Erläuterung des Allergie-Modells werden die Teilnehmer gebeten, Kleingruppen zu bilden und folgenden Arbeitsauftrag schrittweise zu bearbeiten:

- *Entwickeln Sie in Einzelarbeit anhand Ihrer Stärken die für Sie entsprechenden Herausforderungsthemen.*

- *Tauschen Sie sich in Ihren Kleingruppen über Ihre Ergebnisse kollegial aus.*
- *Nennen Sie drei Herausforderungsthemen, an denen Sie in diesen Tagen arbeiten wollen.*

Im Anschluss an diese Kleingruppenarbeit kehren die Teilnehmer ins Plenum zurück und veröffentlichen hier ihre Einzelergebnisse. (→ Übung Nr. 18)

Entwicklungsziele

Nach der Mittagspause bereiten die Teilnehmer in ihren Kleingruppen die Präsentation ihrer konkretisierten individuellen Entwicklungsziele vor. Hierzu erhalten sie in schriftlicher Form folgenden Arbeitsauftrag:

- *Bilden Sie drei Kleingruppen.*

- *Legen Sie in Einzelarbeit in schriftlicher Form (Flipchart) Ihre drei bis fünf aktuellen Entwicklungsziele für die Entwicklungsmaßnahme fest. Berücksichtigen Sie dabei die Ergebnisse aus dem HDI- und Allergie-Modell. Beantworten Sie zusätzlich folgende Fragen:*
    - *Was wird mein persönlicher Beitrag sein?*
    - *Welche Unterstützung erwarte ich von wem (Auftrag an andere)?*
    - *Woran werde ich am Ende der EM (1 – 4) erkennen, dass ich auf dem richtigen Weg bin?*

- *Diskutieren Sie anschließend in Ihrer Kleingruppe die Plausibilität Ihrer Entwicklungsziele:*
    - *Realitätsbezug*
    - *Selbsteinschätzung/Fremdeinschätzung*

- *Nach diesem „Fine-Tuning" kommen Sie ins Plenum zurück und präsentieren Ihre Entwicklungsziele:*
    - *Feedback (Video)*
    - *Ergänzungen/Modifikationen (Video)*

Sobald die Teilnehmer ihre Entwicklungsziele dem Arbeitsauftrag entsprechend festgelegt haben, bekommt jeder Teilnehmer fünf Minuten Zeit, diese vor der Gesamtgruppe zu präsentieren, zu diskutieren und ggf. zu modifizieren. Auf Wunsch können sich die Teilnehmer nach dem Abendessen ihre Videoaufzeichnung ansehen. Ein Trainerinput zum Thema verbale und non-verbale Kommunikation hat sich an dieser Stelle als sinnvoll erwiesen. (→ Übung Nr. 19)

Ablauf 2. Tag

Einstimmung

Zu Beginn des zweiten Tages werden die sogenannten „Reste" des Vortages bearbeitet. Dies können u. a.

- Fragen,
- Träume,
- Gedanken und/oder Wünsche sein.

Werteorientierte Führung

Der Führungsvortrag dauert insgesamt etwa zwei Stunden und befasst sich mit folgenden Themen:

- Quellen moderner Führungskonzepte
  - Systemtheorie
  - Kybernetik
  - Konstruktivismus
  - Kommunikationstheorie
  - Differentielle Psychologie
  - Wahrnehmungspsychologie

- Die 5 logischen Ebenen (Robert Dilts)
  - Selbstverständnis/Identität
  - Glaubenssätze/Werte
  - Fähigkeiten
  - Verhalten
  - Umwelt

- (Führungs-)Modelle
  - X/Y-Theorie (McGregor)
  - HDI (Ned Herrmann)
  - TA (Eric Berne)

- Situatives Führen (Hersey/Blanchard)
  - Anweisen
  - Überzeugen
  - Beraten
  - Delegieren

- Rationale und irrationale Autorität (Erich Fromm)
  - Macht von Menschen
  - Macht über Menschen

Nach dieser kognitiven Einstimmung in das Thema „Führung" erhalten die Teilnehmer in dieser Seminarphase Gelegenheit, auf der Grundlage ihrer eigenen Erfahrungen als Geführte kreativ-spielerisch aktiv zu werden. Hierzu begeben sich die Teilnehmer nach draußen und führen eine kleine „Outdoor"-Übung durch, den „Blind walk":

„Blind walk"

Als Erwärmung und erlebniszentrierte Einstimmung in das Thema Führung werden die Teilnehmer aufgefordert, sich einen Partner zu wählen, mit dem sie draußen in der Natur folgende Outdoor-Übung absolvieren:

- *Verbinden Sie Ihrem Partner die Augen und führen Sie ihn durch unwegsames Gelände.*
- *Dabei achten Sie bitte darauf, dass Sie ihn fünf Minuten lang mit Körperkontakt ("Hand") und mündlicher Instruktion ("Mund"), fünf Minuten nur mit der "Hand" und fünf Minuten nur mit dem "Mund" anleiten dürfen!*
- *Nach diesen insgesamt fünfzehn Minuten wechseln Sie bitte Ihre Rollen und wiederholen die Übung.*
- *Danach kehren Sie ins Plenum zurück.*

Im Plenum werden die Erfahrungen der Paare kollegial ausgetauscht und auf einem Flipchart unter der Überschrift „Grundlagen mitarbeiterorientierter Führung" zusammengestellt.

„Mitarbeiterführung? Nein Danke!"

Die Teilnehmer werden aufgefordert, einen ca. fünf Minuten dauernden Videospot mit dem Titel „Mitarbeiterführung? Nein Danke!" zu drehen, der sich als Sketch versteht und in dem in lustiger und überzogener Art und Weise erlebter Führungsalltag dargestellt wird. (→ Übung Nr. 20)

Der Arbeitsauftrag hierzu lautet:

- *Bilden Sie drei gleich große Arbeitsgruppen.*
- *Tauschen Sie sich in Ihrer Arbeitsgruppe über erlebte Führungssituationen aus, die Ihnen besonders nachdrücklich in Erinnerung geblieben sind.*
- *Drehen Sie einen ca. fünfminütigen Videospot, in dem Ihre persönlichen Erfahrungen als Geführte zum Thema: „Mitarbeiterführung? Nein Danke!" zum Ausdruck kommen.*

Für diesen Arbeitsauftrag haben die Teilnehmer insgesamt eineinhalb Stunden Zeit. Die einzelnen Videospots werden dann im Plenum vorgeführt und gemeinsam ausgewertet. Die Auswertung erfolgt anhand folgender Fragestellung: *„Welche Denk- und Verhaltensweisen sind dazu geeignet, Mitarbeiter zu motivieren?"*

Die Antworten zu dieser Leitfrage werden im Plenum gemeinsam gesammelt und vom Trainer auf einem Flipchart schriftlich festgehalten.

Führung und Kommunikation

Als Einstieg in die Arbeit am Nachmittag wird den Teilnehmern eine Video-Fallstudie vorgeführt. Sie zeigt, wie ein Leierkastenmann auf der Straße von zwei Passanten eingeschätzt und beurteilt wird. Dabei kommen die beiden befragten Passanten zu völlig unterschiedlichen Wahrnehmungen. Der eine Passant sieht in dem Leierkastenmann einen alkoholisierten Bettler, der andere Passant nimmt einen freundlichen Spielmann wahr.

Danach werden den beiden Passanten Fragen zur eigenen Person gestellt. Die Beantwortung der Fragen macht offenkundig, dass auch die Selbsteinschätzung der beiden Passanten völlig unterschiedlich ist: Der eine Passant wirkt eher lebensunlustig und depressiv, der andere Passant hingegen aufgeschlossen und optimistisch.

Die Video-Fallstudie führt den Teilnehmern vor Augen, wie stark unser Selbstbild unser Bild von anderen und von unserer Umgebung beeinflusst. Den Teilnehmern wird klar, wie stark unsere Erfahrungen, Erwartungen, Bedürfnisse und Wünsche Einfluss nehmen auf die Konstruktion unserer Wirklichkeit. Gleichsam erkennen sie, dass die Veränderung von Glaubenssätzen dazu beitragen kann, die eigene Lebenswirklichkeit als auch die Lebenswirklichkeit anderer Menschen (z. B. von Mitarbeitern) mit anderen Augen zu sehen.

„Kettenkommunikation"

Nach der Vorführung der Video-Fallstudie wird den Teilnehmern die nachstehende Folie zum Thema Kommunikation und Führung gezeigt.

Abb. 29: Kommunikation als Flaschenhals

Die Folie verdeutlicht den Teilnehmern, dass alle zentralen Führungsaufgaben letztendlich einer hohen kommunikativen Kompetenz bedürfen, die natürlich gepaart sein muss mit einer ebenso ausgeprägten sozialen Kompetenz.

Nach dieser Sensibilisierung für das Thema „Führung und Kommunikation" überprüfen die Teilnehmer ihre eigene Kommunikationsfähigkeit kritisch.

Hierzu wird ein Teilnehmer gebeten, mit dem Trainer allein im Seminarraum zu bleiben, während alle anderen Teilnehmer den Seminarraum verlassen. Danach erhält derjenige (Erstbetrachter), der sich bereit erklärt hat, mit der Übung zu beginnen, die folgende Folie für zwei Minuten ausgehändigt.

Abb. 30: Kettenkommunikation

Der Erstbetrachter wird aufgefordert, sich die Abbildung auf der Folie genau einzuprägen, um sie im Anschluss daran dem nächsten Teilnehmer sinngemäß vollständig zu beschreiben.

Nach Ablauf der zwei Minuten wird dem Erstbetrachter die Folie wieder abgenommen und der Erste aus der draußen vor der Türe wartenden Gruppe wird in den Raum gebeten.

Nachdem dieser auf einem bereitgestellten Stuhl Platz genommen hat, beschreibt der Erstbetrachter sinngemäß vollständig die Abbildung, die er auf der Folie wahrgenommen hat.

Danach zieht sich der Erstbetrachter zurück, während der Kollege, der die Informationen erhalten hat (Empfänger) sich nun auf dessen Stuhl setzt.

Der nächste Teilnehmer wird in den Raum gebeten. Auch er nimmt Platz auf dem Stuhl des Empfängers und bekommt von seinem direkten Vorgänger die Informationen übermittelt, die bei diesem in der ersten Übermittlungsphase angekommen sind.

Diese Vorgehensweise wird so lange wiederholt, bis der letzte Teilnehmer an die Reihe kommt. Der letzte Teilnehmer erhält nun den Auftrag, auf einem Flipchart entsprechend der ihm vermittelten Informationen ein Bild zu malen.

Nun wird der gesamten Gruppe die Folie „Kettenkommunikation" mit der Ausgangs-information (Input) gezeigt und diese wird mit dem Endprodukt (Zeichnung auf dem Flipchart = Output) verglichen. Ergänzend hierzu erleben die Teilnehmer anhand der Videoaufzeichnung noch einmal den Kommunikationsprozess und leiten hieraus gemeinsam wesentliche Grundlagen professioneller Kommunikation ab.
(→ Übung Nr. 21)

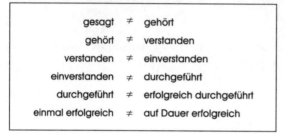

gesagt	≠	gehört
gehört	≠	verstanden
verstanden	≠	einverstanden
einverstanden	≠	durchgeführt
durchgeführt	≠	erfolgreich durchgeführt
einmal erfolgreich	≠	auf Dauer erfolgreich

Abb. 31: Das Kommunikations-Dilemma

Ablauf 3. Tag

Die Lernerfahrungen aus der Übung „Kettenkommunikation" werden zu Beginn des dritten Tages noch einmal aufgegriffen. Mit Hilfe des Sender-Empfänger-Modells wird das Phänomen des Verzerrungswinkels in der Kommunikation erläutert.

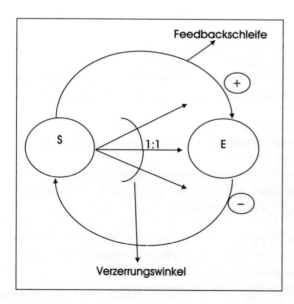

Abb. 32: Das Sender-Empfänger-Modell

Kommunikation ist Konstruktion

Die zentralen Lernerfahrungen aus der Übung „Kettenkommunikation" werden noch einmal anhand eines Kurzvortrags zum Thema „Kommunikation gleich Konstruktion" theoretisch untermauert.

Ausgehend von dem Zitat von Norbert Wiener „Was ich gesagt habe, weiß ich erst, wenn ich die Antwort darauf gehört habe", wird den Teilnehmern erläutert, inwiefern der Konstruktivismus dazu beigetragen hat, unser naives Welt- und Selbstverständnis erheblich zu erschüttern. Ernst von Glasersfeld spricht in diesem Zusammenhang von einem konstruktivistischen Faustschlag mitten in das Gesicht der traditionellen abendländischen Erkenntnisphilosophie.

Aus Sicht des Konstruktivismus ist es unmöglich, eine vom denkenden Subjekt unabhängige absolute Wirklichkeit zu erkennen.

Durch die beiden nachstehenden Zitate wird dann abschließend die zentrale Erkenntnis des Konstruktivismus für die Teilnehmer noch einmal zusammengefasst:

- „Objektivität ist die Wahnvorstellung, Beobachtungen könnten ohne Beobachter gemacht werden." (Heinz von Förster)
- „Das einzig Gegebene ist die Art und Weise des Nehmens." (Roland Bates)

Für die Gesprächsführung bedeutet diese Annahme (Konstruktion), dass sogenannte „Sicherungen" in ein Gespräch eingebaut werden müssen, um dem bekannten Kommunikationsdilemma zu entrinnen.

„Aktives Zuhören"

„ Für nicht Wenige ist Aktivität in der verbalen Interaktion lustvoller Selbstvollzug (...).", schreibt Rupert Lay und formuliert drei Grundregeln der partizipativen Dialektik:

- „Achten Sie mehr auf den Menschen, den Sie überzeugen wollen, und auf die Sache, von der Sie überzeugen wollen, als auf sich selbst."
  (Postulat der Alterozentrierung)
- „Legen Sie bei der verbalen Interaktion den Akzent auf die Kommunikation."
  (Postulat der einwandfreien Kommunikation)[4]
- „Beachten Sie, dass Sie einen Menschen nur überzeugen können, wenn keine emotionalen Widerstände vorhanden sind."
  (Postulat des emotionalen Anspruchs; Lay, S. 206)

---

[4] Einwandfreie Kommunikation bedeutet vor allem, dass der Sender nicht nur Verantwortung für das, was er sagt übernimmt (Information!), sondern auch für das, was beim anderen angekommen ist.

Als eine wichtige Sicherung wird das „Aktive Zuhören" vorgestellt und anhand der Übung „Kontrollierter Dialog" geübt. „Aktiv zuhören" bedeutet, dass der Empfänger auf der Grundlage dessen, was er gehört hat bzw. was bei ihm angekommen ist, in dreifacher Hinsicht aktiv wird:

- Er bemüht sich, an geeigneten Punkten im Gesprächsverlauf noch einmal mit eigenen Worten sinngemäß zusammenzufassen und zu wiederholen, was bei ihm angekommen ist (spiegeln). Damit ermöglicht er seinem Gesprächspartner, noch einmal zu kontrollieren, ob das, was er gemeint hat, auch in diesem Sinne beim anderen angekommen ist.
  Merke: Nur das ist kommuniziert worden, was beim Empfänger angekommen ist.

- Der Empfänger bemüht sich, während der Informationsübermittlung über Blickkontakt, Gestik und Mimik seine Aufmerksamkeit zu signalisieren (Signale geben). Diese körpersprachliche Aktivität wird als non-verbales Feedback gewertet. Jeder weiß, wie irritierend das Gespräch mit einem Menschen sein kann, der völlig regungslos vor einem sitzt und dem Sprecher (Sender) keine Gelegenheit gibt zu erkennen, ob das, was er gesagt hat, vom anderen auch verstanden worden ist und/oder ihn überhaupt interessiert.
  Merke: Der kürzeste Weg zwischen zwei Menschen ist ein Lächeln.

- Die dritte Aktivität des Hörers besteht darin, durch konkrete Fragen[5] (W-Fragen) das Gespräch in die gewünschte Richtung zu lenken.
  Merke: Wer fragt, der führt.

„Kontrollierter Dialog"

Die Kommunikationsübung „Kontrollierter Dialog" ermöglicht den Teilnehmern, das „Aktive Zuhören" zu üben.

Dazu wird die Großgruppe in Kleingruppen à drei Personen aufgeteilt, die sich so organisieren, dass immer zwei Teilnehmer für ca. fünf Minuten ein Gespräch miteinander führen. Dabei soll derjenige, der die Rolle des Zuhörers übernimmt, das, was bei ihm angekommen ist, sinngemäß vollständig wiederholen.

Nur wenn der Sender dem Empfänger bestätigt, dass das, was er wiederholt hat, sinngemäß vollständig dem entspricht, was er gesagt hat, darf der Empfänger die Rolle des Senders einnehmen. Der dritte Teilnehmer übernimmt während dieses fünfminütigen kontrollierten Dialoges die Beobachterrolle und achtet darauf, dass die Regeln strikt eingehalten werden.

---

[5] Das Instrument Fragetechnik sollte an dieser Stelle entsprechend der Vorkenntnisse der Teilnehmer behandelt werden. Je nach Wissensstand der Teilnehmer genügt eine kurze Wiederholung oder muss ein Intensivtraining durchgeführt werden. Für die folgenden Übungen ist es jedoch unerlässlich, dass alle Teilnehmer wissen, worin sich Fragemethode (öffnend, schließend), Frageform (direkt, indirekt, „Erfragen" über Ich-Botschaften) und Frageart (Informationsfrage, Gegenfrage, Kontrollfrage, Suggestivfrage etc.) unterscheiden.

Die Lernerfahrungen in den Trios werden im Anschluss an die Übung im Plenum veröffentlicht und zusammengefasst:

Postulate an den Sender:

- Organisiere Deine Gedanken bevor Du sprichst!
- Spreche klar, deutlich und präzise!
- Fasse Dich kurz und konzentriere Dich auf das Wesentliche!
- Achte auf eine logische Gedankenführung und den „roten Faden"!
- Beachte die Auffassungskapazität Deines Gesprächspartners!
- Beziehe Dich auf die zentralen Aussagen Deines Gesprächspartners!

Postulate an den Hörer (Empfänger):

- Höre konzentriert zu und vermeide es, Dir deine Antwort schon zurecht zulegen, während Dein Gesprächspartner noch redet!
- Erfasse zuerst den ganzen Sinn des Gesagten, bevor du antwortest!
- Trenne Deine Interpretationen vom wirklich Gesagten!
- Frage lieber erst nach, als von falschen Annahmen auszugehen!
(→ Übung Nr. 22)

Rollenspiele

Auf der Grundlage dieser Lernerfahrung und des Inputs zum Thema Kommunikation und Führung können die Teilnehmer vor der Videokamera entweder ein vorstrukturiertes Rollenspiel (z. B. „Arbeitsverweigerung", „Jubiläum", „Bote") oder ein aktuelles Mitarbeiterproblem aus der eigenen Führungspraxis bearbeiten. (→ Übung Nr. 23)

„Arbeitsverweigerung"

Bei diesem Rollenspiel übernimmt ein Teilnehmer die Rolle des Mitarbeiters. Während sich der Teilnehmer, der die Rolle des Vorgesetzten spielt, in einem Nebenraum auf sein Gespräch mit Hilfe des Arbeitspapiers vorbereitet, wird der Teilnehmer, der die Rolle des Mitarbeiters übernimmt, im Plenum gemeinsam mit den Beobachtern anhand des Arbeitspapiers auf das Rollenspiel vorbereitet.

Der „Mitarbeiter" erhält die Instruktion, sein Verhalten gemäß der Ansprache durch den Vorgesetzten zu verändern. Im Falle einer autoritären Ansprache soll er seinerseits mit Abwehr und Widerstand reagieren, im Falle einer verständnisvollen Ansprache durch den Vorgesetzten soll er sich öffnen und Bereitschaft zur gemeinsamen Problemlösung signalisieren.

Das Rollenspiel „Arbeitsverweigerung" ist so aufgebaut, dass der „Vorgesetzte" entsprechend seiner Gesprächsführung zwei diametral entgegengesetzte Ergebnisse erzielen kann: Problemlösung oder Kündigung.

Nach der Vorbereitungs- und Instruktionsphase führt der Vorgesetzte mit seinem Mitarbeiter vor laufender Videokamera ein ca. 15-minütiges Gespräch, das anschließend im Plenum ausgewertet wird. Die Auswertung kann wie folgt strukturiert werden:

Der Vorgesetzte schildert seine Einschätzung des Gespräches und bekommt Gelegenheit, folgende Fragen zu beantworten:

- Wie zufrieden sind Sie mit dem Ergebnis des Gespräches?
- Wie haben Sie den Verlauf des Gesprächs erlebt?
- Wie schätzen Sie die Zufriedenheit Ihres Mitarbeiters ein?
- Womit sind Sie zufrieden?
- Worauf würden Sie beim nächsten Mal achten?

Danach erhält der „Mitarbeiter" Gelegenheit, aus seiner Sicht den Verlauf des Gespräches zu beschreiben. Als Auswertungsfragen haben sich als nützlich erwiesen:

- Wie haben Sie sich während des Gesprächs gefühlt?
- Wie geht es Ihnen jetzt mit dem Ergebnis des Gespräches?
- Was hat Ihnen an diesem Gespräch gut gefallen?
- Was würden Sie sich bei einem nochmaligen Gespräch mit Ihrem „Vorgesetzten" an Veränderungen wünschen?

Die Beobachter werden dann nach ihren Wahrnehmungen befragt, wobei sich die Rückmeldungen ausschließlich auf das Verhalten des Vorgesetzten beziehen sollen. Es hat sich als hilfreich erwiesen, vor Beginn des Rollenspiels den Beobachtern unterschiedliche Beobachtungskriterien zuzuordnen (Struktur/Ablauf, Monolog/Dialog, aktives Zuhören, Nähe und Distanz).

Nach dieser gemeinsamen Auswertungsphase erhält der „Vorgesetzte" noch einmal Gelegenheit, sein Kommunikationsverhalten anhand der Videoaufzeichnung auch in Bezug auf die entsprechenden Rückmeldungen kritisch zu überprüfen.

Nach der Mittagspause wird die Großgruppe in zwei Kleingruppen aufgeteilt. Jede Gruppe übt weitere Mitarbeitergespräche mit je einem Trainer, der die Rollenspiele strukturiert und die (Video-)Auswertung moderiert.

Back Home

Abschließend zu dieser ersten Entwicklungsmaßnahme werden die Teilnehmer aufgefordert, anhand des Arbeitspapieres „Kontrakt mit mir" ihr persönliches Lernresümee zu ziehen. In Einzelarbeit beantwortet jeder Teilnehmer für sich die entsprechenden Fragen und bespricht sein Ergebnis anschließend in seiner Kleingruppe.

Abschlussrunde

Hierzu wird von den Trainern ein Metaplan vorbereitet, der wie folgt aussieht:

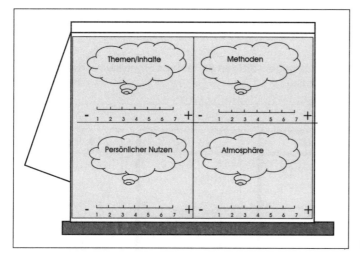

Abb. 33: Abschlussfeedback

Jeder Teilnehmer erhält vier Klebepunkte, die er entsprechend seiner Einschätzung auf die vier Platzierungs-Skalen klebt und mit einem entsprechenden Kommentar begründet.

Ende EM 1

4.5.2 EM 2 – Ich & Team

Diese Entwicklungsmaßnahme steht unter dem Motto: „Erfolgreiches Arbeiten im Team" und bietet den Teilnehmern Gelegenheit, ihr Gruppenverhalten in konkreten Situationen zu erleben. Insgesamt ist diese Maßnahme methodisch so angelegt, dass Indoor- und Outdoor-Aktivitäten sich so ergänzen, dass für jeden Teilnehmer die Möglichkeit besteht, an der Erreichung folgender Ziele erlebniszentriert zu arbeiten:

- Erhöhung des Verständnisses für die unterschiedlichen Rollen jedes Team-Mitgliedes innerhalb der Projektgruppe.

- Verbesserung der Kommunikation und Kooperation zwischen den einzelnen Team-Mitgliedern hinsichtlich aller Punkte, die die Effektivität der Projektgruppe beeinträchtigen.

- Optimierung der gegenseitigen Unterstützung unter den Gruppenmitgliedern und synergetische Nutzung der vorhandenen Potenziale.

- Verständnis für die ablaufenden Gruppenprozesse, d. h. für jene gruppendynamischen Einflussgrößen, die in jeder Gruppe auftreten, in denen Menschen in der Zusammenarbeit aufeinander angewiesen sind.

- Entwicklung von Fähigkeiten, Konflikte nicht nur auf der Sach-, sondern auch auf der Beziehungsebene zu klären.

- Stärkung des Bewusstseins des gegenseitigen Aufeinanderangewiesenseins innerhalb des Teams.

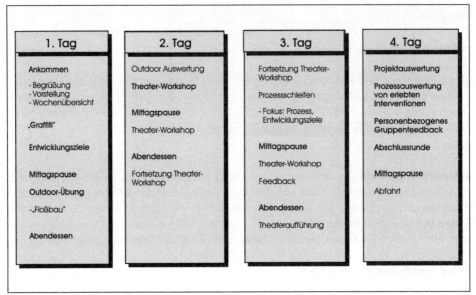

Abb. 34: Übersicht Ich & Team

Ablauf 1. Tag

Ankommen

Zu Beginn des ersten Tages wird den Teilnehmern noch einmal kurz das F.U.T.U.R.E.-Konzept und anschließend die Wochenübersicht vorgestellt. Danach erhalten die Teilnehmer noch eine kurze Übersicht zum Tagesverlauf, der normalerweise aus der Indoor-Phase am Vormittag und aus der Outdoor-Phase am Nachmittag besteht.

„Graffiti"

Nach dieser formalen Einstimmung erfolgt anschließend anhand der Übung „Graffiti" das „Abholen" und die „Erwärmung" der Teilnehmer. Hierzu werden in die vier Ecken des Seminarraums vier Metaplanwände mit jeweils einer der nachstehenden Leitfragen gestellt:

Metaplan-Wand 1:
Welche Landschaft gibt momentan Ihre Stimmung am besten wieder?

Metaplan-Wand 2:
Wie hat sich Ihre Teilnahme an der ersten Entwicklungsmaßnahme „Ich & Führung" auf Ihre berufliche Situation ausgewirkt?

Metaplan-Wand 3:
Welche Erfahrungen aus der EM 1 waren für Sie besonders wichtig?

Metaplan-Wand 4:
Was sollte in der EM 2 passieren, damit Sie am Ende des Seminars zufrieden nach Hause fahren können?

Die Teilnehmer werden nun aufgefordert, jede Frage schriftlich auf der jeweiligen Metaplanwand zu beantworten. Nachdem alle Teilnehmer jede Frage schriftlich beantwortet haben, werden die einzelnen Metaplanwände von der Gesamtgruppe betrachtet und Fragen der Teilnehmer zu den einzelnen Kommentaren beantwortet und diskutiert. (→ Übung Nr. 24)

Entwicklungsziele

Nach dieser Einstimmung erhalten die Teilnehmer noch einmal Gelegenheit, ihre mit Video aufgezeichneten Entwicklungsziele aus der EM 1 gemeinsam anzuschauen und ggf. hinsichtlich des neuen Seminarschwerpunktes Ich & Team zu modifizieren.

Outdoor-Übung

Vor dem Mittagessen werden die Teilnehmer von einem professionellen Outdoor-Trainer in die bevorstehende Outdoor-Aktivität eingestimmt.[6]

Im Gegensatz zu klassischen Indoor-Seminaren werden bei Outdoor-Seminaren die Teilnehmer in nicht alltägliche Erlebnissituationen versetzt, die es ihnen ermöglichen, ganzheitlich, d. h. mit Kopf, Herz und Hand zu lernen.

Anhand folgender Folie werden den Teilnehmern die zentralen methodischen Aspekte des Outdoor-Trainings vor Augen geführt:

---

[6] Wir haben die Erfahrung gemacht, dass es hinsichtlich der Sicherheitsstandards und im Hinblick auf versicherungstechnische Punkte ratsam ist, für den Outdoor-Part eine professionelle Begleitung zu suchen. Neben den vielen organisatorischen Vorteilen (z. B. Ausrüstung) ist es auch in Bezug auf Rollenklarheit und klarer Kompetenzabgrenzung sinnvoll, an dieser Stelle einem Outdoor-Profi die Verantwortung für die Leitung dieses Teils des Seminars zu übertragen.

Im Gegensatz zu klassischen Indoor-Seminaren werden bei Outdoor-Seminaren die Teilnehmer in nicht alltägliche/berufliche Erlebnissituationen versetzt.

Die moderne Lernforschung belegt, daß Menschen dann am besten lernen und Gelerntes umsetzen, wenn

➤ die Erkenntnisse aus eigenen Erfahrungen resultieren

➤ sie aktiv am Lernprozess beteiligt sind

➤ die Notwendigkeit direkt zu handeln besteht und Problemlösungsstrategien unmittelbar gefragt sind

➤ das Lernen in dem Sinne ganzheitlich erfolgt, dass alle menschlichen Teilaspekte wie Handeln, Gefühle, Gedanken und Körper miteinbezogen werden

➤ die Lernprozesse in einem Forum intensiven Erlebens stattfinden

➤ ein gemeinsamer Lernprozess auf der Grundlage gegenseitigen Vertrauens und Verantwortungsübernahme stattfindet.

Abb. 35: Wirksamkeit von Outdoor-Trainings

„Floßbau"

Nach der Mittagspause erfolgt die Abreise zu einem nahegelegenen See (bei der Seminarplanung berücksichtigen), an dem Neoprenanzüge, Baumstämme, Ölfässer, Kordel und Bretter bereit gestellt sind. Am See angekommen, übernimmt der Outdoor-Trainer die Verantwortung für die gesamte Floßbau-Phase. In aller Regel wird die Großgruppe in zwei gleich große Kleingruppen aufgeteilt. Nach entsprechender Anmoderation durch den Outdoor-Trainer stehen die beiden Kleingruppen im Wettbewerb zueinander.

Arbeitsauftrag:

Bauen Sie mit Ihrer Outdoor-Gruppe ein stabiles Floß, mit dem Sie – im Wettbewerb zur anderen Gruppe – den See (hin und zurück) überqueren:

• *Teilen Sie zu Beginn der Übung die vorhandenen Materialien in zwei gleiche Hälften auf.*
• *Verlassen Sie am anderen Ufer das Floß komplett und beladen Sie es mit den dort bereitgestellten Materialien (z. B. ein Kasten Wasser).*
• *Während der Überfahrt müssen alle Team-Mitglieder auf dem Floß sein.*
• *Benutzen Sie für den Bau Ihres Floßes nur die Materialien, die Ihnen bereitgestellt wurden.*
• *Ihre Startplätze werden ausgelost.*

- *Sobald Sie mit der Überquerung des Sees begonnen haben, darf am Floß nicht mehr nachgebessert werden.*
- *Gewinner des Floßwettbewerbes ist die (Outdoor-)Gruppe, die zuerst den See (hin und zurück) überquert hat.*
- *Sorgen Sie am Ende der Übung dafür, dass die Materialien ordnungsgemäß an den dafür vorgesehenen Platz zurückgebracht werden.*

Unmittelbar nach der Floßbau-Übung erfolgt vor Ort eine kurze Zwischenauswertung durch den Outdoor-Trainer. Die wird am Morgen des Folgetages von den F.U.T.U.R.E.-Trainern noch einmal aufgegriffen und vertieft werden.
(→ Übung Nr. 25)

Ablauf 2. Tag

Zu Beginn des zweiten Tages erhalten die Teilnehmer den Arbeitsauftrag, in Einzelarbeit folgende Auswertungsfragen zur Floßbau-Übung schriftlich zu beantworten:

- *Wie zufrieden sind Sie mit dem Ergebnis Ihrer Floßbau-Gruppe?*
- *Was hat Ihnen besonders gut an der Zusammenarbeit gefallen?*
- *Was hat Sie besonders gestört?*
- *Wer hat in Ihrer Gruppe besonderen Einfluss auf das Ergebnis genommen? Wen haben Sie als besonders konstruktiv und hilfreich erlebt?*
- *Wer hat Ihre Gruppe am stärksten behindert?*
- *Worin bestand Ihr besonderer Beitrag zum Erfolg/Misserfolg Ihrer Gruppe?*
- *Womit sind Sie besonders zufrieden und was ist Ihnen besonders gut gelungen?*
- *Welche Ihrer eigenen Verhaltensweisen sind Ihnen unangenehm aufgefallen?*
- *Wenn Sie diese Übung noch einmal wiederholen könnten, worauf würden Sie dann besonderen Wert legen?*

Tauschen Sie sich über Ihre Antworten in Ihrer „Floßbau-Gruppe" kollegial aus.

Beantworten Sie in Ihrer Kleingruppe gemeinsam schriftlich folgende Frage: „Welche Verhaltensweisen machen ein Team erfolgreich?"

Bereiten Sie zu Ihren Antworten eine ca. fünfminütige Flipchart-Präsentation vor.

Nach den Präsentationen im Plenum dienen die beiden Gruppenergebnisse als „Leitplanken" für erfolgreiches Arbeiten im Team.

Theater-Workshop

Nach der Auswertung der Floßbau-Übung werden die Teilnehmer mit der Tatsache konfrontiert, dass sich hinter dem Begriff Projektarbeit ein ca. zweitägiger Theater-Workshop verbirgt.

Der Arbeitsauftrag lautet:

- *Führen Sie am Abend das Theaterstück z. B. „Minna von Barnhelm", hier im Hotel auf.*

Ergänzend zu diesem Arbeitsauftrag wird noch mal darauf hingewiesen, dass es bei diesem sogenannten Theater-Workshop nicht hauptsächlich ums Theaterspielen geht, sondern um die gemeinsame erfolgreiche Bewältigung eines komplexen Projektes, an dessen Ende ein Theater-Workshop mit einer ca. einstündigen Darbietung steht.

Der Auftrag ist in folgende Schritte gegliedert:

- Jeder Teilnehmer liest sich kurz in den Inhalt und die Struktur des Stückes ein (ca. dreißig Minuten). Zu diesem Zweck erhalten die Teilnehmer den Originaltext (Reclam-Ausgabe) des Theaterstücks.[7] Dieses erste Einlesen soll den Teilnehmern ein Gefühl für das Stück verschaffen und einen ersten Eindruck über die Komplexität des Projektes vermitteln.

- Präsentation der Rahmenbedingungen für den Theater-Workshop im Plenum.

- Präsentation der Anforderungskriterien.[8]

- Wahl des Gesamtprojektleiters (Selbstnennung/keine Vorschläge).[9]

  - Selbstpräsentation: Die Kandidaten für die Gesamtprojektleitung bekommen zehn Minuten Zeit zur Vorbereitung ihres „Bewerbungsgespräches" (Thema: „Warum bin ich für die Aufgabe des Gesamtprojektleiters geeignet?") Das Rest-Plenum befasst sich während dieser zehn Minuten mit der Frage: „Wie kann ich während des Theater-Workshops sicherstellen, dass meine Interessen, d. h. meine Entwicklungsziele berücksichtigt werden?"

  - Nach der Selbstpräsentation werden die Kandidaten gebeten, sich vor der Gruppe nebeneinander mit dem Gesicht zur Wand aufzustellen. Danach stellen sich die restlichen Teilnehmer hinter ihre Kandidaten. Nachdem sich alle Teilnehmer – „lautlos" – aufgestellt haben, werden die Kandidaten nach-

---

[7] Im Rahmen unserer bisherigen Entwicklungsmaßnahmen haben wir Erfahrungen mit folgenden Theaterstücken gemacht: Minna von Barnhelm von G. E. Lessing/Nathan der Weise von G. E. Lessing/Der Biberpelz von Gerhard Hauptmann/Wilhelm Tell von Friedrich Schiller

[8] Es ist sinnvoll, anhand der eigenen Anforderungskriterien (z. B. Durchsetzungsvermögen, Ausdrucksvermögen, Belastbarkeit, Konfliktverhalten, Flexibilität, Kreativität etc.) noch einmal auf die Vielfalt der Handlungsfelder, die im Rahmen eines Theater-Workshops abgesteckt werden müssen (Drehbuch, Regie, Bühnenbild, Beleuchtung etc.) hinzuweisen.

[9] Nachdem die Teilnehmer einen ersten Eindruck über die Komplexität des bevorstehenden Theater-Workshops bekommen haben, wird nun jeder Teilnehmer aufgefordert, sich ca. 5 Minuten lang zu überlegen, ob er sich zur Wahl des Gesamtprojektleiters stellen will. Dieser Schritt ist erst dann abgeschlossen, wenn insgesamt 5 Teilnehmer (bei einer Gruppengröße von ca. 15 Teilnehmern) ihren Namen auf einem bereitgestellten Flipchart geschrieben und damit ihre Bereitschaft zur Kandidatur veröffentlicht haben.

einander befragt, wie viele Teilnehmer sich wohl hinter sie gestellt hätten (Selbsteinschätzung). Anschließend drehen sie sich um und sehen der Realität ins Auge.

- Die Auswertung des Wahlergebnisses beginnt mit der Befragung der Kandidaten mit den wenigsten Stimmen (kleinste Wählergruppe). Ihnen wird Gelegenheit gegeben, sich über gezieltes Nachfragen die Wahlentscheidungen begründen zu lassen (Feedback).

- Diese kleinste Gruppe löst sich dann auf und ordnet sich komplett anderen Kandidaten zu. Der eben beschriebene Feedbackprozess beginnt erneut. Über mehrere derartige Schrittfolgen wird so der Kandidat mit den meisten Stimmen ermittelt: der Gesamtprojektleiter (GPL).

Ab hier geht die Leitung und die Verantwortung für die erfolgreiche Durchführung des Theater-Workshops von den Trainern auf den Gesamtprojektleiter (GPL) über. (→ Übungen Nr. 26 und 27)

Eine der wesentlichen Aufgaben des Gesamtprojektleiters besteht darin, darauf zu achten, dass folgende Rahmenbedingungen bei der Vorbereitung des Theater-Workshops eingehalten werden:

- Wesentliche Handlungsstränge (und Schlüssel-) Zitate müssen bleiben.
- Die zentrale Botschaft muss erkennbar sein.
- Es dürfen keine außer den erlaubten Hilfsmitteln benutzt werden (z. B. Sekundärliteratur).
- Freie Improvisation/Verfremdung ist möglich.
- Es kann textentbunden formuliert/gesprochen werden (Sprechtheater!).
- Tragende Rollen müssen durchgängig von je einer Person besetzt sein.
- Alle Teilnehmer müssen aktiv in den Prozess eingebunden und ressourcenorientiert eingesetzt werden.
- Die Aufführung des Stücks sollte spätestens eineinhalb Tage nach der Gesamtprojektleiterwahl mit der größtmöglichen Qualität erfolgen.
- Die Dauer des Stücks sollte mindestens 45 Minuten/maximal 1 Stunde betragen.
- Zur Gewinnung von 30 bis 50 Zuschauern sollten geeignete Marketingmaßnahmen entwickelt werden.
- Obligatorische Prozessreflektion (3 Stunden Interventionszeit für Trainer).
- Feste Arbeitsanfangs- und -endzeiten: Ende der offiziellen Arbeitszeit 22 Uhr.
- Gremium für Qualitätssicherung bilden
- Budget: 0 DM

Der GPL ist verpflichtet, ergänzend zur zielorientierten Arbeit (inhaltliche Ebene) sich mit der Gesamtgruppe so zu organisieren, dass die Prozessindikatoren (Stimmung, Motivation, Interaktion, ...) permanent wahrgenommen und über institutionalisiertes Vorgehen thematisiert werden (obligatorische Prozessschleifen).[45]
(→ Übung Nr. 26)

Die Aufführung des Theaterstückes erfolgt am Abend des 3. Seminartages und benötigt in der Regel folgende Projektgruppen mit den verantwortlichen Teilprojektleitern (TPL):

- Drehbuch/Regie
- Kostüme
- Bühnenbild/Beleuchtung
- Marketing

Die Trainer übernehmen bis zur Aufführung die Rolle von Prozessbegleitern und haben das Recht, jederzeit in den Projektverlauf einzugreifen und eine Prozessauswertung vorzunehmen. In dem verteilt in Anspruch genommenen Zeitkontingent von drei Stunden sollten vier Punkte näher betrachtet werden:

- Prozesszufriedenheit
- Feedback an den GPL
- Feedback des GPL an die Teilnehmer
- Feedback der Teilnehmer untereinander

Zur Optimierung der Teamarbeit empfiehlt es sich, die erste Prozessauswertung bzw. Feedbackschleife am Ende des zweiten Tages durchzuführen. Somit erhalten alle Teammitglieder Gelegenheit, prozess- und personenbezogene Rückmeldungen zur Team- und Persönlichkeitsentwicklung zu nutzen.
(→ Übung Nr. 28)

Vor dem Abendessen treffen sich alle Projektgruppenmitglieder im Plenum, um gemeinsam eine Standortbestimmung (Stand der Projektarbeit) vorzunehmen.

Nach dem Abendessen können die Teilnehmer noch bis 22 Uhr die Projektarbeit fortsetzen.

Ablauf 3. Tag

Der dritte Tag beginnt im Plenum mit einer kurzen Präsentation des Gesamtprojektleiters (GPL) zum aktuellen Stand des Projektes. Danach geht die Projektarbeit in den einzelnen Teilprojektgruppen weiter. Für die beiden Trainer ist während der Arbeitsphasen nur der Gesamtprojektleiter direkter Ansprechpartner. Er nimmt die notwendigen Instruktionen von der „Geschäftsführung" (F.U.T.U.R.E.-Trainer) entgegen und delegiert deren Umsetzung. (→ Übung Nr. 29)

Die zweite Prozessauswertung sollte am Vormittag stattfinden und vom Gesamtprojektleiter durchgeführt werden. Sollte er hierzu methodische Unterstützung benötigen, stehen ihm die Trainer zur Seite.

Der Nachmittag des dritten Tages steht unter dem Vorzeichen Stress. Der Showdown läuft, die letzten Proben laufen und das Lampenfieber bei den Teilnehmern steigt. Dies ist die Stunde, in der die Anforderungskriterien

- Führungskompetenz
    - Schaffen von Orientierung
    - Motivations- und Überzeugungskraft
    - Koordinations- und Integrationsfähigkeit
    - Feedback nehmen und geben
    - Mitarbeiter ressourcenorientiert einsetzen und entwickeln
    - Durchsetzungsvermögen

- Soziale und interkulturelle Kompetenz
    - Einfühlungsvermögen
    - Kontakt- und Kommunikationsfähigkeit
    - Teamfähigkeit
    - Konfliktfähigkeit

- Strategische Kompetenz
    - Kreativität
    - Konzeptionelle Fähigkeit

- Unternehmerische Kompetenz
    - Ausrichtung am Kunden
    - Ergebnisorientierung
    - Gestaltungswille
    - Zielorientiertes, konsequentes Handeln
    - Entscheidungsvermögen
    - Verantwortlichkeit im Handeln
    - Risikobereitschaft

- Veränderungskompetenz
    - Infragestellen des Bestehenden
    - Durchstehvermögen
    - Offenheit für Neues
    - Planen und Steuern von Prozessen

mit Leben gefüllt werden und sich im Endergebnis, dem Theaterstück, abbilden: Die Qualität der Aufführung entspricht immer der Qualität ihrer Protagonisten.

Parallel zu dem hektischen Treiben am Nachmittag erhält jeder Teilnehmer von einem Trainer ein 15-minütiges personenbezogenes Feedback. Die zeitliche Organisation liegt dabei wieder in den Händen des Gesamtprojektleiters. Nach Bedarf kann auch noch eine dritte Prozessauswertung durchgeführt werden. (→ Übung Nr. 30)

Nach dem Abendessen findet die Aufführung statt.

Ablauf 4. Tag

Der letzte Tag dauert in der Regel von 9 bis 13 Uhr und besteht aus drei Schritten:

- Projektauswertung
- Prozessauswertung anhand von erlebten Interventionen
- Personenbezogenes Gruppenfeedback

Projektauswertung

Für die Projektauswertung muss der Plenarraum so vorbereitet werden, dass in allen vier Ecken jeweils eine Wertung auf Flipchart geschrieben und aufgehängt wird:

- *Ich stimme völlig zu (+/+)*
- *Ich stimme teilweise zu (+)*
- *Ich bin anderer Meinung (-)*
- *Ich bin völlig anderer Meinung (-/-)*

Danach werden wahlweise folgende Statements, die unter 5 Fokusgruppen zusammengefasst werden, vom Trainer vorgelesen. Die Teilnehmer erhalten den Auftrag, sich entsprechend ihrer Meinung in eine der Ecken zu stellen („Standpunkt beziehen"). Nach erfolgter Positionierung begründen die Teilnehmer individuell ihre Wahl.

Fokus: Gruppe

- *Diese Gruppe hat optimal zusammengearbeitet.*
- *Alle Teilnehmer haben sich bemüht, das Beste für den gemeinsamen Erfolg zu geben.*
- *Wenn wir den Theater-Workshop noch einmal durchzuführen hätten, sollten wir alles genauso machen, wie wir es gemacht haben.*
- *In dieser Ausbildungsgruppe wurden alle Beziehungsthemen offen angesprochen und geklärt.*
- *In dieser Ausbildungsgruppe hat jeder einzelne gleichermaßen Verantwortung übernommen für das gemeinsame Ergebnis.*

Fokus: Gesamtprojektleiter

- *Wenn ich noch einmal die Wahl hätte, würde ich wieder den gleichen Gesamtprojektleiter wählen.*
- *Der Gesamtprojektleiter hat seine Mitarbeiter ressourcenorientiert eingesetzt.*
- *Die Rahmenbedingungen wurden vom Gesamtprojektleiter so umgesetzt, wie die Trainer es wollten.*

Fokus: Entwicklungsziele

- Ich habe im Rahmen dieser Woche meine persönlichen Entwicklungsziele optimal verfolgt.
- Wenn ich noch mal die Wahl hätte, würde ich wieder die gleichen Aufgaben/Rollen übernehmen.

Fokus: Entwicklungsmaßnahme

- *Wenn ich noch mal an der EM 2 teilnehmen könnte und die freie Wahl hätte, dies zu tun, dann würde ich mich wieder für die Teilnahme entscheiden.*
- *An den Inhalten/Schwerpunkten der EM 2 würde ich nichts ändern.*

Fokus: Führungskraft

- *Ich bin der Meinung, dass alle Teilnehmer dieser Gruppe als Führungskraft geeignet sind.*
- *Ich könnte mir vorstellen, von jedem Teilnehmer der Gruppe geführt zu werden.*
(→ Übung Nr. 31)

Prozessauswertung von erlebten Interventionen

Nach dieser differenzierten Projektauswertung erfolgt nun eine eher auf Transfermöglichkeiten ausgerichtete Prozessauswertung, die ihr Hauptaugenmerk auf die von den Trainern und teilweise auch vom Gesamtprojektleiter vorgenommenen Interventionen richtet. Hierzu sollte die Großgruppe in Kleingruppen à 5 Personen aufgeteilt werden, in denen folgende Fragen gemeinsam schriftlich beantwortet werden sollen:

- *Welche Interventionen haben Sie erlebt?*
- *Welche Interventionen halten Sie für sinnvoll und geeignet für die Umsetzung in Ihre berufliche Praxis?*

Für die Beantwortung dieser Fragen erhalten die Kleingruppen 30 Minuten Zeit. Anschließend findet im Plenum die Präsentation der Kleingruppenergebnisse mit anschließender Diskussion statt. (→ Übung Nr. 32)

Personenbezogenes Gruppenfeedback

Die letzte Auswertungsphase bezieht sich ausschließlich auf jeden einzelnen Teilnehmer und dauert ca. 60 Minuten. Dieses abschließende personenbezogene Gruppenfeedback findet im Plenum in einem großen Kreis statt und wird von den Teilnehmern weitestgehend selbst organisiert und gesteuert. Während dieses Gruppenfeedbacks erhält jeder Teilnehmer Gelegenheit, ca. 3 Kollegen aus der Großgruppe zu befragen, wie sie ihn während des gesamten Gruppenprozesses erlebt haben. (→ Übung Nr. 33)

Abschlussrunde

Den endgültigen Schlusspunkt zu dieser EM 2 – Ich & Team bildet ein „Blitzlicht", das jedem Teilnehmer abschließend die Möglichkeit bietet, sich zu folgenden Themen kurz zu äußern: Seminarablauf, Stimmung, Feedback zu den Trainern, Feedback zum Hotelservice etc.

Ende EM 2

4.5.3   EM 3 – Ich & System

Nachdem sich die Teilnehmer in den vorherigen Entwicklungsmaßnahmen mit den Schwerpunktthemen Führung und Team auseinandergesetzt haben, stellt dieser Teil des F.U.T.U.R.E.-Konzeptes das System in den Mittelpunkt der Betrachtung.

Wie wir bereits wissen, sind Organisationen komplexe soziale und selbstreferentielle Syteme, die nur den Umweltkontakt haben, den sie sich selbst ermöglichen. Sie bestehen aus einer Vielzahl vernetzter Elemente, organisieren und reproduzieren sich laufend selbst, sind nur bedingt analysierbar und wegen ihrer hohen Eigendynamik sind Eingriffsmöglichkeiten von außen prinzipiell eingeschränkt und in ihrer Auswirkung kaum plan- und kontrollierbar.

Somit stellt sich für uns die Frage, ob und wie überhaupt solche komplexen, unberechenbaren und eigensinnigen Systeme vernünftig zu steuern sind, wenn deren Komplexität unser Wahrnehmungs- und Erkenntnisvermögen übersteigt und ihre exakte, sozusagen „technische" Planung und Steuerung uns – so gesehen – unmöglich erscheint.

In dieser Entwicklungsmaßnahme lernen die Teilnehmer, dass deshalb Verzweiflung und Resignation nicht nötig sind, da wir sehr wohl über Möglichkeiten verfügen, unsere betriebliche Umwelt wirksam zu beeinflussen und erfolgreich zu gestalten.

Die beiden inhaltlichen Schwerpunkte der EM 3 – Ich & System

- Unternehmensplanspiel
- Coaching

ermöglichen den Teilnehmern, die Grundsätze eines systemischen Managements kennenzulernen und anzuwenden:

- Die Komplexität der eigenen Organisationseinheit durch Auswahl relevanter Beziehungen, Entwicklungen und Handlungsalternativen reduzieren, um sie handhabbar und damit gestaltbar zu machen.

- Die Ressourcen, die Selbstgestaltungs- und Selbstregulierungsfähigkeit aller Organisationsmitglieder (Mitarbeiter) erkennen und entwickeln und auf die Erfüllung einer gemeinsamen Aufgabe hin auszurichten.

- Die Beziehungen zwischen den Organisationseinheiten (Schnittstellen) und den Mitarbeitern, ihre Kommunikation und Kooperation so zu entwickeln, dass sie der gemeinsamen Aufgabenerfüllung in optimaler und vor allem professioneller Weise entsprechen. (Fischer, S. 67)

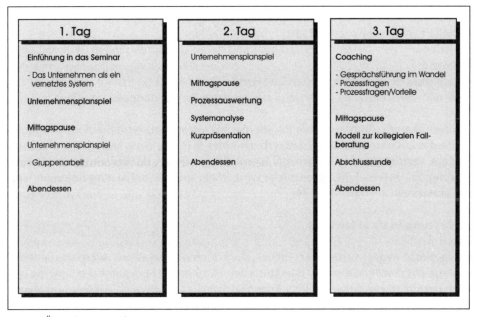

1. Tag	2. Tag	3. Tag
Einführung in das Seminar	Unternehmensplanspiel	Coaching
- Das Unternehmen als ein vernetztes System	Mittagspause	- Gesprächsführung im Wandel - Prozessfragen - Prozessfragen/Vorteile
Unternehmensplanspiel	Prozessauswertung	
	Systemanalyse	Mittagspause
Mittagspause	Kurzpräsentation	Modell zur kollegialen Fallberatung
Unternehmensplanspiel		
- Gruppenarbeit	Abendessen	Abschlussrunde
Abendessen		Abendessen

Abb. 36: Übersicht EM 3 – Ich & System

Ablauf 1. Tag

Einstimmung

Zu Beginn des Tages erhält jeder Teilnehmer Gelegenheit, von mittlerweile wesentlichen Erfahrungen und Entwicklungen nach der EM 2 zu berichten. Danach wird die strukturelle und inhaltliche Einbindung dieses Bausteines in das F.U.T.U.R.E.-Konzept erläutert und die Wochenübersicht vorgestellt.

Unternehmensplanspiel

Den ersten Schwerpunkt bildet das Unternehmensplanspiel „TOPSIM-Manager".[10] Die Teilnehmer lernen anhand dieses Planspiels die Folgelastigkeit ihrer unternehmerischen Entscheidungen im Kontext einer komplexen Marktsituation kennen. Das Planspiel bildet eine goldene Brücke zwischen betriebswirtschaftlicher Theorie und Praxis; es stellt eine realistische, modellhafte Abbildung eines Unternehmens dar und bietet den Teilnehmern die Möglichkeit, schnell und risikolos praxisbezogene Erfahrungen hinsichtlich unternehmerischem Denken und Handeln in komplexen Systemen zu sammeln.

Im Vordergrund stehen hierbei vor allem folgende Themen und Inhalte:

- Rahmenbedingungen für wirtschaftlichen Erfolg kennenlernen
- Betriebswirtschaftliche Zusammenhänge ganzheitlich erleben
- Umgang mit komplexen Entscheidungssituationen
- Festlegung von Zielen und Strategien und deren Umsetzung in ein ökonomisches Umfeld
- Bereichsübergreifendes Denken und Handeln
- Betriebswirtschaftliche Daten in praxisbezogene Entscheidungen umsetzen

Die Teilnehmer schlüpfen in die Rolle eines Managers und lernen auf anschauliche Weise das Zusammenspiel der Subsysteme eines Systems, eines Unternehmens (Produktion, Vertrieb, Personal, Finanzen, Entwicklung) kennen. Die Begleitung und Durchführung des Unternehmensplanspieles wird einem speziell hierzu ausgebildeten Trainer übertragen. (→ Übung Nr. 34)

Einführung in das Planspiel

Ein ca. einstündiger Vortrag zum Thema „Das Unternehmen als ein vernetztes System" verdeutlicht den Teilnehmern, dass Unternehmen komplexe dynamische Systeme mit unklaren Strukturen, unklaren Reaktionen und unklarem Zeitverhalten sind und Manager einer Doppelrolle gerecht werden müssen, indem sie

- Teil des Systems und
- Beobachter des Systems sind.

In dieser Doppelrolle müssen sie sich ständig mit der zeitnahen Beantwortung folgender Fragen beschäftigen:

- Wo entstehen wann welche Kosten im Unternehmen?
  Hilfsmittel: Berichtswesen und Szenarien

---

[10] Das Unternehmensplanspiel „TOPSIM-Manager" wurde von der Firma UNICON – Management Development GmbH entwickelt. Die Berechtigung für die Nutzung des Planspiels kann durch den Erwerb einer Lizenz erfolgen. Dies lohnt sich jedoch nur dann, wenn das Planspiel oft genug zum Einsatz kommt. Ansonsten ist es sinnvoll, einen Trainer von UNICON für diesen Teil einzusetzen.

- Welche Strukturen, Ziele, Strategien und Reaktionen sind am Markt erkennbar?
  Hilfsmittel: Geschäfts- und Marktforschungsberichte
- Welche Entwicklungen und Reaktionen sind bezogen auf die Konkurrenz erkennbar?
  Hilfsmittel: Szenarien und Marktforschungsberichte

Die zentrale Botschaft des Vortrages besteht darin, dass ein Unternehmen nicht – wie früher angenommen wurde – mit ein paar altbewährten „Hebeln" (Kosten, Umsatz) in den Griff zu bekommen ist, sondern viele miteinander vernetzte „Hebel" (Werbung, Vertrieb, Produktmerkmale, Absatz, Kosten, Umsatz, Preis und Konkurrenzverhalten) und deren „richtige" Handhabung den Erfolg eines Unternehmens bedingen.

Gruppenarbeit/Periode 1: Nach einer kurzen Pause wird die Großgruppe in vier Kleingruppen à 3 bis 4 Personen aufgeteilt. Diese Kleingruppen verstehen sich als eigenständige und im Wettbewerb zueinander stehende Unternehmen, die anhand vorgegebener Konjunkturszenarien ihre Marktposition ausbauen sollen. Die Kleingruppen haben insgesamt zwei Stunden Zeit, ihre unternehmerischen Entscheidungen zu treffen, auf speziellen Formblättern schriftlich festzuhalten und an den Spielleiter abzugeben.

Die Ergebnisse der einzelnen Kleingruppen werden vom Planspiel-Trainer in den Computer eingegeben und anhand eines Software-Programmes, das auf der Grundlage realistischer Eckdaten eine Marktentwicklung simuliert, ausgewertet.

Analyse der Ergebnisse aus Periode 1: Im Plenum werden im Anschluss die Kleingruppenergebnisse miteinander verglichen und diskutiert.

Gruppenarbeit/Periode 2: Auf der Grundlage eines neuen Konjunkturszenarios entwickeln die Kleingruppen ihre Ziele und Strategien und legen ihre unternehmerischen Entscheidungen in gewohnter Weise fest. Die Auswertung erfolgt wie bereits beschrieben.

Analyse der Ergebnisse aus Periode 2: Im Plenum werden dann wiederum die Kleingruppenergebnisse miteinander verglichen und diskutiert.

Lehrgespräch: Je nach Wissensstand der Teilnehmer sollte an dieser Stelle ein Zeitfenster von ca. einer Stunde offen gehalten werden um fachspezifische Fragen zu beantworten oder diesbezügliche Basiskenntnisse zu vermitteln. Als Vortragsthemen kommen in Frage: Rechnungswesen, GuV, Bilanz und Finanzrechnung.

Gruppenarbeit/Periode 3: Auf der Grundlage eines neuen Konjunkturszenarios entwickeln die Kleingruppen ihre Ziele und Strategien und legen ihre unternehmerischen Entscheidungen in gewohnter Weise fest. Die Auswertung erfolgt wie beschrieben.

Analyse der Ergebnisse aus Periode 3: Im Plenum werden wieder die Kleingruppenergebnisse miteinander verglichen und diskutiert.

Gruppenarbeit/Periode 4: Auf der Grundlage eines neuen Konjunkturszenarios entwickeln die Kleingruppen erneut ihre Ziele und Strategien und legen ihre unternehmerischen Entscheidungen in gewohnter Weise fest. Die Auswertung erfolgt wie oben beschrieben.

Ablauf 2. Tag

Analyse Ergebnisse aus Periode 4: Im Plenum werden zu Beginn des zweiten Tages die Kleingruppenergebnisse miteinander verglichen und diskutiert.

Gruppenarbeit/Periode 5: Auf der Grundlage eines neuen Konjunkturszenarios entwickeln die Kleingruppen wiederum ihre Ziele und Strategien und legen ihre unternehmerischen Entscheidungen in gewohnter Weise fest. Die Auswertung erfolgt wie oben beschrieben.

Analyse der Ergebnisse aus Periode 5: Nach der Pause werden im Plenum die Kleingruppenergebnisse miteinander verglichen und diskutiert.

Vorbereitung der Hauptversammlung (die verschiedenen Unternehmen stellen ihre Geschäftsergebnisse vor): Für die Vorbereitung der Hauptversammlung erhalten die Kleingruppen (Unternehmen) 90 Minuten Zeit. Ihre Aufgabe besteht darin, eine Präsentation – anhand nachstehender Leitfragen – vorzubereiten, die das erzielte Geschäftsergebnis visuell und argumentativ erläutert:

Was war geplant?
- *Ziele und Strategien*

Wie kam es dazu?
- *Entscheidungen und Anpassungen*
- *Umsätze*
- *Marketing-Mix*
- *Jahresüberschuss*
- *Kassenbestand/Überziehungskredite*

Wo stehen wir?
- *Bestandsaufnahme in der Abschlussperiode*

Wie könnte es weitergehen?
- *Perspektiven für die nächsten 5 Perioden*

Mit dieser Schlussbetrachtung endet das Unternehmensplanspiel. Letzte Fragen werden beantwortet. Der Planspiel-Trainer wird verabschiedet.

Prozessauswertung

Nach der inhaltlichen Auswertung des Unternehmensplanspiels durch den Planspiel-Trainer am Vormittag erfolgt nun als Einstieg in den Nachmittag die Prozessauswertung durch die F.U.T.U.R.E.-Trainer anhand folgender Leitfragen:

- *Wie haben wir die Gruppenarbeit erlebt?*
- *Welche Parallelen zwischen dem Ablauf des Planspiels und der Praxis in unserem Unternehmen haben wir wahrgenommen?*
- *Was nehmen wir für unsere Rolle als Teamleiter aus dem Planspiel mit?*

Jeder Teilnehmer beantwortet die Fragen zuerst einmal in Einzelarbeit, danach werden die Einzelergebnisse in den Kleingruppen zu einem Gruppenergebnis zusammengefasst und im Plenum präsentiert und diskutiert.

Systemanalyse

Nachdem die Teilnehmer das Unternehmen als komplexes System kennengelernt haben, bietet ihnen der zweite Schwerpunkt in der EM 3 – Ich & System Gelegenheit, ihr eigenes Subsystem (z. B. Team) unter die Lupe zu nehmen und zu analysieren (Systemanalyse). Hierzu erhalten sie folgenden Arbeitsauftrag, den die Teilnehmer in Kleingruppen bearbeiten:

- *Erstellen Sie ein individuelles Kooperationsportfolio*

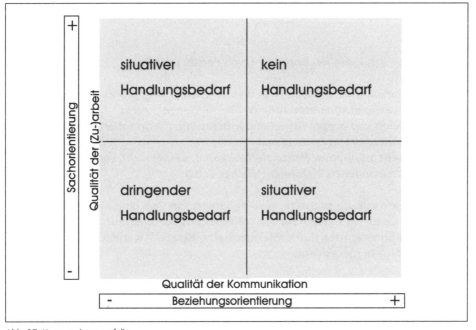

Abb. 37: Kooperationsportfolio

- *Stellen Sie Ihr System bildlich so dar, dass alle Subsysteme (Bereiche, Teams etc.) mit ihren Schnittstellen und alle für Ihr Tagesgeschäft wichtigen Kooperationspartner (Mitarbeiter, Kunden etc.) mit ihren Kommunikationsprozessen sichtbar werden.*

- *Präsentieren Sie Ihre Zeichnungen in Ihren Kleingruppen und benennen Sie ein konkretes Thema aus der Zeichnung, an dem Sie unter Einbeziehung Ihrer Kollegen lösungsorientiert arbeiten wollen.*

- *Kehren Sie anschließend ins Plenum zurück und veröffentlichen Sie die Themen, zu denen Sie Beratung benötigen.*

Kurzpräsentation

Nach der Systemanalyse in den Kleingruppen werden die aktuellen Fälle thematisch kurz vorgestellt und hinsichtlich ihrer Aktualität, ihrer Möglichkeit zur Bearbeitung und ihrer Beziehung zum Teilnehmer überprüft. Sobald sichergestellt ist, dass jeder Teilnehmer einen für ihn bedeutungsvollen Fall hat, wird der Tag mit einer kurzen Abschlussrunde (Feedback) abgeschlossen. (→ Übung Nr. 35)

Ablauf 3. Tag

Coaching

Trainerinput: Im Rahmen eines Vortrages wird folgende Definition vorgestellt und diskutiert:

Im Sinne einer strukturellen Koppelung von Person und Organisation verstehen wir Coaching als:
- *eine personenorientierte Förderung von Menschen in ihrer professionellen Rolle und in ihrem jeweiligen konkreten Arbeits- und Aufgabenkontext,*
- *eine Mischung von prozessbegleitender Beratung, zielorientierter Anleitung und handlungsorientiertem Training und*
- *als Instrument integrativer Personalentwicklung, das versucht, Lernen und Arbeiten optimal miteinander zu verzahnen. (Fischer, S. 89)*

Ergänzend wird auf die doppelte Anwendbarkeit von Coaching hingewiesen. Beide Formen von Coaching – Coaching von Mitarbeitern durch Führungskräfte und Coaching von Führungskräften durch interne/externe Berater – werden in dieser Entwicklungsmaßnahme berücksichtigt.

Jeder Teilnehmer
- übt sich in der Rolle des Beraters, indem er an der Fallbearbeitung aktiv mitwirkt und
- bereitet anhand seines Falles das Coaching für einen seiner Mitarbeiter vor.

Als Einführung in das Thema Coaching wird den Teilnehmern anhand folgender Abbildung der Wandel in der Gesprächsführung vor Augen geführt:

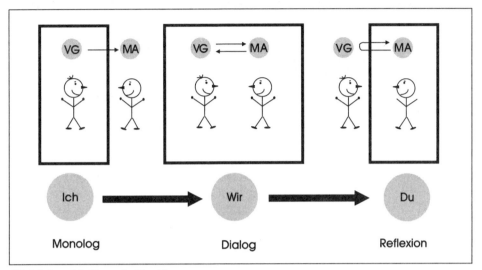

Abb. 38: Gesprächsführung im Wandel

Monolog

Vorgesetzte mit einer eher patriarchalisch-autoritären Grundhaltung legen in der Regel keinen Wert darauf, wie der Mitarbeiter die Dinge sieht, für ihn ist einzig und allein wichtig, seine Sichtweise dem Mitarbeiter mitzuteilen, so dass dieser in seinem Sinne aktiv werden kann. Der Mitarbeiter wird vom Vorgesetzten als Mittel zum Zweck angesehen, was in dieser Ausschließlichkeit anthropologisch gesehen, problematisch ist.

Dialog

Vorgesetzte mit einer eher dialektisch-partnerschaftlichen Grundhaltung haben erkannt, dass jeder Mensch seine Wirklichkeit konstruiert. In Anerkennung dieses Sachverhaltes legen sie Wert darauf, die Sichtweise des Mitarbeiters zu erfahren, um aus den unterschiedlichen Sichtweisen und Standpunkten heraus eine neue, dritte konsensfähige Position zu entwickeln. Der Mitarbeiter wird vom Vorgesetzten als Selbstzweck angesehen und in aufgeklärter Weise anthropologisch wertgeschätzt.

Reflexion

Vorgesetzte mit einer eher systemisch-partnerschaftlichen Grundhaltung haben ebenfalls erkannt, dass jeder Mensch seine Wirklichkeit konstruiert und enthalten sich konsequent persönlicher Interpretationen und Ratschläge („Ratschläge sind auch Schläge"). Sie legen Wert darauf, dass der Mitarbeiter eigenständig denkt und handelt und die Verantwortung für die Problemlösung übernimmt. Der Vorgesetzte versteht seinen (Führungs-) Auftrag vor allem in der Hilfe zur Selbsthilfe (Empowerment); dementsprechend thematisiert er fragend (Prozessfragen) die Wirklichkeitskonstruktion des Mitarbeiters und ermöglicht ihm anhand seiner Fokussierung die Entwicklung von neuen Sichtweisen und Handlungsalternativen.

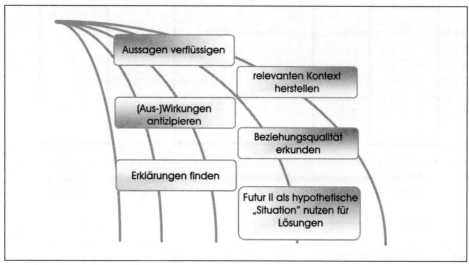

Abb. 39: Prozessfragen/Fokussierung

Der Mitarbeiter wird in seiner Rolle vom Vorgesetzten verbindlich angesprochen, professionell gecoacht und zu eigenverantwortlichem Denken und Handeln verpflichtet. Die Vorteile dieser Gesprächstechnik können wie folgt zusammengefasst werden:

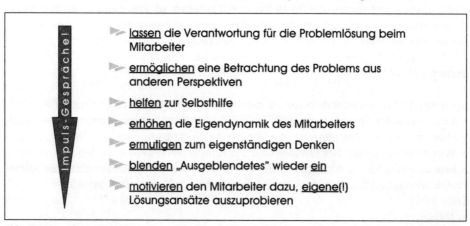

Abb. 40: Prozessfragen/Vorteile

Nach dieser Einführung wird den Teilnehmern ein Modell vorgestellt, mit dem sie ihre Fälle im Kollegenkreis und unter Anleitung eines F.U.T.U.R.E.-Trainers bearbeiten können. Es hat sich bewährt, die erste Fallbearbeitung im Plenum durchzuführen, da diese Vorgehensweise das Selbstvertrauen der Teilnehmer erhöht.

Modell zur kollegialen Fallberatung

1.) FG   Fragestellung
2.) FG   Info: Situation, Rollen, Prozess
3.) Gr   weitere Info erfragen
4.) Gr   Hypothesen über Zusammenhänge
5.) FG   ggf. Fragestellung spezifizieren
6.) Gr   2 bis 4 Lösungsansätze
7.) FG   Auswahl der Lösungsansätze oder einen weiteren entwickeln
8.) FG/Gr   konkrete Lösungsschritte (1. ..., 2. ..., 3. ...) vereinbaren
FG = Fallgeber; Gr = Gruppe

Das Plenum wird nun in 2 bis 3 Kleingruppen à 5 bis 6 Personen aufgeteilt und der erste Fall in Eigenverantwortung bearbeitet. Die Trainer geben nach Bedarf Hilfestellung. Ein von der Gruppe bestimmter Moderator achtet auf die Zeit (pro Fall ca. 60 Minuten) und die Einhaltung der Arbeitsschritte.

Der gesamte Nachmittag steht den Teilnehmern zur Verfügung, ihre Fälle mit dem Modell der „Kollegialen Fallberatung" zu bearbeiten. Teilweise kann es sinnvoll sein, die erarbeitete Lösung anhand eines Rollenspiels im Sinne des Probehandelns auszuprobieren; dies bietet sich besonders bei konfliktreichen Gesprächen an. In diesem Fall leitet der F.U.T.U.R.E.-Trainer für diese Sequenz den Ablauf.

Abschlussrunde

Bevor es zum gemeinsamen Abendessen geht, kommen alle Teilnehmer aus den Kleingruppen im Plenum zusammen und veröffentlichen ihre bisherigen Lernerfahrungen. Dazu bietet sich methodisch die Übung „Fischbowle" an. Jede Kleingruppe nimmt für zehn Minuten im Innenkreis Platz und tauscht sich vor den „Augen und Ohren" der anderen Teilnehmer (Außenkreis) über folgende Fragen aus:

• Welche Erfahrungen haben Sie mit dem Modell gemacht?
• Was hat Ihnen besonders gut gefallen?
• Was würden Sie verändern?
• Was nehmen Sie für Ihre Praxis mit?
• Wie beurteilen Sie den Nutzen dieser drei Tage für Ihre konkrete berufliche Situation?

Ende EM 3

4.5.4 EM 4 – Ich & Zukunft

Die Entwicklungsmaßnahme Ich & Zukunft bildet den Abschluss des gesamten F.U.T.U.R.E.-Konzeptes.

In diesem Teil erhalten die Teilnehmer Gelegenheit, in selbstgewählten Kleingruppen ihren bisherigen Lebenslauf anhand strukturierter Übungen nachzuvollziehen, um daraus Konsequenzen für die zukünftige Lebens- und Karriereplanung abzuleiten.

Die Qualität dieser Maßnahme hängt weitestgehend davon ab, inwieweit die Teilnehmer bereit sind, sich ihren Kollegen gegenüber zu öffnen. Um dies zu erreichen, müssen die Teilnehmer in kleinen Gruppen (Trios) zusammen arbeiten. Sie suchen sich hierzu Kollegen, zu denen sie während des Gesamtcurriculums bisher ein hohes Vertrauen aufbauen konnten.

Auch das Seminarumfeld spielt in dieser Entwicklungsmaßnahme eine große Rolle. Mit anderen Worten: die Landschaft ist integraler Bestandteil des Seminardesigns. Demzufolge sollte Wert darauf gelegt werden, dass ein ruhiges Tagungshotel zur Verfügung steht, in dem sich die Teilnehmer ungestört mit ihrem Körper, mit ihrer Seele und mit ihrem Geist auseinandersetzen können.

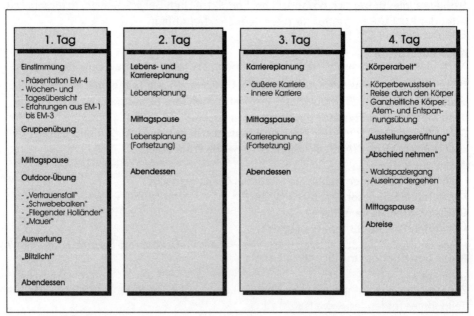

Abb. 41: Übersicht EM 4 – Ich & Zukunft

Ablauf 1. Tag

Einstimmung

Zu Beginn erhalten die Teilnehmer noch einmal einen kurzen Überblick über die Gesamtmaßnahme. Ergänzend hierzu werden die thematischen Schwerpunkte der Woche hervorgehoben.

Die Teilnehmer werden an dieser Stelle noch einmal bewusst auf die Besonderheit dieser Maßnahme hingewiesen. Es wird ihnen klargemacht, dass diese Maßnahme vor allem dazu dienen soll, sich sorgfältig und selbstkritisch mit ihrer eigenen Person auseinanderzusetzen. Dies bedeutet vor allem:

- sich Zeit nehmen,
- zur Ruhe zu kommen und
- mit hoher Ernsthaftigkeit

die angebotenen Übungen zu bearbeiten.

Besonders wichtig ist, dass die Qualität der Ergebnisse der EM 4 vor allem von Offenheit, Ernsthaftigkeit und Selbstverantwortung aller Teilnehmer abhängt.

Erfahrungen aus EM 1 – 3

Nach dieser Einstimmung erhalten die Teilnehmer einen Arbeitsauftrag, der dazu dienen soll, der Gesamtgruppe und den Trainern ein Bild zu verschaffen, was zwischen EM 3 und EM 4 geschehen ist:

- *Tauschen Sie sich im Innenkreis darüber aus, wo, wann, in welcher Situation Sie an Erfahrungen, Erlebnisse aus der EM 1 – 3 erinnert wurden.*
- *Gab es, gibt es Erkenntnisse aus der EM 1 – 3, die Ihnen beruflich/privat hilfreich waren?*

Für diese Übung wird die Großgruppe in 2 bis 3 Kleingruppen aufgeteilt. Die Kleingruppen erhalten 15 Minuten Zeit, diese beiden Fragen zu beantworten.
(› Übung Nr. 36)

Mein berufliches und privates Leben

Zur Einstimmung auf die zentrale Übung „Lebens- und Karriereplanung" erhalten die Teilnehmer folgenden Arbeitsauftrag:

- *Teilen Sie das vor Ihnen liegende Papier „nach Gefühl" so in zwei Teile auf, dass deutlich wird, wieviel Raum Ihre beruflichen und privaten Aktivitäten in Ihrem Leben einnehmen.*

- *Zeichnen Sie in die jeweiligen Hälften Personen, Gegenstände, Situationen ein, die bei Ihnen diesen Raum „einnehmen".*
- *Beantworten Sie schriftlich nachstehende Fragen:*
  „Was würde X (alternativ) sagen, wenn ich ihr/ihm dieses Bild zeigen würde?"
  > *X = Mutter/Vater*
  > *X = Freundin/Freund*
  > *X = Partnerin/Partner*
  > *X = Chefin/Chef*
- *Tauschen Sie sich über Ihre Ergebnisse in Ihren Kleingruppen kollegial aus.*

Danach kehren die Teilnehmer ins Plenum zurück und sprechen über die Lernerfahrungen, die jeder gemacht hat. (→ Übung Nr. 37)

Outdoor-Übung

Der Einstieg in diese Übung erfolgt über die Vertiefung des Begriffes „Vertrauen:

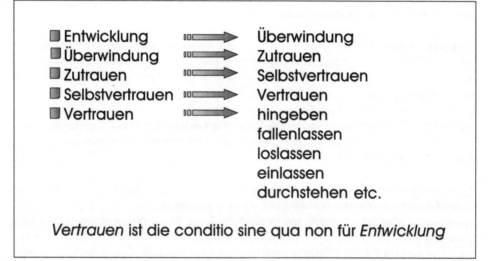

Abb. 42: „Per aspera ad astra"

Anhand dieser Folie wird den Teilnehmern erläutert, welche zentrale Bedeutung Vertrauen für jede Form der individuellen Entwicklung hat. Vertrauen wird hier als eine zentrale Kategorie der Entwicklungspsychologie eingeführt und anhand von lebensnahen Beispielen wird aufgezeigt, wie traumatische Erlebnisse in frühester Kindheit dazu beitragen können, menschliche Verhaltensweisen negativ zu konditionieren.

Im Hinblick auf die anstehenden Outdoor-Übungen wird an dieser Stelle darauf hingewiesen, dass alle Übungen so ausgewählt worden sind, dass jeder, bezogen auf seine Person, Erfahrungen hinsichtlich seiner Vertrauensfähigkeit machen kann.

Nach dieser Anmoderation im Plenum fährt die Gruppe gemeinsam mit den Trainern und einem professionellen Outdoor-Trainer in eine eigens hierfür ausgesuchte Outdoor-Anlage, die sowohl über einen Low-, als auch über einen High-Parcour (Hochseilgarten) verfügen sollte.

Nach Eintreffen der Gruppe in der Outdoor-Anlage übernimmt der Outdoor-Trainer die Leitung und führt die Gruppe durch vier Übungen mit ansteigendem Schwierigkeitsgrad. Alle Übungen stehen unter den Vorzeichen „Freiwilligkeit" und „Sicherheit", d. h. jeder Teilnehmer verlässt seine „Komfortzone" nur, soweit er das für sich verantworten kann.

„Vertrauensfall"

Bei dieser Übung lässt sich jeder Teilnehmer von einem Podest aus rückwärts in die ihn auffangende Gruppe fallen. Diese Übung verlangt von jedem Teilnehmer Selbstüberwindung, Selbstvertrauen und vor allem Zutrauen in die Gruppe. Jeder muss lernen, sich hinzugeben, sich fallenzulassen, loszulassen und vor allem muss jeder lernen, sich auf eine neue Erfahrung einzulassen. (→ Übung Nr. 38)

„Schwebebalken"

Bei dieser Übung werden die Teilnehmer paarweise aufgefordert über zwei parallel liegende Schwebebalken in einer Höhe von etwa acht Metern zu balancieren. Bei dieser Übung ist jeder Teilnehmer auf den Partner angewiesen, da diese Übung nur im partnerschaftlichen Miteinander zu bewältigen ist. (→ Übung Nr. 39)

„Fliegender Holländer"

Hier muss jeder Teilnehmer alleine auf ein Podest klettern, das sich in einer Höhe von acht Metern befindet. Oben angelangt wird er vom Outdoor-Trainer professionell gesichert und aufgefordert vom Podest in die Tiefe zu springen. Da die Sicherung des Teilnehmers am Rücken erfolgt, hat dieser den Eindruck, ungesichert ins Leere zu springen. (→ Übung Nr. 40)

„Mauer"

Die letzte Outdoor-Übung ist eine Gruppenübung. Hier müssen die Teilnehmer nacheinander unter Berücksichtigung bestimmter Regeln und Sicherungen eine vier Meter hohe Bretterwand überwinden. Erst wenn auch der letzte Teilnehmer das Hindernis überwunden hat, ist diese Übung erfolgreich abgeschlossen. (→ Übung Nr. 41)

Nach jeder Übung erfolgt eine kurze Auswertung durch den Outdoor-Trainer, der sich nach der „Mauer-Übung" von der Gruppe wieder verabschiedet und die Leitung an die F.U.T.U.R.E.-Trainer zurückgibt.

Abschließend erfolgt nach der Rückkehr ins Tagungshotel eine Auswertung aller Outdoor-Übungen anhand folgender Frage:

- *Was (Verhalten, Rahmenbedingungen etc.) bringt Menschen dazu, sich zu „überwinden"?*

Die Gesamtgruppe wird hierzu in drei gleich große Gruppen aufgeteilt. Jede Gruppe wird aufgefordert, ihre Ergebnisse auf einem Flipchart zu präsentieren. Für die Vorbereitung der Präsentation in den einzelnen Gruppen erhalten die Teilnehmer dreißig Minuten Zeit.

Nach der gemeinsamen Auswertung der Outdoor-Übung und der Zusammenfassung der Ergebnisse erhält jeder Teilnehmer noch Gelegenheit dazu, in Form eines kurzen „Blitzlichtes" seine Zufriedenheit mit dem Verlauf des ersten Tages zu veröffentlichen.

Ablauf 2. Tag

Lebens- und Karriereplanung

Vor Beginn der nächsten Übungseinheit werden die Teilnehmer gebeten, ihre Kleingruppen (Trios) zu bilden, in denen sie ihre Lebens- und Karriere-Planung vornehmen wollen, d. h. im Wesentlichen bis zum Ende der EM 4 zusammenarbeiten möchten.

„Meine Werte und die Werte meiner Eltern"

Als weitere Vorbereitung für die Übung „Lebens- und Karriereplanung" ist es an dieser Stelle für die Teilnehmer wichtig, sich in einem ersten Angang mit ihrer individuellen Wertelandschaft, die ihr derzeitiges Handeln hauptsächlich bestimmt, kritisch auseinanderzusetzen.

Die gesamte Übung ist aufgeteilt in drei Schritte:

1. Schritt: Die Teilnehmer erhalten ein Arbeitspapier zum Thema: „Meine Werte", das sie in Einzelarbeit bearbeiten und das ihnen dabei hilft, ihre handlungsbestimmenden Werte in eine priorisierte Rangordnung einzusortieren.

2. Schritt: Nach der Erstellung ihrer Werte-Rangordnung bearbeiten die Teilnehmer das Arbeitspapier: „Werte meiner Eltern". Anhand von Leitfragen beschäftigen sich die Teilnehmer mit den Wertelandschaften ihrer Eltern.

3. Schritt: Hier tauschen sich die Teilnehmer in ihren Trios über ihre Ergebnisse aus. Sie lernen durch diese Übung, die „dritte Position" einzunehmen und sich aus einer anderen Perspektive zu beobachten. Dabei erkennen sie, inwieweit ihr heutiges Leben von den Werten ihrer Eltern bestimmt wird oder inwieweit sie ihre eigenen Werte selbstdenkend begründet haben. Die beiden Kollegen helfen, durch kritisches Hinterfragen diese „Dritte Position" einzunehmen. (→ Übung Nr. 42)

Lebensplanung

Nach dieser Hinführung und Sensibilisierung für das Thema „selbstverantwortliche Lebensgestaltung" wird das Herzstück dieser Entwicklungsmaßnahme anmoderiert. Bevor die einzelnen Schritte näher erläutert werden, sollten die Teilnehmer über den Sinn und Zweck der angewendeten Methodik ausreichend informiert werden.

Besonders Teilnehmer, die hinsichtlich ihres Denkens und Verhaltens linkshemisphärisch geprägt sind, benötigen an dieser Stelle Orientierung und Aufklärung. Demzufolge sollte an dieser Stelle die Besonderheit assoziativ-intuitiver Methoden erläutert werden. Life planning als assoziativ-intuitive Methode ermöglicht einen Zugang zur Wirklichkeit, der so gut wie nicht durch mentale Konzepte präformiert ist. Die Ausklammerung des „Kopfes" und die besondere Betonung des „Bauches" führen letztendlich dazu, dass sich die Objekte von sich her zeigen können und somit ihre originäre Bedeutung behalten. Erst die Reflexion ermöglicht eine zweckrationale Einordnung in gedachte Kontexte.

Auch diese ungewohnte Vorgehensweise verlangt von den Teilnehmern die Bereitschaft, von festgefahrenen Denkformen loszulassen und sich auf etwas Neues vorurteilslos einzulassen. Die Wirkmächtigkeit der menschlichen Intuition als ein spezifisches Vermögen, Unbewusstes und Vorbewusstes zu aktualisieren, kann den Teilnehmern an folgendem Beispiel verdeutlicht werden:

Jeder Mensch besitzt seinen eigenen inneren Kompass, und die Kompassnadel zeigt jedem Menschen die für ihn richtige Lebensführung und Lebensrichtung an. Viele Menschen besitzen heute noch die Fähigkeit, gemäß dieses unsichtbaren Kompasses das eigene Leben auszurichten. Sie spüren, welche Dinge, welche Menschen und welche Situationen ihnen zuträglich bzw. abträglich sind, wir sprechen hier über die Fähigkeit der intuitiven Erkenntnis. Und diese Fähigkeit, in sich hineinzuspüren, um diese innere Stimme zu hören und dieser inneren Wegweisung zu folgen, können wir auch mit den Begriffen Sensitivität und Intuition belegen.

Eine große Gefahr, die für viele Menschen heute besteht, sind die großen Magneten (Geld, Macht und „äußere Karriere"), die unsere sensiblen Kompassnädelchen von ihrer originären Ausrichtung ablenken. Um dieser Gefahr der existentiellen Verirrung entgegenwirken zu können, benötigen wir einzig und allein unsere Intuition.

Es ist sinnvoll, die Gesamtübung in zwei Übungsteile zu unterteilen, damit die Komplexität der Gesamtübung und damit gleichsam die Anmoderation nicht zu groß wird.

Demzufolge bietet es sich an, mit dem Teil „Lebensplanung" zu beginnen und daran den zweiten Teil „Karriereplanung" anzuschließen.

Auf einem Flipchart vorbereitet, erhalten die Teilnehmer folgende Informationen zum Ablauf dieser Übung:

- Bereiten Sie Ihren bisherigen Lebensweg von Ihrer Geburt bis heute mental und praktisch vor.[11]

- Begehen Sie Ihren Lebensweg unter Begleitung Ihrer Kollegen und erklären Sie die lebensgeschichtliche Bedeutung Ihres gefundenen Weges.[12]

- Bearbeiten Sie in Form von Einzel- und Kleingruppenarbeit den strukturierten Fragebogen „Lebensplanung".[13]
(→ Übung Nr. 43)

Ablauf 3. Tag

Karriereplanung

Zu Beginn dieses zweiten Übungsteils „Karriereplanung" sollten die Teilnehmer in Form eines Kurzvortrages über den Unterschied von äußerer und innerer Karriere informiert werden.

Mit äußerer Karriere bezeichnen wir in Anlehnung an Edgar Schein das erfolgreiche Hinaufsteigen der Karriereleiter, so wie es die einzelnen Berufsstände als Voraussetzung für den Fortschritt in einem Beruf bestimmt haben.

Als Beispiel hierzu bietet sich das Berufsbild des Arztes an, der über die Stufen: abgeschlossenes Medizinstudium → Assistenz → Approbation → Spezialisierung zum Facharzt seine äußere Karriere aufbaut.

---

[11] Mentale Vorbereitung bedeutet, dass sich jeder Teilnehmer ca. 45 Minuten lang zurückzieht, um in Ruhe seinen bisherigen Lebensverlauf vor seinem geistigen Auge Revue passieren zu lassen. Jeder Lebensabschnitt sollte so plastisch wie möglich vorgestellt werden, so dass Personen, Dinge und Situationen, die den jeweiligen Lebensabschnitt kennzeichnen, deutlich in Erscheinung treten können. Des Weiteren sollten die Teilnehmer darauf achten, was es in den jeweiligen Bildsequenzen zu sehen, zu hören, zu riechen und zu spüren gab. Durch diese quasi Verlebendigung der eigenen Lebensgeschichte gehen die Teilnehmer anschließend alleine in die Natur/Landschaft hinaus um entsprechend ihrer wiedererinnerten Eindrücke ihren Lebensweg zu erkunden. Jeder Teilnehmer ist also aufgefordert, seinen bisherigen Lebensweg in der vorhandenen Landschaft konkret abzubilden. Zu beachten ist hierbei, dass dieser Lebensweg chronologisch und an einem Stück ablaufen muss.

[12] Sobald jeder Teilnehmer seinen individuellen Lebensweg festgelegt hat, werden die einzelnen Lebenswege mit den entsprechenden Kollegen aus den jeweiligen Kleingruppen (Trios) gemeinsam begangen und die Wahl der Lebensweggestaltung erläutert. Hierbei ist es wichtig, dass die Kollegen, die den Weg präsentiert bekommen, nachfragen und auch die mögliche Bedeutung unwichtiger Objekte, die am Wegesrand liegen, versuchen, herauszubekommen. Häufig erhält der Lebensweg über diese Form des Nachfragens eine neue Bedeutung.

[13] Nachdem jeder Teilnehmer aus den einzelnen Kleingruppen seinen Lebensweg in dieser Form bearbeitet hat, erfolgt im Plenum die Anmoderation für die Bearbeitung der Themenstellungen:
Wer bin ich?/Unerfüllte Wünsche, Bedürfnisse, Ansprüche und Bestrebungen/Erfolge/Misserfolge/Wünsche und Vorstellungen/Entwicklungsbilanz.
Für die Bearbeitung dieses Fragebogens benötigen die Kleingruppen ca. 4 Stunden.

Äußere Karrieren entwickeln sich immer im Wechselspiel von drei Einflussgrößen:

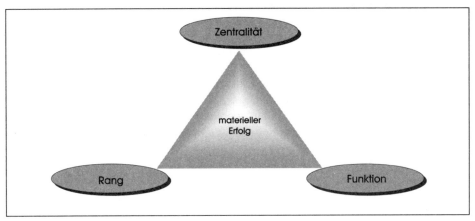

Abb. 43: Äußere Karriere

Im Verlaufe seiner äußeren Karriere rückt ein Mensch im Sinne der Zentralität immer stärker ins Zentrum der Macht. Damit einher geht die Veränderung seines Ranges, was wiederum die Veränderung seiner Funktion zur Folge hat.

Der wesentliche Unterschied zwischen äußeren und inneren Karrieren besteht nun darin, dass äußere Karrieren keineswegs sinnstiftend und glückbringend sein müssen. Wie oft kommt es vor, dass Söhne in die beruflichen Schuhe ihrer Väter schlüpfen und dabei sehr erfolgreich, wenngleich nicht glücklich sind.

Die innere Karriere eines Menschen umfasst die Entwicklung seines gesamten Berufslebens und umschreibt, wie diese Entwicklung vom jeweiligen Menschen selbst eingeschätzt wird. Die innere Karriere eines Menschen gruppiert sich um die Begriffe Motive, Fähigkeiten und Werte:

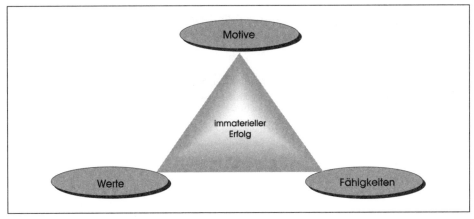

Abb. 44: Innere Karriere

Im Verlaufe seines beruflichen Werdeganges entwickelt ein Mensch eine konkrete Vorstellung von seiner eigenen Persönlichkeit („Selbstkonzept"), die klare Antworten auf folgende Fragen gibt:

- *Was sind meine besonderen Fähigkeiten und Fertigkeiten?*
  Wo liegen meine Stärken/Schwächen?
- *Was sind meine (Haupt-)Motive und Ziele in meinem beruflichen Leben?*
  Was will ich? Was will ich nicht?
- *Was sind meine zentralen Werte, anhand derer ich meine berufliche Tätigkeit beurteile?*
  Bin ich in einem Unternehmen tätig bzw. mit einer Aufgabe betraut, die sich mit meinen Werten vereinbaren lässt?

Nur über die berufliche Praxis erhält der Mensch Antworten auf diese 3 zentralen Fragen. Nur die Praxis macht ihm offenkundig, inwieweit z. B. seine Ausbildung seinem Selbstkonzept entspricht. Jeder von uns kennt die schmerzhafte Erfahrung des sogenannten Praxisschocks, der uns in unmissverständlicher Weise die Augen für unsere beruflichen Möglichkeiten und Grenzen öffnet.

Innere Karrieren, so unterschiedlich sie auch sein mögen, haben eines gemeinsam: sie sind sozusagen die Objektivierung unseres individuellen Karriereankers. Nach Edgar Schein besitzt jeder Mensch seinen spezifischen Karriereanker. Und nur, wenn wir ihn genau kennen und entsprechend handeln, haben wir auch die Möglichkeit, unser Leben sinnvoll und glücklich zu gestalten.

Nach dieser Einstimmung in das Thema „Karriereplanung" bearbeiten die Teilnehmer in fester Reihenfolge die nächsten Schritte:

1. Interview (Kleingruppenarbeit): Die Teilnehmer werden aufgefordert, in ihren Kleingruppen (Trios) anhand der vorbereiteten Fragebögen ihre Interviews zum beruflichen Werdegang zu führen. Erfahrungsgemäß dauern diese Interviews ca. 45 Minuten, so dass für die Trios für diesen Schritt insgesamt gute 2,5 Stunden benötigt werden. Sollte es aufgrund der Gruppengröße auch Vierergruppen geben, hat es sich bewährt, die Vierergruppen in Paare aufzuteilen, so dass bei dieser Konstellation der Zeitaufwand lediglich 1,5 bis 2 Stunden betragen würde.

2. Test (Einzelarbeit): Nach den Interviews erfolgt Einzelarbeit, in der die Teilnehmer in schriftlicher Form das Arbeitspapier „Bestandsaufnahme" (Test) bearbeiten.

3. Selbststudium (Einzelarbeit): Nach dem Test erhalten die Teilnehmer ein Handout, in dem die einzelnen Karriereanker beschrieben sind. Auch dieses Handout lesen sich die Teilnehmer in Einzelarbeit (Selbststudium) durch und vergleichen ihre bisherigen Ergebnisse mit den Beschreibungen der einzelnen Karriereanker.

4. Festlegung des Karriereankers (Einzelarbeit): Nach diesem Selbststudium legt jeder Teilnehmer für sich (Einzelarbeit) seinen spezifischen Karriereanker fest. In dem bereits ausgeteilten Handout befinden sich entsprechende Erläuterungen zur Vorgehensweise.

5. Aktivitätenplanung (Kleingruppenarbeit): Abschließend zur Karriereplanung kommen die Teilnehmer in ihren Kleingruppen (Trios) wieder zusammen, veröffentlichen ihre bisherigen Ergebnisse, diskutieren über ihren Karriereanker und dessen Bedeutung für ihre weitere berufliche Entwicklung. Ein weiteres Handout hilft Ihnen dabei, anhand von Leitfragen eine gezielte Aktivitätenplanung für die weitere berufliche Entwicklung vorzunehmen.

Im Anschluss an diese fünf Schritte kehren alle Teilnehmer ins Plenum zurück und veröffentlichen die für sie wichtigen Lernerfahrungen und Erkenntnisse, die in Form eines gelenkten Gruppengespräches entsprechend ausgewertet und gewürdigt werden. (→ Übung Nr. 44)

Ablauf 4. Tag

Der letzte Tag besteht aus den drei Schwerpunkten „Körperarbeit", „Ausstellungseröffnung" und „Abschied nehmen".

„Körperarbeit"

Zum Abschluss der gesamten Entwicklungsmaßnahme (EM 1 – EM 4) beschäftigen sich die Teilnehmer mit ihrem eigenen Körper. Im Vordergrund steht hierbei die Frage, wie gehe ich mit meinem Körper um oder was mute ich meinem Körper zu? Ziel der angebotenen Übungen ist es, die persönliche Ökologie zu optimieren.

Körperbewusstsein: Die erste Annäherung an dieses Thema erfolgt über den Kopf. Hierzu erhalten die Teilnehmer ein strukturiertes Arbeitspapier, in dem sie in Einzelarbeit zu ihren körperbezogenen Lebensgewohnheiten befragt werden. Neben Fragen des äußeren Erscheinungsbildes werden auch Fragen nach Ess- und Trinkgewohnheiten gestellt. Nach Beantwortung des Fragebogens tauschen sich die Teilnehmer wiederum in ihren Kleingruppen über die Einzelergebnisse aus und ziehen ein erstes Fazit. (→ Übung Nr. 45)

Reise durch den Körper: Nach dieser eher kognitiven Annäherung an das Thema erfolgt im Anschluss daran eine gelenkte Phantasiereise, in der die Teilnehmer Gelegenheit dazu bekommen, anhand einer ungewohnten methodischen Vorgehensweise ihren eigenen Körper einmal genauer unter die Lupe zu nehmen. Diese spannende Phantasiereise dauert ca. 45 Minuten und wird in den Kleingruppen anschließend ausgewertet. (→ Übung Nr. 46)

Ganzheitliche Körper-, Atem- und Entspannungsübung: Mit dieser Übung lernen die Teilnehmer anhand spezifischer gymnastischer Bewegungsabläufe, die sowohl die Physis als auch die Psyche eines Menschen ansprechen, ihr körperliches Wohlbefinden in relativ kurzer Zeit (ca. 60 Minuten) wesentlich zu verbessern. (→ Übung Nr. 47)

„Ausstellungseröffnung"

Nach Abschluss des ersten Schwerpunktes „Körperarbeit" erhalten die Teilnehmer unter dem Titel „Ausstellungseröffnung" den Arbeitsauftrag, die gesamten Entwicklungsmaßnahmen (EM 1 – EM 4) darzustellen:

- *Bereiten Sie eine ca. einstündige Ausstellungseröffnung zum Thema „Professionelle Führungskräfte-Entwicklung in lernenden Organisationen – Untertitel EM 1 – EM 4" vor.*

- *Achten Sie darauf, dass jede Entwicklungsmaßnahme verständlich und nachvollziehbar für alle Besucher dargestellt wird.*

- *Verwenden Sie für die Präsentation bzw. Demonstration der einzelnen Entwicklungsmaßnahmen (Ich & Führung, Ich & Team, Ich & System, Ich & Zukunft) die von Ihnen angefertigten Seminarexponate (Videofilme, Fotografien, Flipcharts, Metaplanwände etc.).*

- *Sorgen Sie dafür, dass eine geeignete Anzahl von Besuchern an dieser Ausstellungseröffnung teilnimmt.*

- *Beauftragen Sie einen aus Ihrer Gruppe, eine aussagekräftige Eröffnungsrede zu halten.*

- *Sorgen Sie dafür, dass die Besucher eine qualitativ hochwertige, informative und Orientierung gebende Führung erhalten.*

- *Für die Bewirtung der eingeladenen Gäste/Besucher werden Ihnen 100 DM zur freien Verfügung gestellt. (→ Übung Nr. 48)*

„Abschied nehmen"

Nach Durchführung der Ausstellungseröffnung besteht der letzte Schritt darin, in angemessener Form Abschied voneinander zu nehmen.

Waldspaziergang: Die erste Phase des Abschiednehmens besteht darin, dass jeder Teilnehmer eine halbe Stunde Zeit bekommt, im Wald bzw. in der umgebenden Landschaft organische Gegenstände für die Teilnehmer zu suchen, denen man noch etwas mit auf den Weg geben möchte („Abschiedsgeschenk").

Im Plenum werden die einzelnen Präsente den entsprechenden Kollegen mit einer kurzen Erläuterung überreicht.

Im Anschluss daran erfolgt noch ein kurzes „Blitzlicht", in dem jeder Beschenkte seine derzeitige Befindlichkeit hinsichtlich seiner Geschenke zum Ausdruck bringt.

Auseinandergehen: Nach dieser Runde werden die Teilnehmer gebeten, mit den Trainern die Seminarräume zu verlassen und auf eine Wiese oder einen großen Platz zu treten. Im Freien bilden die Teilnehmer einen engen Kreis und nehmen körperlich (Umarmen, Hand geben etc.) Kontakt zueinander auf. Die Trainer bitten die Teilnehmer, sich nun nicht mehr zu unterhalten, sondern sich nur noch gegenseitig anzuschauen, Blickkontakt auszutauschen und ca. 3 Minuten lang in dieser Position zu verharren. Sie werden aufgefordert, sich in dieser Zeit noch einmal den gesamten Seminarverlauf vor Augen zu führen, sich an all die Situationen zu erinnern, die sie gemeinsam erlebt haben und sich der Bedeutung bewusst zu werden, die jeder einzelne Teilnehmer für einen selbst gehabt hat.

Danach werden die Teilnehmer gebeten, sich um 180 Grad aus dem Kreis zu drehen und in die Richtung, in die sie jetzt blicken, so lange zu gehen, bis die Kollegen rechts und links aus dem Gesichtsfeld verschwunden sind. An dieser Stelle sollen die Teilnehmer für ca. 5 Minuten verharren und darüber nachdenken, was sie nach Beendigung dieser Entwicklungsmaßnahme im beruflichen und privaten Umfeld erwartet.

Nach diesen 5 Minuten kehren die Teilnehmer langsam in den Ausgangskreis zurück, rücken nun ganz dicht zueinander, verharren noch einmal für 3 Minuten und werden sich der Tatsache bewusst, dass dieses Zusammensein in dieser Form, in dieser Intensität und mit dieser inhaltlichen Ausrichtung so hier und jetzt und vor allem unwiderruflich zu seinem Ende kommt. Danach werden die Teilnehmer gebeten, sich von jedem einzelnen so zu verabschieden, wie es der momentanen Beziehungsintensität entspricht. (→ Übung Nr. 49)

Ende EM 4

Ende der gesamten EM 1–4

4.6   Evaluierung

Jede Bildungsmaßnahme dient an sich keinem Selbstzweck. Sie ist über die strategische Personalarbeit eingebettet in die Unternehmensstrategie. Also muss sie sich auch einer Kosten-/Nutzenbetrachtung unterziehen. An dieser Stelle hat Personalentwicklung argumentative „Nöte". Messbar im eigentlichen Wortsinne – und somit Dritten plausibel zu machen – sind am ehesten noch sogenannte Skill-Trainings, d. h. dort, wo „handwerkliche Fähigkeiten und Fertigkeiten" verlangt werden (z. B. PC-Schulungen, Sprachkurse, Projektleitungsschulung etc.).

Dort jedoch, wo Personalentwicklung im engeren Sinne stattfindet und an „weichen" Faktoren (z. B. Sozialkompetenz, Kommunikationsfähigkeit, Kooperationsfähigkeit, Konfliktbereitschaft/-fähigkeit) gearbeitet wird, sind die sonst üblichen Messmethoden nicht einsetzbar.

Dies führt bei Personalentwicklungsverantwortlichen zu einem nicht zu unterschätzenden Transferproblem. Einerseits werden die Mittel in den Unternehmen/Organisationen immer knapper (neue Gelder werden in der Regel nur auf Nachweis einer positiven Wertschöpfung der geplanten Bildungs-/Qualifizierungsmaßnahme freigegeben), andererseits gelingt dieser Nachweis gegenüber den – eher zahlen- und faktenorientierten – Managern in den Führungs- oder Controlling-Etagen kaum.

Wie kann man z. B. eine verbesserte Mitarbeiterführung durch eine Führungskraft, die dieses Verhalten in einer personenbezogenen Entwicklungsmaßnahme gelernt hat, finanziell quantifizieren?

Welcher unternehmerische Nutzen ergibt sich daraus, dass eine Führungskraft durch geeignete Personalentwicklungsmaßnahmen an Selbstvertrauen gewonnen hat und nun mit anderen Führungskräften und mit dem eigenen Vorgesetzten selbstsicherer und im Hinblick auf ihre Rolle erfolgreicher umgeht?

Wir denken, dass diese Beispiele verdeutlichen, worin die Problematik besteht.

Dieser sich abzeichnende Gegensatz muss keiner sein, wenn Personalentwicklungsverantwortliche versuchen, sich in die Rolle eines Managers oder Controllers zu begeben und diese ihrerseits akzeptieren, dass es Bereiche in einer Organisation gibt, deren Nutzen für das Gesamtunternehmen nicht auf „Heller und Pfennig" darstellbar sind.[14]

Einen Ansatz, damit sowohl der Personalentwickler als auch der Controller ein Gespür für die Wirksamkeit einer Personalentwicklungsmaßnahme erhalten, bietet deren Evaluierung. Aber nochmals: Die lineare Ursachen-Wirkungskette wird es bei der Personalentwicklung nicht geben.

---

[14] An dieser Stelle sei angemerkt, dass die Verfasser befürworten, dass die Personalentwicklungsbereiche einer Organisation über eigenverantwortlich zu verwaltende Budgets gesteuert werden sollen.

Zur Methode:

Die oben aufgestellte These, dass Erfolge/Nutzen von Personalentwicklungsmaßnahmen nicht objektiv gemessen werden können, heisst für uns, dass wir uns auf

- das Interview mit dem Mitarbeiter (Teilnehmer der Personalentwicklungsmaßnahme) und
- das Interview mit dessen Vorgesetzten

stützen.

Die Interviews werden von Personalentwicklern anhand von Interviewleitfäden geführt und ausgewertet.[15] Die Personalentwicklungsverantwortlichen stellen das Ergebnis dem Top-Management vor. Zentraler Betrachtungsfokus muss hierbei sein, inwieweit die durchgeführten Maßnahmen die Unternehmensstrategie unterstützen.

---

[15] Die Interviewleitfäden befinden sich im Arbeitsmaterial Anhang 2

5. Ausblick

5.   Ausblick

Zum Abschluss dieses Buches wollen wir als exemplarische Modifikation unseres F.U.T.U.R.E.-Konzeptes ein aktuelles Projekt zum Thema Behörden-Consulting aus dem öffentlichen Dienst vorstellen, da uns gerade die Veränderungsbedürftigkeit in diesem Bereich als eine besondere Herausforderung erscheint.

Das Bollwerk gegen Veränderung, die Behörde, soll sich nun auch im Sinne des neuen Strukturmodells zu einem modernen Dienstleistungsunternehmen wandeln, in dem

- bürokratische Strukturen abgebaut werden,
- kundenorientiert gedacht und gehandelt wird,
- ergebnisorientiert gearbeitet wird und
- im Sinne der Grundlagenorientierung eine Konzentration
  auf das Kerngeschäft vorgenommen werden soll.

Auf den Punkt gebracht bedeutet dies, auch die Unternehmen des öffentlichen Diens- tes sollen sich zu „lernenden Organisationen" entwickeln, in denen

- Veränderungen von der Basis ausgehen,
- Strukturen, Prozesse, Führungs-, Kommunikations- und
  damit gleichsam die tradierte Unternehmenskultur durch
  konstruktive Kritik in Frage gestellt werden,
- Handlungsspielräume geschaffen und Eigeninitiative gefördert werden,
- man sich an den Bedürfnissen der Mitarbeiter, der Kunden und
  den Veränderungen in der Politik und der Gesellschaft orientiert und
- zentrale Geschäftsprozesse bereichsübergreifend optimiert werden.
  (Ueberschaer, S. 1)

Ein hoher Anspruch, wenn man bedenkt, dass viele altgediente Mitarbeiter unseres Auftraggebers die Auffassung vertreten, die LVA Rheinprovinz sei kein Unternehmen, das Kunden habe, sondern eine Behörde mit Pflichtversicherten.

Zwar hält Frau Dr. Anne Meuerer (Direktorin der Bundesversicherungsanstalt für Ange- stellte, Berlin) diesen ewig Gestrigen in ihrer Organisation berechtigterweise vor, dass Kundenorientierung kein Rechtsbegriff, sondern eine Geisteshaltung sei (Rede von Fr. Meuerer in der Vertreterversammlung der BfA am 28.06.2000), aber geändert hat sie die Einstellung dieser Bedenkenträger damit lange noch nicht.

Was ist also zu tun? Wie schafft man es, eine starre Organisation zu einer „lernenden Organisation" zu machen?

Heiner Horsch, Geschäftsführer der LVA Rheinprovinz, beschäftigt sich schon seit längerem mit dieser Frage und hat bereits vor Jahren die Notwendigkeit gesehen, die traditionelle Struktur der LVA-Rheinprovinz zu modernisieren und entsprechende Schritte eingeleitet.

Eine Analyse und Bewertung der eingeleiteten Maßnahmen zeigte aber, dass trotz des einzelnen oft hohen Erfolgs kein Gesamtprozess der Unternehmensentwicklung eingeleitet worden ist, da der alle Prozesse ausrichtende Rahmen fehlte.

Dieser organisatorische Rahmen wurde dann in Form einer verbindlichen und mit der Personalvertretung abgestimmten Projektstruktur gebildet. Sie enthält für die Beteiligten klar definierte Aufgaben. Den inhaltlichen Schwerpunkt der Projektstruktur bildet aufgrund der durchgeführten Analyse die Management-, Führungs- und Kommunikationskompetenzen der Mitarbeiterinnen und Mitarbeiter zu verbessern, d. h. insbesondere die Führungskräfte wie auch zukünftige Promotoren in den entsprechenden Techniken zu qualifizieren.

Für das Beraterteam von Pollack, Böhme und Partner lautet die Antwort demzufolge: Das Objekt, das sich lernende Organisation nennt, gibt es nicht! Es sind immer die Menschen in einer Organisation – wie es am Anfang dieses Buches bereits ausführlich dargestellt worden ist –, die quasi stellvertretend für ihre Organisation lernen. Diese Menschen muss man in ihrer Rolle als Handlungs- und damit gleichsam als Entscheidungsträger ansprechen und ihnen die Furcht vor Veränderung nehmen; dazu muss man jedoch zuerst verstanden haben, dass sich deren Widerstand nicht gegen die Veränderung selbst richtet, sondern dagegen, selbst verändert zu werden.

Erst wenn man lernt, die konkrete unternehmerische Wirklichkeit durch deren berufliche Sozialisationsbrille zu betrachten, und weiss, dass „Wahrheit ist, was der Denkstil sagt, dass Wahrheit sei" (Paul Feyerabend), versteht man die bei vielen Führungskräften zumindest anfänglich vorhandene ignorante Haltung Veränderungsprozessen gegenüber. Warum zum Beispiel geht ein Jurist nach seinem zweiten Staatsexamen zu einer Behörde? Bestimmt nicht, um sich dem Stress, der in der sogenannten freien Wirtschaft herrscht, auszusetzen.

Seine Motivation für diese Berufswahl wird erfahrungsgemäß aus den Bedürfnisquellen gespeist: Sicherheit, Klarheit, Ordnung und Regelmäßigkeit (Routine!). Dieser kompetente und zuverlässige Beamte möchte von seinem obersten Vorgesetzten nicht hören, dass „Neues am Rande des Chaos entsteht", er möchte nicht hören, dass „alles sofort verändert werden muss, wenn er will, dass alles so bleibt, wie es ist" (Tomaso di Lampedusa) und er möchte auch nicht hören, dass er neben seinem „IQ" auch noch über einen „EQ" (Emotionale Intelligenz von Daniel Goleman) verfügen muss, um als moderne Führungskraft im Sinne des Unternehmensleitbildes erfolgreich sein zu können.

Er möchte „kein Unternehmer im Unternehmen" werden und er möchte auch nicht die Frage beantworten: „Was ist Ihr persönlicher Beitrag daran, dass Ihre berufliche Situation so ist, wie Sie sie nicht haben möchten?"

Er möchte seine Arbeit gewissenhaft im Rahmen der gesetzlichen Vorschriften erledigen und dann möchte er seine Ruhe haben. Also genau das Gegenteil zu dem, was eine „lernende Organisation" von ihnen neuerdings fordert:

- Offenheit für Veränderung,
- Begeisterung für Visionen und
- Feedback geben und nehmen.

Die Konsequenz aus all dem ist, dass erfolgreiche Veränderung in erstarrten Organisation mit der Zufuhr von Wärme (Persönliche Ansprache, Verständnis und Dialogbereitschaft) beginnt. Allein Akzeptanz macht gute Lösungen erfolgreich, und das bedeutet für Berater in Misstrauensorganisationen (Anstalten, Verwaltungen, Behörden) zuerst, das Vertrauen der Menschen (wieder) zu gewinnen[16] und das wiederum geht nur, wenn Beratung im Kontakt, in der Begegnung mit dem Menschen erfolgt.

Kommunikation und Interaktion bilden den Lebensnerv von Unternehmen und deshalb ist die Gestaltung der kommunikativen Dimension ein wesentlicher Ansatzpunkt bei der Gestaltung des Systems Unternehmen. (Wahren, S. 3)

Für unser Projekt bedeutete dies, allen Betroffenen der LVA Rheinprovinz nachvollziehbar zu verdeutlichen, dass Unternehmensentwicklung vor allem darauf abzielt, gemeinsam einen Veränderungsprozess zu initiieren und zu gestalten und gemeinsam daran zu arbeiten, die LVA Vision (Unternehmensleitbild, Grundsätze unserer Zusammenarbeit, Anforderungsprofil für Führungskräfte) im Schneeballprinzip netzwerkartig zu verankern. (Pächnatz, S. 4)

Wir mussten unseren zahlen-, daten- und faktenorientierten Gesprächspartnern also plausibel erklären, dass „je planmäßiger Menschen vorgehen, desto wirksamer sie der Zufall trifft" (Friedrich Dürrenmatt). Dies war der Beginn eines gemeinsamen „Lernens im Gespräch durch den Dialog". Aus Misstrauen („Sie wollen also mit Planlosigkeit Ihr Geld verdienen!") wurde Vertrauen („Wir können also nicht alles im Vorhinein planen, wir müssen uns also auf einen Prozess einlassen.").

Nachdem diese erste und alles entscheidende Hürde genommen war, bestand nun die Hauptaufgabe darin, den typisch bürokratisch abgefassten Arbeitsauftrag („Zielstellung") prozessorientiert zu verflüssigen. Weitere Klärungs- und Abstimmungsgespräche

---

[16] Anmerkung: Im vorliegenden Fall war das Vertrauen der Führungskräfte durch folgende negativen Erfahrungen gestört: Die bisher durchgeführten Führungstrainings waren zwar interessant, halfen aber nicht in der Praxis, da der Führungskontext nicht berücksichtigt wurde. Die Beteiligung der Mitarbeiter bei der Entwicklung des Unternehmensleitbildes war zu gering und die Art und Weise der Veröffentlichung fand auf Seiten der Mitarbeiter keine Akzeptanz.

führten dann endlich zu folgendem unternehmensspezisch modifizierten Führungskräfteentwicklungs-Konzept:

> **Los 1) Vermittlung wichtiger Grundlagen erfolgreicher Führungsarbeit im Sinne der Unternehmensziele, der Grundsätze der Zusammenarbeit und des Anforderungsprofils für ca. 370 Führungskräfte des gehobenen und höheren Dienstes zu den zentralen Managementfeldern „Leiten, Führen und Kommunikation", insbesondere zur mitarbeitergerechten Aufgabendelegation, zur Technik der Gruppenführung und zur Durchführung von Mitarbeitergesprächen.**

Abb. 45: Zielstellung

Um allen Beteiligten sofort zu verdeutlichen, dass die Führungskräfteentwicklung (FKE) mehr ist als Training und somit eine höhere Anforderung an die Führungskräfte stellt, wurden folgende Zieldimensionen verbindlich festgelegt:

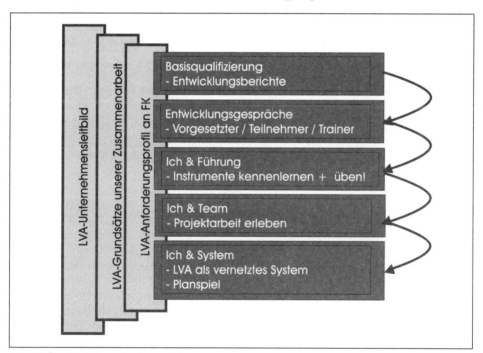

Abb. 46: Übersicht Führungskräfteentwicklung

Weiterhin wurde vereinbart, dass Top-down (Geschäftsführung, Abteilungs- und Referatsleiter, Dezernenten, Sachgebietsleiter) gearbeitet wird und alle 375 Führungskräfte obligatorisch in dieses FKE-Projekt eingebunden werden.

Entwicklung der Person

➡ Verhalten spiegeln

   ➡ Verhalten ändern

Entwicklung der FKE

➡ Inhalte reflektieren

   ➡ Inhalte ggf. ändern

Entwicklung der LVA

➡ Themen generieren

   ➡ Themen kommunizieren

Abb. 47: Übersicht Führungskräfteentwicklung

Im Sinne der „schneeballartigen Vernetzung" wurden alle weiteren Aktivitäten von Pollack Böhme und Partner unter die Gesamtprojektleitung der „LVA-Unternehmensentwicklung" gestellt, die schon vor Beginn der FKE zur Initiierung und Begleitung von LVA spezifischen Veränderungsprojekten etabliert worden ist, und sich in ihrem organisatorischen Aufbau wie folgt darstellt:

Zur weiteren „kreativen Zerstörung" der erstarrten Kommunikations- und Interaktionskultur der LVA Rheinprovinz wurden folgende Irritationen (Interventionen) in das System indiziert:

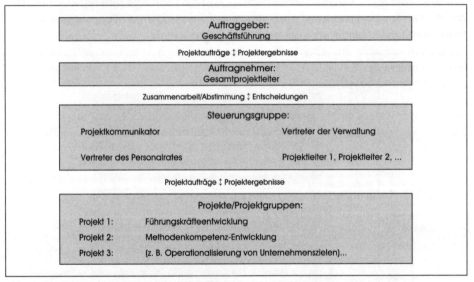

Abb. 48: Projektstruktur: LVA-Unternehmensentwicklung

• Die Gesamtprojektleiterin (Dezernentin), der Personalentwickler, eine weitere Dezernentin und ein Dezernent wurden als Co-Trainer qualifiziert, indem sie bei drei Unternehmen der freien Wirtschaft hospitierten und so ihre zukünftige Rolle und die unterschiedlichen Unternehmens- und Leistungskulturen kennen lernten.

• Die Geschäftsführung unterzog sich einem Persönlichkeitstest (MBTI) und wird auf der Grundlage der Ergebnisse in der Führungspraxis gecoacht.

• Jede Führungskraft übernimmt im Rahmen der unter Beobachtung stehenden Basisqualifizierung Verantwortung für die Erstellung der personenbezogenen kommentierten Flipchart-Feedbacks, auf deren Grundlage im Anschluss an das Seminar vom Trainer ein schriftlicher Entwicklungsbericht erstellt wird.

- Jede Führungskraft bespricht in Anwesenheit des Trainers den Entwicklungsbericht mit seinem Mitarbeiter (Geschäftsführer mit seinen Referats- und Abteilungsleitern, Referats- und Abteilungsleiter mit ihren Dezernenten, Dezernenten mit ihren Sachgebietsleitern) und gibt ihm ein ergänzendes Feedback.

- Die jeweiligen Vorgesetzten der Teilnehmer sind aktiv in die FKE eingebunden und entwickeln aus der LVA-Praxis heraus aktuelles Fallmaterial für die Seminararbeit.

- Aktuelle Themen aus der FKE werden vom Trainer über die Steuerungsgruppe an Projektgruppen zur lösungsorientierten Bearbeitung weitergegeben, wobei die Mitglieder der Projektgruppen im Rahmen der Methodenkompetenzentwicklung (MKE) vorher auf diese Aufgabe hin von Pollack, Böhme und Partner qualifiziert worden sind.

Was im Einzelnen diese vielfältigen Aktivitäten an Konflikten – hier im systemischen Sinne verstanden – auslösen, kann an dieser Stelle nicht dargestellt werden, dennoch, so glauben wir, wird sich jeder Profi vorstellen können, dass hier ein sehr spannender Prozess initiiert worden ist, dessen Komplexität immer wieder reduziert werden muss, um die notwendige Handlungsfähigkeit zu erhalten.

Um aber wenigstens einen kleinen Eindruck über die ausgelösten Irritationen bei den Betroffenen wiederzugeben, soll abschließend ein Erlebnisbericht einer LVA-Führungskraft, der in der LVA intern veröffentlicht wurde, unser Buch abrunden:

Lineares Konfliktdenken	Systemisches Konfliktdenken
• Konflikte sind störend, überflüssig und hemmen den normalen Ablauf.	• Konflikte sind unvermeidbar; sie stellen notwendige Übergangsstadien bei Anpassungs- und Entwicklungsprozessen dar.
• Konflikte haben ihre konkreten Ursachen, die es auszumachen und zu eliminieren gilt.	• Konflikte haben meist mehrere, miteinander vernetzte Ursachen. Die Analyse der Ursachen muss von allen Konfliktparteien getragen werden. Sie darf sich nicht in der Suche nach dem „Sündenbock" erschöpfen.
• Konflikte lassen sich mit logischen und analytischen Mitteln lösen.	• Für die Lösung von Konflikten bedraf es sowohl des analytischen als auch des intuitiven und kreativen Vorgehens.
• In jedem Konflikt gibt es Gewinner und Verlierer.	• Eine Partei kann keinen Konflikt gewinnen, da er weiterhin wirksam ist. Gewinnmöglichkeiten liegen für beide Seiten vor, wenn Lösungsversuche sowohl auf der Sachebene als auch auf der Beziehungsebene zu befriedigenden Resultaten führen.

Abb. 49: Lineares und systemisches Konfliktverständnis[17]

---

[17] Gamber P., S. 162

Einer, der auszog, das Führen zu lernen

Montag, 7. Februar, 8.30 Uhr: Die Abteilungs- und Referatsleiter der LVA Rheinprovinz nehmen Kontakt auf – Körperkontakt. Denn im Kleinbus geht es eng zu. Das Ziel: Haus Elmer in Hamminkeln. Dort ist Führungskräfte-Training angesagt.

Stellvertretend für die anderen Abteilungs- und Referatsleiter der LVA Rheinprovinz hat Hubert Kaiser, Leiter der Abteilung Organisation und Informationsverarbeitung, seine Eindrücke von dem Seminar für Führungskräfte zusammen gefasst als „einer, der auszog, das Führen zu lernen".

Einer...? – dass ich nicht schmunzele, nahezu alle, die Referate und Abteilungen leiten. Sozusagen, die ganz oben und auch die, die es eigentlich schon können müssten – nach eigener und Meinung der Mitarbeiter.

Aufregung? Von Aufregung keine Spur. Gelassenheit, na ja, so gelassen nun auch wieder nicht, denn schließlich kannte man ja nicht alle „Spiele", von denen diejenigen geheimnisvoll berichteten, die als Co-Trainer bei DaimlerChrysler so begeistert Dynamik kennen gelernt hatten.

Plötzlich fiel mir die Sache mit dem Marschallstab im Tornister ein, lange bevor ich „Führer" wurde. Da war mein Führungsgrundsatz: Schicke einen guten Mann in die Wüste, dann entsteht dort bald eine Oase. Also, wenn es nun sein sollte, dann machen wir mal wieder eine neue Oase auf, was soll´s. Ich war beruhigt und zog in den Seminarraum ein, und, Sie hätten mal die Gesichter meiner Kollegen sehen sollen.

Frei nach Wilhelm Busch: Dumme Gedanken hat jeder; nur der Weise verschweigt sie. Also, die Weisen halten ein Meeting ab. Spaß beiseite, es gab keine Tische, dafür aber Flipcharts und Videokram, und kalt war es auch noch.

Na, dachte ich, und über Dr. Pollack – den Trainer – das Rauchen dicker Zigarren macht noch keinen Ludwig Erhard – natürlich im übertragenen Sinne –, aber ein Profi sieht eben wie ein Profi aus.

Und außerdem, es gibt drei Dinge im Leben, die man anfängt, ohne dass man weiß, wie sie ausgehen: Liebe, Revolution und Karriere. Karriere hatte ich schließlich gemacht, und ich hielt auch was von mir, da kratzt kein Seminar an mir herum!

Und gleich hatte ich mich verirrt und auch gründlich geirrt. Der Trainer wollte gar nichts von mir, nein, er wollte mich entwickeln. Mich entwickeln, also das war das mit dem Entwicklungsbericht. Als ob die Bürokratie oder der LVA-Alltag ein Mechanismus wäre, der von unterentwickelten Zwergen bedient würde.

Sie mögen es ja nicht glauben, aber plötzlich machte ich mir Sorgen. Waren wir nun alle die gleichen Zwerge oder gab es auch schon Riesen unter uns?

Die Sache mit den Beamten-Mikado. Sie wissen, es gewinnt, wer sich als letzter bewegt, schien mir plötzlich als Strategie für das Seminar völlig ungeeignet.

Ich war plötzlich nicht mehr Führungskraft, nein, ich war auf einem Seminar, wo man nur mich fragen wollte: „Wie sind Sie eigentlich, wenn man Sie so im Alltag sieht. Könnten Sie sich vorstellen, mal etwas anders, mal teamfähig zu sein?"

Was sollten diese Fragen, als wäre man nicht ständig kooperativ und teamfähig. Wieso überhaupt fähig, schließlich hat man doch Autorität. Und der Trainer meint dazu, der springende Punkt sei, ob man Autorität hat oder eine ist.

Merken Sie den feinen Unterschied? Eigentlich würde ich mich erst aufhängen, wenn alle Stricke reißen. Und dann auch möglichst allein und unbemerkt. Und jetzt sollten sich alle outen.

Ab 12 Uhr am ersten Tag war es dann einfach toll. Warum? Weil alle plötzlich spürten, dem Trainer geht es gar nicht um sein Programm, nein, der wollte wissen, ob man Manager war, Führungskraft und nicht nur Helicopter-Manager.

Sie wissen nicht, was das ist? Über allem schweben, von Zeit zu Zeit auf den Boden kommen, viel Staub aufwirbeln und dann wieder abheben. So welche soll's ja geben.

Wir waren plötzlich alle auf dem Boden und übten Unternehmensziele, Toleranz, Wertschätzung, Zuhören, nicht die erste Geige spielen wollen, einfach alles, was man als Mitarbeiter vom Chef braucht oder will. Will ist, glaube ich, besser. Zusammengefasst: Eine gute Stimmung um zu arbeiten, einfach nur andere auch wahrzunehmen, andere ernst zu nehmen, das will der Mitarbeiter. Das war für mich plötzlich wichtig.

Nahm ich andere immer ernst, nahm ich ihre Probleme wahr, die Probleme der Mitarbeiter? Denn ich war doch immer auf dem Dienstweg und das meistens doppelt. Denkste, Dienstweg war plötzlich nicht wichtig. Wichtig waren Menschen, Beziehungen – nicht wie Sie meinen – nein, Beziehungen zu Aufgaben, zu Problemen, und wieder zu Menschen.

Ich hatte mir etwas vorgemacht und jetzt verstanden. Manager bekommen ihr Geld nicht für das, was ist, sondern für das, was noch nicht ist.

Der Entwicklungsbericht war plötzlich etwas, was ich unbedingt wollte. Ich wollte wissen, wie mich meine Kollegen sehen, ob ich der Chef war. Ob man mir meine Visionen, meine Kompetenz, auch die Führungskompetenz, abnahm.

Wenn Sie meinen, das wäre dann leicht gewesen? Was ganz im Gegenteil nicht leicht war, wollen Sie wissen? Es war nicht leicht zu akzeptieren, dass man anders gesehen wird. Anders muss ja nicht schlechter sein, anders in jedem Fall aber, was die Grundsätze der eigenen Führung betrifft, die Führung von Menschen, die ja nicht nur Zuhörer sind.

Denker sind die Mitarbeiter, sie denken nämlich auch über den Chef nach und ob sie dem dann zutrauen, ein Unternehmen, eine Abteilung zu führen? Großes Fragezeichen?

Ich fand die Chance toll, mich beweisen zu müssen und zu beobachten, ob andere mich richtig beobachten und einschätzen konnten. Ob sie fühlten, was mich bewegte. Wunderten sich meine Kollegen vielleicht über mein Lampenfieber? Prima, man merkte es und umgekehrt. Wir waren ganz schnell ein Team und der Trainer brachte uns bei, dass Fortschritt im Unternehmen nur erzielt werden kann, wenn man intelligent gegen die Regeln verstößt.

Video war plötzlich lustig, lassen Sie sich selbst mal im Zeitraffer ablaufen, Sie werden sich wünschen: Es gibt viel zu tun, nichts wie weg. So war eigentlich jede der vier Einheiten des Seminars. Immer wieder raus aus dem eigenen Ego und rein ins Team.

Irgendwann war ich es dann auch Leid, auf mir zu beharren. Ich wollte einfach mehr, ich wollte etwas Neues. Was ich wollte? Ich wollte mich einbringen in meine Mannschaft, nicht mehr Einzelkämpfer sein.

Ich wollte nicht unbedingt mehr das Licht des anderen ausblasen, damit das eigene hell leuchtet. Ich fand es besser, mir anzuhören, wo andere anders denken und besser sind, zum Beispiel auch bei DaimlerChrysler. Also jetzt bitte nicht den Spruch, die bauen doch Autos und wir machen die Rente. Die Führungsrollen sind überall gleich. Ob Abteilungsleiter, Referenten, Dezernenten oder Sachgebietsleiter. Ehrlich, jeder führt doch Mitarbeiter zum Ziel, oder?

Wir sind doch alle darauf aus, nicht mit dem Kopf durch die Wand zu gehen, sondern mit den Augen die Tür zu finden.

Wir alle suchen doch das Optimum, den guten Mitarbeiter, den guten Kollegen.

Jetzt weiß ich, dass ich in Führung investieren muss, in Teamgeist, in soziale Kompetenz, in Unternehmensziele. Denn nur so finde ich doch Akzeptanz bei meiner Truppe. Und Akzeptanz ist doch auch Führung und Ziele formulieren zu können. Im Kleinen wie im Großen.

Es war völlig unnötig, Ängste vor dem Seminar zu haben, Ängste vor Video, vor Rollenspiel, vor Teamarbeit, was weiß ich nicht wovor.

Und der Entwicklungsbericht ist das Beste, was ich seit langem über mich gelesen habe.

Logisch, dass ich nicht mit allem einverstanden war, aber wenn ich den Kopf in den Sand stecke, knirsche ich morgens mit den Zähnen. Wir haben Spiele gemacht, Bergwerks-Ingenieure in Indien ausgesucht, Fotokopierer angeschafft und Bilanzen geprüft. Wir haben über Pappe, Klebstoff, Klammern und Lineale verhandelt. Wir konnten es alle, weil nicht das Ergebnis wichtig war. Wichtig war, was wir aus der Aufgabe gemacht haben. Wie wir uns eingebracht haben, wie wir uns verhalten haben. Wir haben daraus gelernt und eine Menge Spaß gehabt. Zugegeben, wir haben es immer erst hinterher gewusst, was richtiger, was besser gewesen wäre.

Wir waren wieder Leute, die am Ende festgestellt haben, dass wir eigentlich zu viel gearbeitet hatten, aber oh Wunder, wir waren fröhlich dabei geblieben. Alle hatten wir andere Vorstellungen von Führung, die bleiben ja auch, aber sie sind bei jedem modifiziert worden, hoffentlich zum Guten. Hoffentlich merken es die Mitarbeiter, denn sie sollen es merken. Das war unser Motto am Ende und die Empfehlung an die, die es sich „nach uns antun müssen".

Tun Sie sich selbst den Gefallen, machen Sie sich die Freude am und im Seminar. Sie haben was davon und bestimmt etwas, was Sie auch außerhalb der LVA gut gebrauchen können.

Der Trainer ist okay und sein Geld wert, die Spiele zum Erfolg sind spielenswert und Sie haben jede Chance, sich selber zu erkennen. Interessiert es Sie? Mir war es die Sache mehr als wert.

Die Rückfahrten waren dann genauso langweilig wie die Hinfahrten. Aber wir waren etwas besser geworden, wir wussten zumindest, dass Führung nicht langweilig sein muss. Im Gegenteil, es lohnt sich, mal eine andere Brille aufzusetzen. Man muss sie aber ständig tragen – das ist vielleicht die wichtigste Erkenntnis. Wer sich nicht ändern will, der hat das Seminar umsonst gebucht.

Schade übrigens, dass unsere zwei Geschäftsführer keine Zeit hatten. Mich hätte brennend interessiert, wie sie die Spiele gemeistert hätten.[18]

---

[18] Kaiser H., in: LVA Rheinprovinz intern, Mitarbeiter-Zeitschrift, Ausgabe Juni 2000, Nr. 2 (leicht bearbeitet)

Übungen

Übung 1

Referenz	VBW, Kapitel 4.4.1, Seite 83
Übungstitel	**„alte/junge Frau"**
Übungscharakter	Test mit Diskussion
Anlass	Teilnehmer zum Thema Wahrnehmung sensibilisieren
Durchführung	• „alte/junge Frau" wird per Overheadprojektor auf eine Leinwand/weiße Wand projeziert. • Teilnehmer betrachten gemeinsam schweigend 5 Minuten das Bild und notieren anschließend ihre Wahrnehmung: „alte" oder „junge" Frau oder beides. • Trainer nimmt die Folie vom Projektor. • Teilnehmer präsentieren ihre Beobachtungen/Interpretationen. • Plenumsdiskussion über Wahrnehmungsspychologie bzw. „Stolper-Steine" bei der Wahrnehmung.
Gesamtdauer	ca. 60 Minuten (15 Minuten Betrachten und Ergebnispräsentation, 45 Minuten Plenumsdiskussion)
Material	• Overheadprojektor • Leinwand/weiße Wand im Seminarraum • 1 Folie mit „alte/junge Frau" (siehe Arbeitsmaterial)
Autor	Antons
Erfahrungen	Gute Übung, um den Teilnehmern die differenzierte Wahrnehmung zu erläutern. Wahrnehmung hat also etwas mit mir (meiner inneren Einstellung, meinem momentanen Empfinden, ...) zu tun.
Auswertung	Plenumsdiskussion zu folgenden Leitfragen: Kann ich mich an Situationen erinnern, wo ähnliches geschah? Wie habe ich mich damals verhalten? Wie bewerte/sehe ich mein Verhalten von damals aus heutiger Sicht?

Übung 2

Referenz	VBW, Kapitel 4.4.1, Seite 83
Übungstitel	**Beschreibung versus Bewertung**
Übungscharakter	Praktische Anwendung im Plenum und Kleingruppen sowie Plenumsdiskussion
Anlass	Verbesserung der Kommunikation
Durchführung	• Trainer greift aktuelle Situation im Seminar auf (z. B. Sitzposition eines Teilnehmers, Bewegungsart des Trainers, wie ein Fußgänger gerade am Fenster des Seminarraumes vorbeigeht). • Die Teilnehmer müssen ihre Wahrnehmung schildern – der Trainer notiert diese auf verschiedene Flips und trennt sie dabei a) in eher beschreibende und b) in eher bewertende. • Der Trainer erarbeitet mit den Teilnehmern Verständnis für folgenden Ablauf: 1. Wahrgenommenes beschreiben/formulieren (**B**eschreiben) 2. Eigene Vermutungen zum Wahrgenommenen treffen (**V**ermuten) 3. Wahrgenommenes bewerten (**B**ewerten). • Die Teilnehmer üben diesen Dreischritt **(BVB)** sofort anhand aktueller Situationen (am besten eignen sich Paardialoge zur jeweiligen Sitz- oder Stehpostion der Teilnehmer, wobei sie sich paarweise mit dem Gesicht zueinander gegenübersitzen).
Gesamtdauer	ca. 90 Minuten (inkl. kurzer Pause vor dem paarweisen Übungsteil)
Material	• mindestens 2 Flipcharts mit ausreichend Papier bestückt • mehrfarbige Stifte • Metaplanwand oder andere Wand zum ankleben/-heften der beschriebenen Flips
Autor	Pollack/Pirk
Erfahrungen	Meist gelingt es den Teilnehmern erst nach mehrmaligem Vesuch, nicht sofort in die Bewertung zu gehen. Die Trainer müssen hier streng auf die Einhaltung der **BVB**-Regel achten.
Auswertung	Plenumsdiskussion zur Leitfrage: Welchen Vorteil bringt Gesprächspartnern die Einhaltung der **BVB**-Regel?

Übung 3

Referenz	PBW, Kapitel 4.4.2, Seite 86
Übungstitel	**Einzelpräsentation**
Übungscharakter	Einzelarbeit und Präsentation vor Plenum
Anlass	Vorstellung zu Beginn des Potentialbestätigungsworkshops (PBW)
Durchführung	• Der Moderator stellt im Gesamtplenum den PBW-Teilnehmern die Aufgabe. • Die Teilnehmer bereiten sich 30 Minuten vor (freie Medien wahl). • Der bisherige Werdegang muss erkennbar sein. • Die Teilnehmer präsentieren 3 Minuten vor dem Gesamtplenum. • Der direkte Beobachter stellt sich nach „seinem" Teilnehmer kurz selbst vor (vom Sitzplatz aus).
Gesamtdauer	ist abhängig von der Teilnehmerzahl (30 Minunten Vorbereitung und ca. 5 Minuten pro Teilnehmer und dessen Vorgesetzten)
Material	• Folien/Overheadprojektor • Flipcharts und Moderatorenkoffer • Metaplan – Material
Autor	Pollack/Pirk/Säuberlich
Erfahrungen	Hier stellt sich der Teilnehmer erstmalig den Beobachtern vor. Diese Eindrücke kommen meist bei der Beobachterkonferenz am Ende des PBW zur „Abrundung" des Gesamteindruckes zur Geltung.
Auswertung	Keine spezielle bzgl. dieser Übung.

Übung 4

Referenz	PBW, Kapitel 4.4.2, Seite 86
Übungstitel	**Interview**
Übungscharakter	Einzelbefragung in der Kleingruppe
Anlass	Dient zur Vertiefung der bei der Einzelpräsentation „angerissenen" Themen. Missverständnisse, Interessantes, Ungereimtheiten können so nochmals aufgegriffen werden.
Durchführung	• Die Kandidaten teilen sich in zwei Gruppen auf. Wobei die direkten Beobachter sich ebenfalls der Gruppe ihrer Kandidaten zuordnen. • Die Beobachter interviewen die Teilnehmer (freie Themenwahl, freie Reihenfolge).
Gesamtdauer	Im Durchschnitt sind pro Teilnehmer ca. 8 Minuten zu planen
Material	Keines
Autor	Pollack/Pirk/Säuberlich
Erfahrungen	Neben dem Informationsgehalt ist es interessant, zu erleben, wie die Teilnehmer mit kritischen, vertiefenden, schnell wechselnden Themen umgehen.
Auswertung	Keine spezielle bzgl. dieser Übung.

Übung 5

Referenz	PBW, Kapitel 4.4.2, Seite 87
Übungstitel	**„Ein neues Spiel"**
Übungscharakter	Gruppendynamik, Handlungsfähigkeit bei geänderten Rahmenbedingungen
Anlass	Interessante Übung um Kreativität, Fähigkeit zum Handeln bei sich ändernden Rahmendingungen zu erkennen.
Durchführung	• Zwei Gruppen à 6 Personen erhalten einen Spielplan, 2 Würfel und einen Moderatorenkoffer mit gleichem Inhalt. Gruppen arbeiten in separaten Räumen. • Zeitstrukturvorgabe: 　· 60 Minuten Planen und Erstellen des Spiels, inkl. Erläutern der Spielregeln an die Beobachter (z. B. beim PBW). 　· Die Beobachter müssen danach mindestens 10 Minuten ohne weitere Anleitung durch die „Produzenten" spielen. • Intervention der „Geschäftsleitung" Nach der Planphase (meist nach ca. 15 Minuten) entscheidet die Seminarleitung, dass jede Gruppe 2 ihrer bisherigen Mitarbeiter an die jeweils andere Gruppe abgeben muss (Versetzung) – dieser Schritt wird vor Spielbeginn nicht angekündigt. Für diesen Entscheidungsprozess erhält jede Gruppe zusätzlich 10 Minuten Zeitzuschlag.
Gesamtdauer	80 Minuten (ohne Auswertungsblock)
Material	• 1 Spielplan • 2 Moderatorenkoffer mit gleichem Inhalt • 4 Würfel
Autor	Rohrer/Antons
Erfahrungen	Diese Übung erzeugt schnell eine hohe Dynamik, dabei sind die Teilnehmer meist sehr kreativ. Die Teilnehmer gehen deutlich erkennbar in die Rollen Führer, Arbeiter, Planer, Ingenieure, Zuschauer.
Auswertung	Erst über Selbstbild (Leitfragen sind: Wie zufrieden bin ich mit dem Ergebnis? Was habe ich dazu beigetragen?) Dann über Fremdbild von Beobachter und Seminarleiter (Leitfragen: Was waren seine Beiträge zum Produkt? Wie war sein Verhalten während des Prozesses?)

Übung 6

Referenz	PBW, Kapitel 4.4.2, Seite 87
Übungstitel	**„Mitarbeitergespräch"**
Übungscharakter	Rollenspiel
Anlass	Mit dieser Übung soll das Führungsverständnis der Teilnehmer und deren Identifikation mit der Rolle eines Vorgesetzten angesprochen werden.

Durchführung	• Der Moderator teilt die Spieler (alle Beobachter und die PBW-Teilnehmer) in Kleingruppen (KG) á 4 Personen ein:
	  · 1 PBW-Teilnehmer als Vorgesetzter (VG) des Mitarbeiters (MA)
	  · 1 PBW-Teilnehmer als VG des erstgenannten VG
	  · 1 Beobachter als Mitarbeiter (MA) des erstgenannten VG
	  · 1 Beobachter als Betriebsrat (BR).
	• Der Moderator erläutert den Spielern einzeln Ihre Rolle/Aufgabe.
	• In jeder KG bereiten sich die beiden Parteien (VG und VG, MA und BR) 10 Minuten auf das Gespräch vor.
	• Die Rollenspiele laufen maximal 15 Minuten parallel in jeweils separaten Räumen.
	• Der BR hat die Doppelrolle des „Zeitwächters" und nach dem Rollenspiel der des zentralen Feedbackgebers an den ersten VG (PBW-Teilnehmer).

Gesamtdauer	ca. 60 Minuten (10 Min. Anmoderation und Einteilung, 10 Min. Vorbereitung, 15 Min. Rücksprache, 15 Min. Feedback, 10 Min. Zeitpuffer)
Material	• Pro KG einen separaten Raum • Schreibmaterial für Notizen • Situationsbeschreibung (siehe Arbeitsmaterial)
Autor	Pollack/Pirk/Säuberlich
Erfahrungen	Diese Übung zeigt, wie gut sich ein PBW-Teilnehmer bereits „das andere" Rollenverständnis (Führungskraft, Unternehmer) angenommen hat. Auch wichtig: Wie gut kann sich ein PBW-Teilnehmer in andere Personen „hineinversetzen"?
Auswertung	in der Kleingruppe im Anschluss an das Rollenspiel primär vom „Betriebsrat" aber auch vom „Mitarbeiter" (beide sind ja als Beobachter auf dem PBW).

Übung 7

Referenz	PBW, Kapitel 4.4.2, Seite 87
Übungstitel	**Spontanvortrag**
Übungscharakter	Einzelvortrag vor einer Gruppe von ca. 6 Beobachtern
Anlass	Kenntnis darüber erlangen, wie ein PBW-Teilnehmer „unter Druck" handlungsfähig bleibt (Kreativität, Spontaneität).
Durchführung	• Anmoderation der beiden parallel stattfindenden Übungen Spontanvortrag und Rollenspiel „Mitarbeitergespräch". • Einteilung der Teilnehmer und Beobachter für die jeweilige Übung (Nach 30 Minuten wechseln die Teilnehmer und die dazugehörenden Beobachter die Übungen). • Die Teilnehmer werden nacheinander einzeln in den Seminarraum gebeten. Dort sitzen die Beobachter und der Moderator. • Der Moderator lässt den Teilnehmer aus einer „Lostrommel" ein Thema ziehen (wirtschafts- und gesellschaftspolitische Schlagzeilen aus der überregionalen Presse der letzten 4 Wochen vor dem PBW). • Der Trainer liest dem Teilnehmer das Thema vor. Dieser muss dann spontan einen Vortrag von 3 Minuten halten. • Nach seinem Vortrag verlässt der Teilnehmer wieder diesen Raum.
Gesamtdauer	Im Durchschnitt pro Teilnehmer 5 Minuten (3 Minuten Vortrag, 2 Minuten Wechselzeit)
Material	Mindestens 10 Themen aus der überregionalen Presse der letzten 4 Wochen.
Autor	Pollack/Pirk/Säuberlich
Erfahrungen	Diese Übung erzeugt hohen Druck, mit dem sehr unterschiedlich umgegangen wird. Neben der sachinhaltlichen Kenntnis (Interesse für Wirtschaft, Gesellschaft, Politik,...) kann in der Beobachterkonferenz auch die erste Reaktion und das folgende Handeln des Teilnehmers berücksichtigt werden.
Auswertung	Keine spezielle bzgl. dieser Übung.

Übung 8

Referenz	PBW, Kapitel 4.4.2, Seite 87
Übungstitel	**Managereigenschaften**
Übungscharakter	Gruppendynamik
Anlass	Diese Übung soll neben dem gruppendynamischen Effekt auch Aufschluss geben, inwieweit die Teilnehmer über die Rolle/Funktion einer Führungskraft Kenntnis besitzen.
Durchführung	• Der Moderator teilt die Gesamtgruppe in 2 Kleingruppen (KG) auf und ordnet die Beobachter zu (Kriterium: jeder Beobachter soll möglichst viele Teilnehmer beobachten können). • In der KG stellt der Moderator die Aufgabe vor und verteilt ein Arbeitspapier mit 10 möglichen Eigenschaften/Fähigkeiten, die eine Führungskraft besitzen muss. • Die KG bringt die Eigenschaften in eine Rangfolge von sehr wichtig bis weniger wichtig. • Präsentation des Arbeitsergebnisses (Rangreihe) in der KG an die Beobachter.
Gesamtdauer	ca. 60 Minuten (10 Min. KG-Einteilung und Beobachterzuordnung, 30 Min. Arbeitsphase, 20 Min. Feedback)
Material	Arbeitspapier mit Managereigenschaften (pro Teilnehmer 1 Exemplar) (siehe Arbeitsmaterial)
Autor	Pollack/Pirk/Säuberlich
Erfahrungen	Bei dieser Übung wird deutlich, wer bereits ein fundiertes Verständnis von der Führungsfunktion besitzt, dieses auch in die Diskussion einbringt und durchzusetzen versucht.
Auswertung	Erst Teilnehmerselbstreflexion mit den Beobachtern in der KG anhand der Leitfragen: • Wie bin ich mit dem Ergebnis zufrieden? • Was habe ich dazu beigetragen? Danach die Rückmeldung der Beobachter zu den gleichen Fragestellungen.

Übung 9

Referenz	PBW, Kapitel 4.4.2, Seite 88
Übungstitel	**„China-Projekt"**
Übungscharakter	Gruppendynamik
Anlass	Mit dieser Übung werden insbesondere die Auswahlkriterien strategisches Know-how und unternehmerische Fähigkeiten, Innovation, soziale- interkulturelle Kompetenz angesprochen.
Durchführung	• Anmoderation der Übung vor dem Gesamtplenum und Bildung von 2 Klein-Gruppen (KG) mit den jeweils vorgesehenen Beobachtern. • In den KG verteilt der Moderator das Aufgabenblatt (s. Arbeitsmaterial). • Die KG erarbeiten ihre Lösung. • Die KG bestimmen 3 Mitglieder, die das Ergebnis dem „Vorstand" präsentieren. • Der Vorstand (5 Freiwillige aus dem Kreis der Beobachter) lässt sich die Ergebnisse nacheinander präsentieren und hinterfragt jeweils kritisch den Inhalt. Auch prüft er die Korrektheit der Auftragserledigung. Diese Übung kann wie folgt erweitert werden: Alle Teilnehmer bewerten (punkten) an einer Flip-Skala 1. den Inhalt und 2. die Art und Weise der Präsentation.
Gesamtdauer	Ohne Auswertung ca. 105 Minuten (15 Min. Anmoderation etc., 60 Min. Arbeitszeit, 30 Min. Präsentation vor Vorstand)
Material	• Aufgabenblätter (pro Teilnehmer und Beobachter 1 Exemplar) • Flipcharts und Stifte oder Metaplanmaterial oder Folien • Evtl. vorbereitetes Flip für die Bewertung • Ausreichend Punkte (4 Farben)
Autor	Pollack/Pirk/Säuberlich
Erfahrungen	Diese Übung erzeugt schnell eine hohe Dynamik, dabei sind die Teilnehmer meist sehr kreativ. Sie gehen klar erkennbar in die Rollen Führer, Arbeiter, Planer, Ingenieur, Zuschauer.
Auswertung	Erst über Selbstbild (Leitfragen sind: Wie zufrieden bin ich mit dem Ergebnis? Was habe ich dazu beigetragen?). Dann über Fremdbild von Beobachter und Seminarleiter (Leitfragen sind: Was waren seine Beiträge zum Produkt? Wie war sein Verhalten während des Prozesses?).

Übung 10

Referenz	PBW, Kapitel 4.4.2, Seite 88
Übungstitel	**„Fehlzeiten"**
Übungscharakter	Rollenspiel für 2 Personen
Anlass	Führungsverständnis und Rollenidentifikation als Vorgesetzter erkennen
Durchführung	• Anmoderation vor dem Gesamtplenum und Einteilung der Teilnehmer sowie der Beobachter für die jeweilige Übung. • Der Moderator verteilt die Textvorlage an die mitwirkenden PBW-Teilnehmer für deren Rolle als Vorgesetzter. • Der Moderator verteilt die Textvorlage an die mitwirkenden Beobachter für deren Rolle als Mitarbeiter. • Vorgesetzter und Mitarbeiter" lesen ihren Text durch (max. 5 Minuten) und überlegen für sich eine Gesprächsstrategie. • Das Rollenspiel läuft (max. 15 Minuten).
Gesamtdauer	ca. 30 Minuten (5 Min. Einlesen, 15 Min. Spielen, 10 Min. Kurzfeedback)
Material	• Einführungstext für den Vorgesetzten Hr. Weiß (siehe Arbeitsmaterial) • Einführungstext für den Mitarbeiter Hr. Maier (siehe Arbeitsmaterial) • Pro Gesprächspaar einen separaten Raum
Autor	Pollack/Pirk/Säuberlich
Erfahrungen	Diese Übung zeigt, wie gut ein PBW-Teilnehmer bereits „das andere" Rollenverständnis (Führungskraft, Unternehmer) angenommen hat. Auch wichtig: Wie gut kann sich ein PBW-Teilnehmer in andere Personen „hineinversetzen"?
Auswertung	Kurzes Feedback direkt nach Rücksprache durch den „Mitspieler" (Beobachter).

Übung 11

Referenz	SEW, Kapitel 4.4.3, Seite 93
Übungstitel	**„Kandidat"**
Übungscharakter	Gruppendynamik
Anlass	Die Beobachter erleben hier die Teilnehmer in einer kontroversen Diskussion. Sie können so deren Verhalten mit den aus Haupt- und Unterkategorien abgeleiteten beobachtbaren Verhaltens- merkmalen in Beziehung setzen.
Durchführung	• Gesamtplenum wird in zwei Gruppen (A & B) aufgeteilt. • Gruppe A bildet einen Innenkreis (Spieler). • Gruppe B bildet den Aussenkreis (Beobachter). • Jeder Spieler erhält eine Kandidatenliste und ein Infopapier auf dem ein Kandidat beschrieben ist. • Die Spieler diskutieren und ermitteln ihren Kandidaten für die Position des Direktors. • Die Spieler werten den Gruppenprozess aus. • Die Beobachtergruppe wertet ihre Beobachtungen aus.
Gesamtdauer	ca. 105 Minuten
Material	• Kandidatenliste und Situationsbeschreibung (je 1 Ex. pro Spieler) • Liste mit Kategorien und Merkmalen für die Beobachter • Auswertungsblatt mit Leitfragen für Spieler
Autor	Antons
Erfahrungen	Übung, die schnell Gruppenverhalten im Rahmen einer Problem- lösungsaufgabe beobachtbar macht (selbstbezogen, aufgabenbe- zogen, gruppenbezogen).
Auswertung	erfolgt als Bestandteil der Übung anhand der vorgegebenen Leit- fragen.

Übung 12

Referenz	SEW, Kapitel 4.4.3, Seite 94
Übungstitel	**„Turmbau-forte"**
Übungscharakter	Gruppendynamik
Anlass	Die Teilnehmer müssen sich auf ein Ziel und eine Vorgehensweise einigen. Deren Verhalten kann somit mit den aus den Haupt- und Unterkategorien abgeleiteten beobachtbaren Verhaltensmerkmalen in Beziehung gesetzt werden.
Durchführung	• Innenkreis (Gruppe A) erhält den Auftrag, aus dem bereitgestellten Material in 45 Minuten einen Turm mit folgenden Merkmalen zu bauen: · Der Turm steht frei. · Die Höhe muss mindestens 1,80 m betragen. · Der Turm muss in seiner Mitte 2 Flaschen und auf seiner Spitze eine Flasche Wasser tragen können. Der Turm besteht ausschließlich aus Bauelementen, die den Maßen des bereitgestellten Materials entsprechen. • Die Beobachter (Gruppe B) gehen nach der Übung zur Auswertung in einen separaten Raum. • Die Spieler (Gruppe A) werten nach der Übung den eigenen Gruppenprozess aus und erhalten darüber hinaus noch das Angebot folgende Instrumente bzw. Techniken kennenzulernen: Moderations- und Visualisierungstechniken, Entscheidungsfindung in Gruppen, Kommunikationsskills, Vierphasenmodell zur Problemlösung in Arbeitsgruppen.
Gesamtdauer	ca. 120 Minuten (45 Min. Übung, 75 Min. Auswertung)
Material	• Metaplankarten (30 rechteckige, 10 ovale, 20 runde) • 1 Schere, 2 Tuben Kleber und 2 Flipcharts • Leitfragenblatt für Spieler und Kategorienblatt für Beobachter • 1 Tacker
Autor	Pollack/Pirk
Erfahrungen	Einzelne und Gruppe entwickeln Erfolgsdruck. Gut beobachtbar wird die bewusste oder unbewusste Übernahme von Führungs-, Ingenieurs-, Mitarbeiter-Rollen. Übung fesselt die Teilnehmer.
Auswertung	erfolgt als Bestandteil der Übung anhand der vorgegebenen Leitfragen.

Übung 13

Referenz	SEW, Kapitel 4.4.3, Seite 95
Übungstitel	**„Sin-Obelisk"**
Übungscharakter	Gruppendynamik
Anlass	Die Beobachter erleben hier die Teilnehmer in einer kontroversen Diskussion. Sie können so deren Verhalten mit den aus Haupt- und Unterkategorien abgeleiteten beobachtbaren Verhaltens- merkmalen in Beziehung setzen.
Durchführung	Diese Übung ist ablauftechnisch im Zusammenhang mit der Übung „Kandidat" zu sehen. Die beiden Gruppen A und B wech- seln nun ihre Rollen: · A wird Beobachtergruppe und · B wird Spielergruppe. • Die Spieler erhalten Kärtchen auf denen Informationen zur Klärung der Aufgabe enthalten sind. • Die Spieler lösen die Aufgabe („an welchem Tag wurde der Sin-Obelisk fertiggestellt"). • Die Beobachtergruppe zieht sich zur Auswertung in einen separaten Raum zurück. • Die Spielergruppe wertet ihrerseits den Gruppenprozess aus.
Gesamtdauer	ca. 105 Minuten
Material	• Infokärtchen, Arbeitsauftrag, Lösungspapier • Liste mit Kategorien und Merkmalen für die Beobachter • Auswertungsblatt mit Leitfragen für die Spieler
Autor	Francis
Erfahrungen	Aufgabe, die schnell Gruppenverhalten im Rahmen einer Pro- blemlösungsaufgabe beobachtbar macht (selbstbezogen, aufga- benbezogen, gruppenbezogen).
Auswertung	erfolgt als Bestandteil der Übung anhand der vorgegebenen Leitfra- gen.

Übung 14

Referenz	SEW, Kapitel 4.4.3, Seite 95
Übungstitel	**„Eierflug"**
Übungscharakter	Gruppendynamik
Anlass	Die Teilnehmer müssen sich auf ein Ziel und eine Vorgehensweise einigen. Deren Verhalten kann somit mit den aus den Haupt- und Unterkategorien abgeleiteten beobachtbaren Verhaltensmerkmalen in Beziehung gesetzt werden.
Durchführung	• Innenkreis (Gruppe B jetzt als Spieler) erhält den Auftrag, aus dem bereitgestellten Material in 45 Minuten ein Fluggerät zu bauen, mit dem: ein rohes Ei vom Balkon des Seminargebäudes (mindestens 6 m hoch) auf den Boden fliegen/gleiten kann ohne zu zerbrechen. • Die Beobachter (jetzt Gruppe A) begeben sich nach der Übung zur Auswertung in einen separaten Raum. • Die Spieler werten nach der Übung den eigenen Gruppenprozess aus und erhalten darüber hinaus noch das Angebot folgende Instrumente bzw. Techniken kennenzulernen: Moderations- und Visualisierungstechniken, Entscheidungsfindung in Gruppen, Kommunikationsskills, Vierphasenmodell zur Problemlösung in Arbeitsgruppen.
Gesamtdauer	ca.120 Minuten (45 Min. Übung, 75 Min. Auswertung)
Material	• Metaplankarten (30 rechteckige, 10 ovale, 20 runde) • 1 Schere, 2 Tuben Kleber und 2 Flipcharts • Leitfragen für Spieler und Kategorienblatt für Beobachter • 1 Tacker
Autor	Pollack/Pirk
Erfahrungen	Einzelne und Gruppe entwickeln Erfolgsdruck. Gut beobachtbar wird die bewusste oder unbewusste Übernahme von Führungs-, Ingenieurs-, Mitarbeiter-Rollen. Übung fesselt die Teilnehmer.
Auswertung	erfolgt als Bestandteil der Übung anhand der vorgegebenen Leitfragen.

Übung 15

Referenz	SEW, Kapitel 4.4.3, Seite 95
Übungstitel	**„Notlandung"**
Übungscharakter	Gruppendynamik, Anforderung an Allgemeinwissen
Anlass	Gruppen lernen trotz unterschiedlicher Meinungen und Sichtweisen ein gemeinsames Ergebnis zu erzielen.

Durchführung	• Trainer tauscht wieder die Rollen der beiden Gruppen:
	  · A wird Spielergruppe und
	  · B wird Beobachtergruppe.
	• Jeder Spieler erhält ein Blatt mit der Aufgabenstellung und den zu sortierenden Gegenständen.
	• Die Spieler erstellen ihren „Überlebensplan", d. h. sie bilden eine Rangfolge der zum Überleben notwendigen Gegenstände.
	• Auswertung durch die Beobachter in einem separaten Raum.
	• Auswertung des Gruppenprozesses durch die Spieler.

Gesamtdauer	ca. 90 Minuten (45 Min. Übung, 45 Min. Auswertung)
Material	• Arbeitspapier • Lösungspapier
Autor	Pfeiffer/Jones
Erfahrungen	Gute Übung, die schnell Grundverhaltensmuster einzelner Teilnehmer sichtbar macht (ergebnisorientierte Durchsetzer, Konsensorientierte, entscheidungsschwache „Mitläufer").
Auswertung	als Bestandteil der Übung anhand vorgegebener Leitfragen.

Übung 16

Referenz	SEW, Kapitel 4.4.3, Seite 95
Übungstitel	**„Seenot"**
Übungscharakter	Gruppendynamik, Anforderung an Allgemeinwissen
Anlass	Gruppen lernen trotz unterschiedlicher Meinungen und Sichtweisen ein gemeinsames Ergebnis zu erzielen.

Durchführung	• Trainer moderiert die Übung an und tauscht erneut die Rollen der Gruppen:wechseln nun ihre Rollen:
	   · A wird Beobachtergruppe und
	   · B wird Spielergruppe.
	• Jeder Spieler erhält ein Blatt mit der Aufgabenstellung und den zu sortierenden Gegenständen.
	• Die Spieler erstellen ihren „Überlebensplan", d. h. sie bilden eine Rangfolge der zum Überleben notwendigen Gegenstände.
	• Auswertung durch die Beobachter in einem separaten Raum.
	• Auswertung des Gruppenprozesses durch die Spieler.

Gesamtdauer	ca. 90 Minuten (45 Min. Übung, 45 Min. Auswertung)
Material	• Arbeitspapier (pro Spieler 1 Exemplar) • Lösungspapier
Autor	Pfeiffer/Jones
Erfahrungen	Gute Übung, die schnell Grundverhaltensmuster einzelner Teilnehmer sichtbar macht (ergebnisorientierte Durchsetzer, Konsensorientierte, entscheidungsschwache „Mitläufer").
Auswertung	als Bestandteil der Übung anhand vorgegebener Leitfragen.

Übung 17

Referenz	EM 1, Kapitel 4.5.1, Seite 101
Übungstitel	**H.D.I.-Spiel**
Übungscharakter	Einzelspiel im Plenum mit anschließender Diskussion
Anlass	Die Teilnehmer können so zu Beginn der Entwicklungsmaßnahmen ihre präferierten Denk- und Verhaltensweisen identifizieren.
Durchführung	• Spielkarten werden auf einem Tisch in der Mitte des Plenums verdeckt ausgelegt. • Jeder Teilnehmer nimmt sich dann 5 Karten vom Tisch und legt diese in der Rangfolge: „trifft eher zu" – „trifft weniger zu" vor sich auf dem Boden offen aus. Die beiden am ehesten zutreffenden werden veröffentlicht. • Jeder Teilnehmer kann dann seine beiden „letzten" Karten wieder auf den Kartentisch zurücklegen und 2 neue (verdeckt liegend) holen. • Die Teilnehmer erstellen durch Hinzufügen dieser beiden neuen Karten eine neue Rangfolge und können danach mit den beiden sich jetzt ergebenden „letzten" Karten in Verhandlung mit anderen Teilnehmern treten, um für sich zutreffendere Karten zu besorgen. • Mit den nun eingehandelten Karten erstellt der Teilnehmer erneut eine neue Rangfolge und veröffentlicht diese wieder „auf dem Boden". • Bilden von Kleingruppen (KG) zum Austausch über das jeweilige Ergebnis. (Leitfragen sind hier: Wo waren bisher meine präferierten Denk- und Verhaltensweisen hinderlich bzw. förderlich? An welchen Denk- u. Verhaltensweisen will ich im Rahmen dieser EM arbeiten?) • Theorieinput zum HDI-Modell.
Gesamtdauer	ca. 120 Minuten
Material	1 HDI-Spielsatz (reicht für ca. 6 Personen)
Autor	Herrmann/Spinola
Erfahrungen	Gute Übung, die auf spielerische Weise Einblick in unsere Denk- und Verhaltensweisen (Muster) gewährt. Sie wird von den Teilnehmern gut angenommen. Die Ergebnisse sind plausibel und haben eine hohe Akzeptanz.
Auswertung	Findet hauptsächlich in den KG statt, aber auch nochmals über eine Plenumsdiskussion im Anschluss an den Theorieinput.

Übung 18

Referenz	EM 1, Kapitel 4.5.1, Seite 103
Übungstitel	**Allergie-Modell**
Übungscharakter	Einzelarbeit
Anlass	Diese Übung stellt eine weitere Möglichkeit dar, eigene Denk- und Verhaltensmuster zu identifizieren. Hilfestellung zur Konkretisierung der individuellen Entwicklungsziele.
Durchführung	• Die Teilnehmer notieren in Einzelarbeit auf einem Blatt Papier 3 bis 5 Führungsstärken, die sie sich selbst zuschreiben. • Präsentation des Allergiemodells durch den Moderator. • Die Teilnehmer bilden Kleingruppen (KG) für die Diskussion nach der nächsten Einzelarbeit und vereinbaren Ort und Zeit für den „KG-Treff". • Jeder Teilnehmer entwickelt anhand des Modells sein „Herausforderungsthema" in Einzelarbeit. • Die Teilnehmer schließen sich in den KG zusammen und erläutern gegenseitig ihre Herausforderungsthemen. Die beiden jeweils Zuhörenden achten auf Plausibilität und fragen ggf. kritisch nach. • Im Plenum werden nach der KG-Arbeit offene Fragen beantwortet.
Gesamtdauer	ca. 90 Minuten (10 Min. positiv/negativ Verhalten, 10 Min. Präsentation Allergie-Modell, 25 Min. Einzelarbeit, 45 Min. KG)
Material	• Schreibmaterial • Folie mit Allergiemodell • Overheadprojektor
Autor	Dilts
Erfahrungen	Gute Möglichkeit, um eigene Ablehnung von Personen bzw. deren Verhalten anhand des eigenen Herausforderungsthemas erklären zu können („… das ist ja mein Thema, nicht dessen Problem").
Auswertung	Findet in erster Linie über die KG-Arbeit statt; darüber hinaus werden im Plenum teilweise persönliche Fragen besprochen (Teilnehmer steuern den Grad der persönlichen Offenheit selbst).

Übung 19

Referenz	EM 1, Kapitel 4.5.1, Seite 103
Übungstitel	**Entwicklungsziele**
Übungscharakter	Einzelarbeit mit anschließender Kleingruppenarbeit
Anlass	Die Teilnehmer sollen zu Beginn einer Entwicklungsmaßnahme (EM) ihre persönliche „Messlatte" legen; d. h. Entwicklungs-schwerpunkte für das ganze Curriculum definieren.
Durchführung	• Arbeitsauftrag an jeden Teilnehmer im Plenum: „Legen Sie Ihre individuellen Entwicklungsziele für die EM auf Basis Ihrer eigenen Einschätzung, der Rückmeldungen von Vor-gesetzten im Betrieb, des HDI-Spiels, des Allergie-Modells, Rück-meldungen aus den PBW bzw. SEW usw. fest." • Bilden von Kleingruppen (KG). • „Feinschliff" in der KG (Plausibilität und Konkretisierung). • Einzelpräsentation der Entwicklungsziele im Plenum (pro Teilnehmer maximal 5 Minuten). Zusätzliches Angebot der Trainer: Die Präsentation mit Video aufzeichnen und im Anschluss (wenn alle präsentiert haben) unter dem Fokus „Präsentationsverhalten" im Plenum gemeinsam besprechen.
Gesamtdauer	ca. 315 Minuten (35 Min. Anmoderation und Einzelarbeit, 20 Min. Feinschliff KG, 160 Min. Einzelpräsentation, 100 Min. Video)
Material	• ausreichend persönliches Schreibmaterial • Flips • Videoanlage mit Leinwand bzw. weißer Wand
Autor	Pollack/Pirk
Erfahrungen	Wichtige Phase im pers. Entwicklungsprozess: „Wo will ich warum hin?"
Auswertung	Keine spezielle, Feedback gibt es genügend während der Präsentationen.

Übung 20

Referenz	EM 1, Kapitel 4.5.1, Seite 105
Übungstitel	**„Mitarbeiterführung? Nein danke!"**
Übungscharakter	Rollenspiel
Anlass	Im Anschluss an den Theorieinput „wertorientierte Führung" – Transfer von Theorie in die Praxis.
Durchführung	• Auftrag wird im Plenum an die Teilnehmer erteilt: „Pro Kleingruppe (KG mit 4 bis 5 Personen) einen fünfminütigen Werbespot über den im Unternehmen erlebten Führungsalltag in lustiger und überzogener Weise darstellen". • Bilden der Kleingruppe. • Kleingruppen entwerfen ihren Werbespot. • Kleingruppen führen ihren Werbespot im Plenum vor.
Gesamtdauer	Offene Plenumsdiskussion ca. 105 Minuten (90 Min. Planen und Einüben, 15 Min. Vorführen der drei Spots)
Material	• Moderatorenkoffer • für den Werbespot kann alles im Seminargebäude zur Verfügung Stehende und Erlaubte verwendet werden.
Autor	Pollack/Pirk
Erfahrungen	Das Rollenspiel bewirkt neben dem hohen spielerischen und unterhaltsamen Teil intensives Diskutieren und Nachdenken wie Führung erlebt wird und wie sie optimiert werden kann.
Auswertung	Diskussion im Plenum zur Frage: „Welche Denk- und Verhaltensweisen sind dazu geeignet, Mitarbeiter zu motivieren?"

Übung 21

Referenz	VBW, Kapitel 3.2.1, Seite 89, / EM 1, Kapitel 4.5.1, Seite 108
Übungstitel	**„Kettenkommunikation"**
Übungscharakter	Paardialoge (teilweise im Plenum)
Anlass	Demonstration, wie durch präzise/unpräzise Wahrnehmung wichtige Informationen weitergegeben werden bzw. verloren gehen.
Durchführung	• Der Trainer sucht einen Freiwilligen zur Bildbetrachtung und verbalen Weitergabe des Bildinhaltes an die anderen Seminarteilnehmer. • Trainer und Freiwilliger bleiben, alle anderen verlassen den Seminarraum. • Der Freiwillige betrachtet maximal 2 Minuten ein Blatt Papier auf dem verschiedene kleine Bilder dargestellt sind – danach gibt er das Blatt wieder dem Trainer. • Der erste der anderen Teilnehmer kommt in den Seminarraum und bekommt vom Freiwilligen das Bild aus dessen Erinnerung heraus erläutert. • Dieser Teilnehmer bittet nun den nächsten in den Seminarraum und erläutert diesem was er von seinem „Vorgänger" erzählt bekam – usw. bis alle Teilnehmer ein „Bild vom Bild" haben. Interessant ist nun, inwieweit das zuletzt beschreibene Bild mit dem Ausgangsbild übereinstimmt.
Gesamtdauer	30 Minuten
Material	1 Blattvorlage mit den genannten Kleinbildern (siehe Arbeitsmaterial)
Autor	Pollack/Pirk
Erfahrungen	Übung hat hohen spielerischen und unterhaltsamen Charakter, der zudem einen hohen Lerneffekt bzgl. des „Sender-Empfänger-Modells" bewirkt.
Auswertung	„Sender-Empfänger-Modell", Verzerrungswinkel , Wahrnehmungsfilter können nach dieser Übung gut besprochen werden.

Übung 22

Referenz	EM 2, Kapitel 4.5.2, Seite 111
Übungstitel	**„Kontrollierter Dialog"**
Übungscharakter	Dialog in der Kleingruppe
Anlass	Fördern von „Aktivem Zuhören"
Durchführung	• Bilden von Kleingruppen (KG), Dreiergruppen bieten sich gut an. Innerhalb dieser Trios werden die Rollen: · Sender · Empfänger (Zuhörer) · Beobachter verteilt. • 1. Spielphase: · Sender erzählt dem Empfänger eine fünfminütige Geschichte (eigenes Erlebnis, bestimmte Situation, etc.). · Der Empfänger wiederholt das Gehörte nach 5 Minuten sinngemäß – möglichst vollständig. Erst wenn der Sender die Richtigkeit bzw. Vollständigkeit bestätigt hat, ist der Empfänger von seiner Aufgabe entledigt. · Der Beobachter kontrolliert die Regeln (Zeit, Zuhören, richtige Wiedergabe, Schiedsrichter, usw.). • 2. Spielphase: · Wechsel der Rollen, gleicher Ablauf. • 3. Spielphase: · Wechsel der Rollen, gleicher Ablauf.
Gesamtdauer	ca. 45 Minuten
Material	keines
Autor	Antons
Erfahrungen	Übung erfordert hohe Konzentration.
Auswertung	Rückmeldungen finden teilweise in den kurzen Beobachterrückmeldungen nach den jeweiligen „Phasen" statt.

Übung 23

Referenz	EM 1, Kapitel 4.5.1, Seite 111
Übungstitel	**„Arbeitsverweigerung"**
Übungscharakter	Rollenspiel
Anlass	Praxisübung nach Theorievortrag zum Thema Kommunikation und Führung
Durchführung	• Trainer bittet zwei Freiwillige als Spieler. • Einer von beiden spielt die Rolle des Mitarbeiters, der andere die Rolle des Vorgesetzten. • Der Vorgesetzte bereitet sich in einem separaten Raum anhand eines Arbeitspapieres auf das Spiel vor. • Der Mitarbeiter präpariert sich im Plenum „öffentlich" ebenfalls anhand einer entsprechenden Arbeitsunterlage. • Das Rollenspiel (mindestens 15 Minuten) wird mit Video aufgezeichnet und danach im Plenum ausgewertet. Foki: · Der Vorgesetzte schildert seine Wahrnehmungen während des Rollenspiels · Der Mitarbeiter schildert seine Wahrnehmungen während des Rollenspiels · Die Beobachter berichten zu speziellen Elementen des Gesprächs: Struktur/Ablauf, aktives Zuhören, Nähe/Distanz, Monolog/Dialog
Gesamtdauer	ca. 120 Minuten
Material	• Arbeitspapier für Vorgesetzten • Arbeitspapier für Mitarbeiter
Autor	Comelli
Erfahrungen	–
Auswertung	ist Teil der oben beschriebenen Übung.

Übung 24

Referenz	EM 2, Kapitel 4.5.2, Seite 115
Übungstitel	**„Graffiti"**
Übungscharakter	Einzelarbeit mit anschließender Ergebnis-Reflexion im Plenum
Anlass	Hier wird über einfache Art den Teilnehmern zu Beginn einer Entwicklungsmaßnahme die Möglichkeit geboten, sich vom betrieblichen Alltag zu lösen und in das „Seminargeschehen" einzusteigen.
Durchführung	• Im Seminarraum werden 4 Metaplanwände in die Ecken verteilt aufgestellt. Auf jeder Wand wurde vom Moderator eine Leitfrage notiert: · Welche Landschaft gibt meine momentane Stimmung am besten wieder? · Wie hat sich ihre Teilnahme an der ersten Entwicklungsmaßnahme (EM 1) auf ihre berufliche Situation ausgewirkt? · Welche Erfahrungen aus der EM 1 waren für sie besonders wichtig? · Was sollte in der EM 2 passieren, damit sie am Ende zufrieden nach Hause fahren können? (Diese Fragen können entsprechend der Situation oder der Gruppenbedürfnisse geändert werden). • Jeder Teilnehmer notiert seine Antwort mit Filzstift gut leserlich auf der Metaplanwand. • Sobald alle Teilnehmer ihre Antwort abgegeben haben, geht der Trainer mit der Gesamtgruppe Wand für Wand „durch". Er oder Teilnehmer greifen dabei unklare Formulierungen oder zentrale Themen auf. Der jeweilige „Verfasser dieser Zeilen" erläutert.
Gesamtdauer	ca. 60 Minuten
Material	• 4 Metaplanwände mit Papier bespannt • 4 für diese Gruppe passende und sinnvolle Leitfragen • Einen genügend großen Seminarraum
Autor	Pollack/Pirk
Erfahrungen	Die Teilnehmer werden durch diese Übung „sanft aber bestimmt" von ihrer betrieblichen Wirklichkeit abgeholt.
Auswertung	Keine spezifische. Ein Austausch findet vor den Metaplanwänden statt.

Übung 25

Referenz	EM 2, Kapitel 4.5.2, Seite 117
Übungstitel	**„Floßbau"**
Übungscharakter	Outdoor
Anlass	Diese Übung integriert den Teilnehmer durch den starken erlebnis-orientierten Teil sofort in die EM 2. Darüber hinaus erfüllt sie in ge-radezu idealer Weise den Anspruch des „ganzheitlichen Lernens" („mit Kopf, Herz und Händen").
Durchführung	Outdoormaßnahmen werden bei F.U.T.U.R.E. nur von professionel-len Outdoortrainern durchgeführt. D. h. vor Beginn der Maßnahme wird die Verantwortung für den Ablauf, die Sicherheit und den Lern-transfer an den Outdoortrainer übertragen. Erst nach vollständigem Abschluss dieser Übung „übernehmen" die F.U.T.U.R.E.-Trainer wieder. • Anmoderation der Maßnahme (Outdoortrainer). • Verteilen der Sicherheitskleidung, setzen von Sicherheitsregeln. • Zwei Gruppen (à ca. 8 Personen) werden gebildet. • Verteilen der Floßbaumaterialien (wurden vor der Übung in Abspra-che mit dem Outdoortrainer von den F.U.T.U.R.E.-Trainern organisiert). • Floßbau-Übung (Planung, Bau, Wettfahrt über ca. 400 m Distanz) • Auswertung (Lernziel dieser Übung, persönliche Entwicklungsziele). • Floßabbau: Material auf Anfangsdepot bringen. • Verantwortung geht wieder auf die F.U.T.U.R.E.-Trainer über. • Abfahrt in das Seminargebäude.
Gesamtdauer	ca. 240 Minuten
Material	Material zum Floßbau gemäß Absprache mit dem Outdoortrainer • Neoprenanzüge, Helme, Schwimmwesten, evtl. Arbeitsoveralls. • Warme Getränke für die Pause nach der Wettfahrt (kleine „Siegesfeier").
Autor	Firma Faszinatour, Immenstadt
Erfahrungen	Diese Übung fesselt die Teilnehmer sofort und bietet für jeden Mög-lichkeiten, sich einzubringen (Planung, Handwerk, führen, mitarbei-ten). Sehr hilfreich ist auch die direkte Auswertung nach der Übung, die einen guten Bezug zu den persönlichen Lernzielen herstellen lässt.
Auswertung	Direkt nach der Floßfahrt sowie am nächsten Tag anhand einiger, insbesondere den Gruppenprozess reflektierenden Leitfragen.

Übung 26

Referenz	EM 2, Kapitel 4.5.2, Seite 119
Übungstitel	**Theater-Workshop**
Übungscharakter	Wechsel zwischen Einzel-, Kleingruppen- und Plenumsarbeit
Anlass	Führungshandeln im Rahmen eines umfangreich angelegten Projektes üben (als Gesamt- und Teilprojektleiter).

Durchführung	• Übernahme der Gesamtverantwortung durch den Gesamtprojektleiter.
	• Aufbau einer Projektorganisation.
	• Einteilung der Teilnehmer in die verschiedenen Funktionen.
	• Planung, Organisation, Aufbau, Üben.
	• Dieser Prozess wird von den F.U.T.U.R.E.-Trainern nur 2 mal unterbrochen (vereinbartes Zeitkontigent in den Rahmenbedingungen); Siehe hierzu auch die Übungsbeschreibungen:
	  · Prozessauswertung/Barometer
	  · Prozessauswertung/Portfolio
	  · Prozessauswertung/Trainerfeedback).
	• Aufführung des Theaterstückes (mindestens 45 Minuten).
	• Premierefeier direkt nach der Aufführung mit Spielern, Trainern und Gästen.

Gesamtdauer	ca. 1,5 Tage
Material	• Für sämtliches Material (Requisiten, Bühne etc.) müssen die Teilnehmer des Theaterworkshops selber sorgen • Reclamhefte, pro Teilnehmer 1 Heft
Autor	Pollack/Pirk
Erfahrungen	Ein derart langer und komplexer Auftrag bietet viele Möglichkeiten an seinen Lernzielen zu arbeiten, Verhaltensänderungen „auszutesten" und Reaktionen Einzelner zu verifizieren. Zu erleben, dass das „unmögliche" (Realisierung des Projekts in dieser Zeit) machbar ist, motiviert alle Teilnehmer für die weiteren Entwicklungsmaßnahmen.
Auswertung	über das Trainerfeedback kurz vor Ende des Theaterworkshops und den Auswertungsschleifen (Trainerinterventionen über Barometer und Portfolio).

Übung 27

Referenz	EM 2, Kapitel 4.5.2, Seite 119
Übungstitel	**Theaterworkshop-Gesamtprojektleiterwahl**
Übungscharakter	Selbstnennung und Feedbackübung im Plenum
Anlass	Oft wird als Lernziel „Führung" genannt. Der Theaterworkshop als umfangreiches Projekt bietet u. a. interessierten Teilnehmern die Möglichkeit, die Führung (Gesamtprojektleiter-GPL) zu übernehmen.
Durchführung	• Vorstellen des Gesamtprojektes mit den dazugehörigen Rahmenbedingungen und dreißigminütigem Einlesen in den Text. • Frage an das Plenum, wer Gesamtprojektleiter werden möchte. • Namen der Kandidaten werden auf Flip notiert. • Kandidaten bereiten ihr Werbegespräch/Vorstellung vor (maximal 10 Minuten) • Die anderen Teilnehmer überlegen einzeln, wie sie in diesem Projekt an ihren Lernzielen arbeiten können. • Die Kandidaten stellen sich einzeln vor. • Danach stellen sich die Kandidaten mit dem Rücken zum Plenum nebeneinander auf. • Die Teilnehmer positionieren sich hinter ihrem Favoriten. • Die kleinste Gruppe löst sich auf. Der Einzelne begründet aber vorher seine Wahl. Diese Teilnehmer und der Kandidat ordnen sich anderen Kandidaten zu. • Wiederum löst sich die kleinste Gruppe auf. • Dieser Prozess geht so lange, bis nur noch ein Kandidat mit der Gesamtgruppe „im Rücken" übrig bleibt. • Ab diesem Moment geht die Verantwortung für den Theaterworkshop von den Trainern auf den GPL und die Gesamtgruppe über.
Gesamtdauer	ca. 180 Minuten
Material	Pro Teilnehmer 1 Exemplar der Rahmenbedingungen.
Autor	Pollack/Pirk
Erfahrungen	Hier können die Teilnehmer die Ernsthaftigkeit ihrer eigenen Ansprüche unter Beweis stellen. Bei der Gesamtprojektleiterwahl stehen nicht zuletzt Mut, Vertrauen in sich selbst und andere im Vordergrund.
Auswertung	über das Trainerfeedback kurz vor Ende des Theaterworkshops.

Übung 28

Referenz	EM 2, Kapitel 4.5.2, Seite 120
Übungstitel	**Theaterworkshop-Prozessauswertung/Barometer**
Übungscharakter	Feedback im Plenum
Anlass	Die Gesamtgruppe soll nach den ersten Erfahrungen „im Projekt" aus einer Metaposition das eigene Tun betrachten und reflektieren.

Durchführung	• Die Trainer melden über den Gesatprojektleiter (GPL) diese Intervention an und vereinbaren Zeitpunkt und Dauer.
	• Die Trainer bereiten in der Zwischenzeit auf dem Seminarraum-fußboden mit Karten ein „Barometer" von „+" bis „-" vor.
	• Die Gesamtgruppe positioniert sich zum vereinbarten Zeitpunkt gemeinsam auf der „Linie" zwischen „+" und „-".
	• Die Trainer bitten einzelne Teilnehmer und den GPL sowie die Teilprojektleiter ihre Position anhand der folgenden Leitfragen zu erläutern:
	  · Wie zufrieden bin ich mit dem Prozess?
	  · Wie zufrieden bin ich mit dem GPL?
	  · Der GPL gibt seinerseits dann Feedback an einige Teilnehmer (freie Auswahl)
	  · Die Teilnehmer geben sich je nach Bedarf gegenseitig Feedback.

Gesamtdauer	ca. 45 Minuten
Material	• 2 Metaplankarten (+) und (-) • Filzstifte • Klebeband um Karten auf den Boden zu kleben
Autor	Pollack/Pirk
Erfahrungen	Diese Intervention wirkt für die Teilnehmer im ersten Moment störend. Die Rückmeldungen führen aber sehr oft zu einer deutlich optimierten Projekt-Struktur und/oder verändertem Führungs- und Mitarbeiterverhalten und damit zu größerer Zufriedenheit und Motivation.
Auswertung	über das Trainerfeedback kurz vor Ende des Theaterworkshops und der weiteren Auswertungsschleife Portfolio.

Übung 29

Referenz	EM 2, Kapitel 4.5.2, Seite 120
Übungstitel	**Theaterworkshop-Prozessauswertung/Portfolio**
Übungscharakter	Feedback im Plenum
Anlass	Die Gruppe soll den nun schon länger dauernden Prozess im Projekt reflektieren.
Durchführung	• Die Trainer melden über den Gesamtprojektleiter (GPL) diese Intervention an und vereinbaren Zeitpunkt und Dauer. • Die Trainer bereiten in der Zwischenzeit auf dem Seminarraum fußboden mit Klebebänder und Metaplankarten ein großes Portfolio vor: ++ Zufrieden mit dem + Arbeitsergebnis 0 ++ + Zufriedenheit mit den Möglichkeiten an meinen Entwicklungszielen zu arbeiten • Die Teilnehmer positionieren sich. • Der Trainer bittet einige Teilnehmer, ihre Wahl zu begründen.
Gesamtdauer	ca. 30 Minuten
Material	• Metaplankarten • Klebeband
Autor	Pollack/Pirk
Erfahrungen	Auch diese Intervention bringt die Teilnehmer erstmal aus der „Arbeit"; sie finden dies teilweise als störend. Während und nach dem Feedback (Portfolio) erkennen die Teilnehmer aber zunehmend dessen wichtige Funktion.
Auswertung	Über das Trainerfeedback kurz vor Ende des Theaterworkshops.

Übung 30

Referenz	EM 2, Kapitel 4.5.2, Seite 122
Übungstitel	**Theaterworkshop-Prozessauswertung/Trainerfeedback**
Übungscharakter	Einzelgespräch: Trainer-Teilnehmer
Anlass	Feedback auf Basis der intensiven Projektarbeit insbesondere im Hinblick auf die persönlichen Entwicklungsziele.
Durchführung	• Die Trainer beobachten jeden Teilnehmer in seiner (seinen) Rolle(n) während des gesamten Theaterworkshops. • Die Trainer erstellen ein gemeinsames Feedback. • Die Trainer bitten den Gesamtprojektleiter (GPL) mit seiner Mannschaft einen Zeitplan zur Entgegennahme der Einzelfeedbacks durch die Trainer festzulegen (pro Person ca. 12 Minuten). • Das Trainerfeedback erfolgt dann am Nachmittag des 2. Projekttages in einem separaten Raum.
Gesamtdauer	ca. 180 Minuten
Material	–
Autor	Pollack/Pirk
Erfahrungen	Dieses Feedback hat bei den Teilnehmern seine sehr hohe Akzeptanz nicht zuletzt deswegen weil es aktuelles und intensiv erlebtes Verhalten mit den persönlichen Entwicklungszielen in Verbindung setzt.
Auswertung	–

Übung 31

Referenz	EM 2, Kapitel 4.5.2, Seite 123
Übungstitel	**Theaterworkshop-Prozessauswertung/„Standpunkt beziehen"**
Übungscharakter	Gruppenfeedback
Anlass	Am Tag nach dem Theaterworkshop soll sich die Gesamtgruppe nochmals auf die zentralen Themen konzentrieren.
Durchführung	• Im Seminarraum wird in den 4 Ecken jeweils ein Flip mit Bewertungsmaßstäben aufgestellt: · ich stimme völlig zu .... ++ · ich stimme teilweise zu .... + · ich bin anderer Meinung.......... – · ich bin völlig anderer Meinung –– • Die Teilnehmer positionieren sich (werten) nach Aufforderung durch die Trainer anhand vorgelesener Statements bzgl. folgender Foki: · Gruppe · Gesamtprojektleiter (GPL) · Persönliche Entwicklungsziele · Entwicklungsmaßnahme · Führungskraft • Nach der Positionierung (gemeinsam) begründen die Teilnehmer ihre Wahl.
Gesamtdauer	ca. 60 Minuten
Material	4 vorbereitete Flips
Autor	Pollack/Pirk
Erfahrungen	Diese Reflexion lässt die Teilnehmer nochmals kritisch den Gesamtablauf des Projektes „Revue passieren". Positives wie negatives Verhalten Einzelner oder von Gruppen wird nochmals (aus der zeitlichen Distanz) bewertet und in Bezug zum Erfolg/Misserfolg der Projektarbeit gestellt.
Auswertung	–

Übung 32

Referenz	EM 2, Kapitel 4.5.2, Seite 123
Übungstitel	**Theaterworkshop-Prozessauswertung / „Erlebte Interventionen"**
Übungscharakter	Kleingruppenarbeit mit anschließender Plenumsdiskussion
Anlass	Die Teilnehmer sollen die während dieses Workshops erlebten Interventionen (von den Trainern, Gesamtprojektleiter, Teilprojektleitern oder anderen) reflektieren und auf Transfermöglichkeiten in den betrieblichen Alltag prüfen.
Durchführung	• Kleingruppen (KG) à ca. 5 Personen werden gebildet. • Arbeitsauftrag wird erteilt: 　· Welche Interventionen haben Sie von wem erlebt? 　· Welche Interventionen halten Sie für sinnvoll und geeignet für die Umsetzung in ihre betriebliche Praxis? • Kleingruppenarbeit ca. 30 Minuten. • Präsentation der KG-Ergebnisse im Plenum, ggf. mit Diskussion.
Gesamtdauer	ca. 60 Minuten
Material	• Flips • ausreichend Filzstifte
Autor	Pollack/Pirk
Erfahrungen	Die Teilnehmer erhalten durch diese Übung die Möglichkeit, neben dem sehr persönlichen Nutzen, auch erlebte Methoden mit in den betrieblichen Alltag zu nehmen.
Auswertung	–

Übung 33

Referenz	EM 2, Kapitel 4.5.2, Seite 124
Übungstitel	**Theaterworkshop-Personenbezogenes Gruppenfeedback**
Übungscharakter	Feedback im Plenum
Anlass	Abschluss des Projektes „Theaterworkshop". Hier soll den Teilnehmern nochmals die Möglichkeit gegeben werden, irgendjemandem Feedback zu geben oder sich Feedback zu holen.
Durchführung	• Die Gesamtgruppe sitzt im Seminarraum im Kreis. • Jeder Teilnehmer kann abschließend maximal 3 Kollegen befragen, wie sie ihn während des gesamten Prozesses im Projekt erlebt haben.
Gesamtdauer	ca. 60 Minuten
Material	–
Autor	Pollack/Pirk
Erfahrungen	Gute Übung, die die letzten „atmosphärischen Störungen" zwischen einzelnen Teilnehmern aufgreift und in der Regel meist zur Zufriedenheit aller Beteiligten klärt.
Auswertung	–

Übung 34

Referenz	EM 3, Kapitel 4.5.3, Seite 126
Übungstitel	**Unternehmensplanspiel**
Übungscharakter	eineinhalbtägiges Planspiel
Anlass	Der dritte Block des Curriculums ist überschrieben mit „Ich & System". Auch hier soll zu Beginn eine Übung mit hohem Erlebnis- und Lerneffekt stehen.
Durchführung	Für diesen Teil der EM 3 wird ein speziell hierfür qualifizierter Trainer eingesetzt. Diesem wird auch für die gesamte Dauer des Planspiels die Verantwortung für die Durchführung übertragen. • Vortrag im Plenum: „Das Unternehmen als vernetztes System". • Kleingruppen (KG) , die die Unternehmen simulieren sollen, werden gebildet. • Das Unternehmensplanspiel wird über 5 Perioden (Spiel-Zeiteinheiten) durchgeführt. • Die Moderation geht wieder auf die F.U.T.U.R.E.-Trainer über.
Gesamtdauer	ca. 1,5 Tage
Material	• pro KG mindestens 2 Flips und 2 Metaplanwände mit Papier • mehrere Moderatorenkoffer • Arbeitsmaterial für die Durchführung des Unternehmensplanspiels (besitzt nur ein autorisierter Trainer der Firma Unicon, Meersburg) • Laptop mit Drucker und entsprechender Software (Planspielleiter)
Autor	Firma UNICON, Meersburg
Erfahrungen	Diese hoch erlebnisorientierte Übung bringt die Teilnehmer tief in die komplizierte „vernetzte" Welt eines Unternehmens. Der Blick über den „Tellerrand" wird von allen Teilnehmern dankbar angenommen.
Auswertung	Im Anschluss an das Planspiel suchen die Teilnehmer teilweise in Einzelarbeit, teilweise in Kleingruppen Parallelen zu ihrem betrieblichen Alltag.

Übung 35

Referenz	EM 3, Kapitel 4.5.3, Seite 130
Übungstitel	**Kooperationsportfolio**
Übungscharakter	Einzel- und Kleingruppenarbeit (KG)
Anlass	Mit dieser Übung werden die realen Arbeitsbeziehungen jedes Teilnehmers im Betrieb hinsichtlich deren Qualität untersucht.
Durchführung	• In Einzelarbeit trägt jeder Teilnehmer die Person(en), Institution(en), deren Beziehungsqualität er bisher als problematisch empfindet oder die er noch verbessern möchte, in ein Kooperationsportfolio ein (dies wurde zuvor im Plenum von den Trainern erläutert). • Die Gesamtgruppe trifft sich wieder im Plenum und bildet – nach persönlicher Neigung – Kleingruppen (à ca. 4 Personen), die nun in separaten Räumen jedes Thema der KG-Mitglieder kritisch hinterfragt (Plausibilität und Konkretisierungsgrad). • Die einzelnen Themen werden dann im Plenum vom Fallbringer präsentiert und unter Umständen von den Trainern nochmals hinsichtlich der Formulierung (das Thema wirklich „auf den Punkt bringen") optimiert. • Danach wird das Gesamtplenum in 2 Gruppen geteilt. Diese gehen jeweils in getrennte Räume. Dort wird der Fallbringer von seinen Kollegen nach einer vorher im Gesamtplenum vorgestellten Methode gecoacht.
Gesamtdauer	ca. 75 Minuten (Erstellen des Kooperationsportfolios und Durchsprache in den KG)
Material	1 vorbereitetes Flip mit Kooperationsportfolio als Muster
Autor	Pollack/Pirk
Erfahrungen	Die Teilnehmer benötigen meist lange, bis sie das eigentliche Thema (Problem) mit wenigen Worten beschrieben haben. Danach ist die „Behandlung" (coachen) allerdings umso effizienter.
Auswertung	findet während des Coachen statt. Die Trainer sitzen in den beiden Räumen und beobachten den Coachingprozess. Sie greifen allerdings nur bei gravierenden Fehlentwicklungen (Allgemeindiskussionen, persönlich zu belastend) ein.

Übung 36

Referenz	EM 4, Kapitel 4.5.4, Seite 135
Übungstitel	**„Erfahrungen" Entwicklungsmaßnahmen (EM) 1-3**
Übungscharakter	Diskussion im Innenkreis
Anlass	Im Seminar ankommen, andocken an die EM 1-3
Durchführung	• Die Gesamtgruppe teilt sich in zwei Teilgruppen auf. • Gruppe 1 geht in den Innenkreis und diskutiert die Leitfrage: „Tauschen Sie sich darüber aus, in welcher Situation Sie zwischenzeitlich an Erfahrungen, Erlebnisse aus den EM 1 – 3 erinnert wurden. Gab oder gibt es Erkenntnisse aus den Entwicklungsmaßnahmen, die Ihnen privat oder beruflich hilfreich waren?" • Nach ca. 15 Minuten Diskussion im Innenkreis Wechsel. Gruppe 1 geht nach außen und Gruppe 2 bildet den neuen Innenkreis. Leitfrage für diese Diskussion ist die gleiche, wie in der vorherigen Runde.
Gesamtdauer	ca. 30 Minuten
Material	–
Autor	Pollack/Pirk
Erfahrungen	Softe Übung, die den Teilnehmern den Einstieg in diesen vierten Entwicklungs-Maßnahmenblock leicht macht.
Auswertung	–

Übung 37

Referenz	EM 4, Kapitel 4.5.4, Seite 136
Übungstitel	**Mein berufliches und privates Leben**
Übungscharakter	Einzelarbeit mit Diskussion in Kleingruppen (KG)
Anlass	Erster Einstieg im Sinne des Seminartitels „Ich & Zukunft", um den Fokus auf das Spannungsfeld Berufs- /Privatperson zu lenken.
Durchführung	• Aushändigen eines Flipcharts an die Teilnehmer im Plenum. • Auftrag: Teilen Sie (jeder für sich) das Flip durch Falten so auf, wie es ihren beruflichen und privaten Aktivitäten entspricht. Benennen Sie Personen, Institutionen, die den jeweiligen Raum (Flipanteil) bestimmen. Was würde X sagen, wenn Sie ihm /ihr dieses Bild zeigen würden? X = Mutter/Vater X = Freundin/Freund X = Partnerin/Partner X = Chefin/Chef • Austausch hierüber in den Kleingruppen.
Gesamtdauer	ca. 60 Minuten
Material	Pro Person 1 Flipchart
Autor	Vopel
Erfahrungen	Diese Übung bringt die Teilnehmer meist in einen Zielkonflikt: So wie die Anteile sind (real empfunden werden), so will man sie in der Regel eigentlich gar nicht haben.
Auswertung	–

Übung 38

Referenz	EM 4, Kapitel 4.5.4, Seite 137
Übungstitel	**„Vertrauensfall"**
Übungscharakter	Outdoor
Anlass	Diese und die nachfolgend beschriebenen Outdoorübungen basieren im Wesentlichen auf dem Prinzip: „Vertrauen in mich und Vertrauen in andere". Mit dem Vertrauensfall kann jeder Teilnehmer diese Prämisse erstmals leben und erleben.
Durchführung	Vor der ersten Outdoormaßnahme in diesem Block des Curriculums geben die F.U.T.U.R.E.-Trainer die Verantwortung für Durchführung und Sicherheit an einen professionellen Outdoortrainer ab. • Der Outdoortrainer erläutert die Sicherheits- und Verhaltensvorschriften. • Der Outdoortrainer erklärt die Übung. • Der Vertrauensfall wird – wie die anderen in diesem Block beschriebenen Outdoorübungen - auf einem speziell hierfür eingerichteten Outdoor-Parcour durchgeführt. Die Teilnehmer stellen sich einzeln auf ein 2 Meter hohes Podest und lassen sich rückwärts in die ausgestreckten Hände der anderen Teilnehmer fallen.
Gesamtdauer	bei 16 Teilnehmern ca. 45 Minuten
Material	Geräte und Vorrichtungen auf einem eingerichteten und gut erhaltenen Outdoorparcour.
Autor	Firma Faszinatour, Immenstadt
Erfahrungen	Wie jede Outdoorübung ist auch der Vertrauensfall mit hoher psychischer Anspannung verbunden. Weitaus größer ist jedoch die Zufriedenheit nach der Überwindung der „inneren Ängste".
Auswertung	Zum Ende aller Outdoorübungen „vor Ort" mit dem Outdoortrainer.

Übung 39

Referenz	EM 4, Kapitel 4.5.4, Seite 137
Übungstitel	**„Schwebebalken"**
Übungscharakter	Outdoor
Anlass	Erleben, dass manche Aufgaben nur im partnerschaftlichen Miteinander zu bewältigen sind. Wichtig ist hier die Auswahl des Partners.
Durchführung	• Der Outdoortrainer erläutert die Übung und weist auf Sicherheits- und Verhaltensvorschriften hin. • Die Übung: Beide Partner überqueren in ca. 8 Meter Höhe zwei parallel ver laufende Balken. (Beide Aktivisten werden von den anderen Gruppenmitgliedern vom Boden aus mit Seilen abgesichert).
Gesamtdauer	bei 16 Teilnehmern (8 Paare) ca. 60 Minuten
Material	Geräte und Vorrichtungen auf einem eingerichteten und gut erhaltenen Outdoorparcour.
Autor	Firma Faszinatour, Immenstadt
Erfahrungen	Hohe psychische Belastung vor und große Zufriedenheit nach der Übung.
Auswertung	Zum Ende aller Outdoorübungen „vor Ort" mit dem Outdoortrainer.

Übung 40

Referenz	EM 4, Kapitel 4.5.4, Seite 137
Übungstitel	**„Fliegender Holländer"**
Übungscharakter	Outdoor
Anlass	Überwinden eigener Widerstände, sich auf die Arbeit anderer zu verlassen.
Durchführung	• Der Outdoortrainer erläutert die Übung und weist auf Sicherheits- und Verhaltensvorschriften hin. • Die Übung: Der Teilnehmer wird vom Outdoortrainer auf dem Absprungpodest am Rücken gesichert; der „Springer" kann diese Sicherungsseile beim Absprung also nicht sehen – er springt „ins Leere". Der Teilnehmer springt vom Podest „in die Seile". (Er wird danach von anderen Teilnehmern aus seinen Sicherungsseilen befreit und sicher auf den Boden gebracht).
Gesamtdauer	ca. 90 Minuten
Material	Geräte und Vorrichtungen auf einem eingerichteten und gut erhaltenen Outdoorparcour.
Autor	Firma Faszinatour, Immenstadt
Erfahrungen	Hohe psychische Belastung vor und große Zufriedenheit nach der Übung.
Auswertung	Zum Ende aller Outdoorübungen „vor Ort" mit dem Outdoortrainer.

Übung 41

Referenz	EM 4, Kapitel 4.5.4, Seite 137
Übungstitel	**„Mauer"**
Übungscharakter	Outdoor
Anlass	Gemeinsame Problemlösung – erlebnisorientiert durchführen.
Durchführung	• Der Outdoortrainer erläutert die Übung und weist auf Sicherheits- und Verhaltensvorschriften hin. • Die Übung: Überwindung einer 4 Meter hohen glatten Bretterwand („Mauer") entsprechend der vorgegebenen Regeln. (Jeder Teilnehmer wird beim Überwinden der „Mauer" von den anderen gesichert).
Gesamtdauer	ca. 30 Minuten (ohne Auswertung)
Material	Geräte und Vorrichtungen auf einem eingerichteten und gut erhaltenen Outdoorparcour.
Autor	Firma Faszinatour, Immenstadt
Erfahrungen	Nach den beiden Übungen („Schwebebalken" und „Fliegender Holländer"), die eher die Einzelperson in den Mittelpunkt stellen, bringt diese Übung den Teilnehmer wieder in das Gruppengefüge zurück. Allein kann ein Teilnehmer diese Mauer nicht überwinden. Er braucht die Gruppe und diese benötigt eine abgestimmte Strategie. Diese zu finden erfordert hier meist den größten Zeitanteil.
Auswertung	Der Outdoortrainer wertet nun zum Abschluß des Outdoorteiles alle Übungen „vor Ort" aus. Zentrales Thema: Wie ist der einzelne Teilnehmer mit der Angst, den Bedenken umgegangen, was hat ihm geholfen diese Phase zu überwinden. (Diese Auswertung dauert zwischen 30 und 45 Minuten).

Übung 42

Referenz	EM 4, Kapitel 4.5.4, Seite 139
Übungstitel	**Lebens- und Karriereplanung**
Übungscharakter	Einzelarbeit und Kleingruppenarbeit (KG)
Anlass	Diese Übung dient als thematischer Einstieg in den Designschritt „Lebens- und Karriereplanung".
Durchführung	• Erster Schritt: Die Teilnehmer erhalten ein Arbeitsblatt mit dem Titel: „Meine Werte". (Die Teilnehmer erledigen diese Aufgabe nach der Präsentation der Analysesystematik dieses Papieres am Overheadprojektor durch die Trainer). • Zweiter Schritt: Die Teilnehmer bearbeiten ein mehrseitiges Arbeitspapier mit dem Titel: „Werte meiner Eltern". Hinweis der Trainer, dass die nun zu bildenden Kleingruppen (KG/TRIOS) hohen Vertrauensschutz genießen. Das heißt. diese und die folgenden Übungen haben einen tiefgehenden personenbezogenen Charakter und werden deshalb ausschließlich in den konstant zusammenbleibenden Trios durchgeführt. Es gibt hierzu keine Plenumsdiskussionen. • Dritter Schritt: Die Teilnehmer tauschen sich in ihren Trios über ihre beiden Arbeitspapiere aus. Einer erzählt, die beiden Anderen fragen kritisch nach und helfen dem Erzähler, seine Wertelandschaft intensiver/neu zu erkennen.
Gesamtdauer	ca. 120 Minuten
Material	• Arbeitsblatt: „Meine Werte" als Erklärungsfolie und pro Teilnehmer 1 Hardcopy • Arbeitspapier: „Werte meiner Eltern" pro Teilnehmer 1 Hardcopy • Overheadprojektor
Autor	Pollack/Pirk/Vopel
Erfahrungen	Die Teilnehmer finden es als sehr hilfreich, die – bisher eher vermutete – eigene Wertelandschaft nun analytisch zu ermitteln und von Dritten reflektiert bekommen. Insbesondere die Benennung und spätere Rangbildung der eigenen Werte wird oft als schwierig, aber dann auch als sehr hilfreich empfunden.
Auswertung	–

Übung 43

Referenz	EM 4, Kapitel 4.5.4, Seite 140
Übungstitel	**Lebensplanung**
Übungscharakter	Einzelarbeit und Kleingruppen (KG)-Austausch
Anlass	Die assoziativ-intuitive Methode dieser Übung ermöglicht den Teilnehmern, ihren bisherigen Werdegang (privat und beruflich) nicht nur vom Kopf, sondern auch vom „Bauch" her zu erfahren.
Durchführung	• Der Moderator erläutert diesen Teil der Gesamtübung („Lebens- und Karriereplanung"). • Die Teilnehmer skizzieren erst in Einzelarbeit in Stichworten oder bildhaft auf einem Blatt Papier ihren bisherigen Lebensweg. • Die Teilnehmer begehen alleine diesen Weg in der Umgebung des Seminargebäudes (d. h. sie suchen „wohltuende", „stürmi- sche", „klare" „entscheidungsbedürftige", ... Strecken aus). • Die Teilnehmer treffen sich danach zu einem vorher vereinbarten Zeitpunkt in ihrer KG und begehen dann gemeinsam die Lebens- wege ihrer Mitglieder. Hierbei erklärt einer die Symbolik der Stationen seines Weges, die anderen hören zu und versuchen durch Nachfragen dem Erzähler zu einer intensiveren Reflexion seines „Weges" zu verhelfen. • Die KG bearbeiten gemeinsam den strukturierten Fragebogen „Lebensplanung".
Gesamtdauer	ca. 1 Tag (0,5 Tage Begehung, 0,5 Tage für die KG-Arbeit und den Fragebogen).
Material	Fragebogen „Lebensplanung", pro Teilnehmer 1 Exemplar (zu beziehen bei den Autoren).
Autor	Pollack/Pirk
Erfahrungen	Diese Übung erfordert von den Teilnehmern hohe Konzentration. Gleichzeitig erzeugt sie zum Schluss große Zufriedenheit, verbun- den mit einem gesteigerten Selbstbewusstsein („... dies bin ich; dies alles habe ich schon geschaffen, diese Schwierigkeiten habe ich schon erfolgreich bewältigt; jetzt habe ich Klarheit was ich in der nächsten Zukunft alles zu regeln habe um .... usw. ...")
Auswertung	Erfolgt nur in den Kleingruppen.

Übung 44

Referenz	EM 4, Kapitel 4.5.4, Seite 143
Übungstitel	**Karriereplanung**
Übungscharakter	Einzelarbeit und Kleingruppen (KG)-Austausch
Anlass	Nach Edgar Schein besitzt jeder Mensch einen spezifischen Karriereanker. Diese Übung soll helfen, diesen zu entdecken bzw. näher kennenzulernen.
Durchführung	• Theorievortrag zum Thema „innere und äußere Karriere". • KG-Arbeit: gegenseitiges Interview anhand eines strukturierten Fragebogens. • Test: Einzelarbeit anhand des Arbeitspapieres „Bestandsaufnahme". • Selbststudium: Einzelarbeit auf Basis „Handout III". • Festlegung des persönlichen Karriereankers: Einzelarbeit auf Basis des „Handout III". • KG-Arbeit: Pro Teilnehmer Planung weiterer -auf Basis der Kariereplanung für wichtig erachteten- Maßnahmen; Unterlagen: „Handout IV", ggf. „Handout V".
Gesamtdauer	ca. 6 Stunden
Material	Karriereanker
Autor	Schein
Erfahrungen	Die Teilnehmer erleben eine deutlich gesteigerte Sensibilisierung hinsichtlich ihrer momentanen beruflichen Tätigkeit und des persönlichen Karriereankers. Mit anderen Worten: Jeder kann abschätzen, welchen Preis er für eine Karriere zu bezahlen hat – oder ob er bereits „richtig in der Spur läuft".
Auswertung	Nur in den Kleingruppen. Im Plenum wird nach Abschluss der Übung nur kurz die Methode angesprochen, nicht jedoch die Inhalte/Ergebnisse der Gespräche.

Übung 45

Referenz	EM 4, Kapitel 4.5.4, Seite 143
Übungstitel	**„Körperbewusstsein"**
Übungscharakter	Einzelarbeit und Austausch in der Kleingruppe (KG)
Anlass	In Abwandlung eines bekannten Sprichwortes gehört „... zu einem gesunden Geist auch ein gesunder Körper...". Diese eher kognitive Übung soll die Lebensgewohnheiten der Teilnehmer reflektieren helfen.
Durchführung	• Die Teilnehmer bearbeiten ein strukturiertes Arbeitspapier. • Austausch zu den Ergebnissen/Antworten des Arbeitspapieres in den KG.
Gesamtdauer	ca. 60 Minuten
Material	Strukturiertes Arbeitspapier, pro Teilnehmer 1 Exemplar.
Autor	Vopel
Erfahrungen	Diese Übung wird mit Interesse bearbeitet.
Auswertung	Erfolgt in den Kleingruppen.

Übung 46

Referenz	EM 4, Kapitel 4.5.4, Seite 143
Übungstitel	**„Reise durch den Körper"**
Übungscharakter	Phantasiereise
Anlass	Den eigenen Körper über einen anderen Zugang erforschen und kennenlernen.
Durchführung	Die Teilnehmer nehmen bequeme Sitzpositionen ein oder legen sich im Seminarraum bequem auf den Boden. Sie verschließen die Augen und hören der Geschichte (Phantasiereise) zu, die der Trainer einfühlsam vorliest.
Gesamtdauer	ca. 45 Minuten
Material	• Phantasiereise • angenehm temperierter Seminarraum, bei Bedarf genügend Decken als Bodenauflage.
Autor	Vopel
Erfahrungen	Teilweise können sich „linkshemisphärische" Personen auf diese Übung nur schwer einlassen.
Auswertung	Kurzer Austausch (max. 10 Minuten) mit dem Nachbarn über das „Erlebte".

Übung 47

Referenz	EM 4, Kapitel 4.5.4, Seite 144
Übungstitel	**Ganzheitliche Körper-, Atem- und Entspannungsübung**
Übungscharakter	Geleitete Gruppenübung im Plenum
Anlass	• Die Teilnehmer sollen eine Möglichkeit kennenlernen, wie durch – auch später immer wieder anzuwendende – spezielle gymnastische Übungen das körperliche Wohlbefinden wesentlich verbessert werden kann.
Durchführung	• Die Teilnehmer legen sich auf den Fußboden des Seminarraumes. Jeder sorgt dafür, dass er bequem liegt und um sich genügend Bewegungsfreiheit hat. • Der Trainer moderiert die einzelnen Übungen anhand eines professionell zusammengestellten Ablaufes an.
Gesamtdauer	ca. 60 Minuten
Material	• Vorbereiteter Übungsplan (siehe Arbeitsmaterial) • Genügend großer und angenehm temperierter Seminarraum (evtl. Decken als Fußbodenauflage besorgen)
Autor	Pollack/Pirk/Siefke-Hanses
Erfahrungen	Für die Teilnehmer ist diese Übung ein optimaler Ausklang der EM 4 und somit auch des Gesamtcurriculums Entwicklungsmaßnahme. Dem Transferanspruch der Trainer, lernen durch „Körper, Geist und Hand" wird durch diese gymnastische Einheit zusätzlich entsprochen.
Auswertung	Kurzer Austausch (max. 10 Minuten) mit dem Nachbarn.

Übung 48

Referenz	EM 4, Kapitel 4.5.4, Seite 144
Übungstitel	**„Ausstellungseröffnung"**
Übungscharakter	Selbstgesteuerte Gruppenübung
Anlass	Das gesamte Curriculum Entwicklungsmaßnahme (EM 1-4) soll kompremiert akustisch und/oder visuell dargestellt und dem Publikum (u. U. andere Hotelgäste) präsentiert werden.
Durchführung	• Der Auftrag wird an die Gesamtgruppe vom Trainer erteilt. Diese übernimmt die komplette Durchführungsverantwortung und organisiert völlig selbstständig. • Der Titel für die Ausstellungseröffnung lautet: „Professionelle Führungskräfteentwicklung in lernenden Organisationen: EM 1–4" • Von den Trainern werden folgende Rahmenbedingungen vorgegeben: 　· Aus den EM müssen Exponate verwendet werden. 　· Ein Teilnehmer muss die Eröffnungsrede halten. 　· Für die Bewirtung der Besucher stehen max. 100,-- DM zur Verfügung. 　· Nach der Ausstellung muss der Raum wieder sauber aufgeräumt werden.
Gesamtdauer	0,5 Tage
Material	• Exponate aus den EM 1-4 • Flips, Metaplanwände, Overheadprojektoren • Sonstige von der Gruppe benötigte und kostenlos zur Verfügung stehende Gegenstände
Autor	Pollack/Pirk
Erfahrungen	Diese Übung holt die einzelnen EM nochmals „zurück". Nachdem der „ganze Stress" der EM 1–4 jetzt vorbei ist, bereitet diese Ausstellung den meisten Teilnehmern eine Menge Spaß.
Auswertung	–

Übung 49

Referenz	EM 4, Kapitel 4.5.4, Seite 145
Übungstitel	**„Abschied nehmen und Auseinandergehen"**
Übungscharakter	Einzel- und Gruppenarbeit
Anlass	Auch F.U.T.U.R.E. endet einmal
Durchführung	**„Abschied nehmen"** • Die Teilnehmer werden gebeten, ca. 30 Minuten in der Umgebung des Seminargebäudes spazieren zu gehen und – wenn Sie möchten – einem oder mehreren Teilnehmern ein kleines symbolisches Geschenk mitbringen. • Die Geschenke werden im Seminarraum (alle sitzen im Kreis) mit einem kurzen Kommentar verteilt, indem der Gebende aufsteht und sich vor den Beschenkten hinstellt. **„Auseinandergehen"** • Alle Teilnehmer gehen mit den Trainern auf einen großen freien Platz (Wiese o. ä.) in unmittelbarer Nähe des Seminargebäudes. • Die Gruppe bildet, dicht nebeneinaner stehend, einen Kreis. Die Trainer stehen etwas abseits der Gruppe und moderieren von dort. • Die Teilnehmer werden aufgefordert, sich für ca. drei Minuten schweigend „nochmals in die Augen zu sehen". • Nach Ablauf dieser Zeit drehen sich die Teilnehmer um 180°. Jeder geht dann geradewegs in diese Richtung bis jeder seinen Nachbarn „aus den Augenwinkeln verliert". An dieser Stelle bleiben die Teilnehmer dann für ca. 5 Minuten stehen (sie „entfernen" sich von der vertrauten Umgebung/Gruppe). • Die Teilnehmer gehen danach wieder in den Ausgangskreis zurück. • Mit Körperkontakt verharren die Teilnehmer dort wieder ca. 3 Minuten. • Der Kreis löst sich auf und die Teilnehmer verabschieden sich voneinander so, wie es ihrer momentanen Stimmung entspricht. • Anschließend geht die Gruppe gemeinsam zum Mittagessen und reist dann ab.
Gesamtdauer	ca. 90 Minuten
Autor	Pollack/Pirk
Erfahrungen	Die Stimmung bei dieser Übung entspricht der Tiefe der über das ganze Curriculum gewachsenen Beziehungen.
Auswertung	Ende des Curriculums.

Arbeitsmaterial

Typisiertes Rollenverhalten (zu Kap. 4.4.3)

| Streiter | Positive | Alleswisser | Redselige | Schüchterne | Ablehnende | Uninteressierte | „Das große Tier" | Ausfrager |

Interviewleitfaden für das Gespräch mit dem Mitarbeiter (zu Kap. 4.6)

Der Leitfaden enthält folgende Fragen:

- Wussten Sie vor der Teilnahme, auf was Sie sich da „einließen" bzw. was auf Sie zukommen würde? Wie ging es Ihnen damit?

Bei Informationsdefiziten:
- Was vermuten Sie, was dazu geführt hat, dass sie keine weiteren Informationen hatten?
- Hatten Sie durch die fehlenden Informationen Nachteile während des Curriculums? Hatten Sie dadurch Schwierigkeiten?
- Was glauben Sie, warum hat Ihr Vorgesetzter (oder anderer Fokus: hatten Sie damals weitere Informationen für Sie (sich) besorgt?
- Welche Vorteile hatten Sie durch diese gute Informationsbasis während des Curriculums gegenüber anderen Teilnehmern? Was fiel Ihnen dadurch leichter?
- Beschreiben Sie den Nutzen, den Sie durch die Teilnahme an dem Personalentwicklungs-Curriculum erfahren haben.
- *Wie bewerten Sie das Gesamtkonzept bezüglich der*
  - inhaltlichen Abgestimmtheit der einzelnen Bausteine aufeinander,
  - der angewandten Methoden,
  - der Trainerkompetenzen und der
  - allgemeinen Organisation/des Ablaufes/der Unterkünfte/der Stimmung in der Gruppe?
- Können Sie die Teilnahme am Personalentwicklungs-Curriculum anderen Kollegen weiterempfehlen? Wie lauten Ihre Argumente?
- Was war für Sie das positivste Erlebnis während des gesamten Curriculums?
- Was war für Sie das negativste Erlebnis?
- Inwiefern hat Sie das Personalentwicklungs-Curriculum bei der Vorbereitung auf und Einarbeitung in Ihre neue Führungsaufgabe unterstützt?
- Was würden Sie ändern hinsichtlich: Inhalt, Konzeption, Struktur des Curriculums, Trainer, Organisation, Zusammensetzung der Teilnehmer etc.

Interviewleitfaden für das Gespräch mit dem Vorgesetzten (zu Kap. 4.6)

Dieser sollte die folgenden Fragen beinhalten:

- Inwieweit haben Sie Ihren Mitarbeiter vor der Teilnahme am Personalentwicklungs-Curriculum über das Gesamtkonzept informiert?
- Hatten Sie selbst ausreichend Information über das Konzept?
- Von wem hatten Sie diese Informationen bzw. von wem hätten Sie diesbezüglich mehr Informationen erwartet?
- Was hat Ihr Mitarbeiter unmittelbar beim ersten Kontakt mit Ihnen nach dem Personalentwicklungs-Curriculum berichtet?
- Worin sehen Sie für Ihre Mitarbeiter den größten Nutzen durch die Teilnahme am Personalentwicklungs-Curriculum?
- Was bringt es Ihnen als Vorgesetzter, wenn Ihr Mitarbeiter am Personalentwicklungs-Curriculum teilnimmt?
- Wie bewerten Sie insgesamt den Aufwand an Zeit und Geld gegenüber dem gewonnenen Nutzen für Mitarbeiter, Abteilung, Unternehmen, Sie als Vorgesetzten?
- Welche Bedenken gab es im Vorfeld, weil Ihr Mitarbeiter so oft auf „Seminaren" ist? Was hat mögliche Bedenken unter Umständen ausgeräumt/bekräftigt?
- Welche konzeptionellen Widersprüche/Unstimmigkeiten sind Ihnen im Gesamt- Personalentwicklungs-Curriculum aufgefallen?

„Alte/junge Frau" (zu Übung 1)

Mitarbeitergespräch „Fehlzeiten" (zu Übung 6)

In einem Team hat sich seit einiger Zeit ein Problem zugespitzt.

Einer der sechs Mitarbeiter fehlt öfters, insbesondere Freitag nachmittags und Montags vormittags. Auf Nachfrage entschuldigt er diese Fehlzeiten mit Arztbesuchen, ohne aber entsprechende Bescheinigungen beizubringen. Das Verhalten dieses Mitarbeiters läßt den Verdacht aufkommen, dass er sein Wochenende „verlängert".

Der Mitarbeiter bearbeitet die ihm persönlich übertragenen Arbeiten gründlich und zuverlässig, übernimmt jedoch Teamaufgaben nur ungern und entzieht sich den Montag vormittags stattfindenden Teambesprechungen gänzlich. Dabei lähmt er das gesamte Team bei dessen interner Organisation und trägt so zu einem schlechten Klima im Team bei.

Der Konflikt im Team hat sich nun so zugespitzt, dass keiner der Kollegen zukünftig mit diesem Mitarbeiter das Büro „teilen" möchte.

Da der Teamleiter erst seit vier Monaten in dieser Funktion tätig ist und dieses Problem quasi geerbt hat, bittet er – unter Hinzuziehung des Abteilungsleiters – den Mitarbeiter zu einem Gespräch.

Der betreffende Mitarbeiter seinerseits, der „nichts Gutes" ahnt, wird den Betriebsrat zu dem Gespräch mitbringen.

Managereigenschaften (zu Übung 8)

- Durchsetzungsfähigkeit
- Kooperationsfähigkeit
- Delegationsvermögen
- Sozialkompetenz
- Hohe Fachkompetenz
- Innere Unabhängigkeit
- Gutes Auffassungsvermögen
- Unternehmerische Kompetenz
- Strategische Kompetenz
- Führungskompetenz

China-Projekt (zu Übung 9)

Sie sind Mitglied einer Planungsgruppe, die vom Vorstand mit folgendem Auftrag versehen wurde:

Entwicklung eines Konzeptes in den nächsten 60 Minuten. Mündliche und visualisierte Vorstellung des Konzeptes den hier anwesenden Mitgliedern des Vorstandes (den Beobachtern).

Das Thema lautet wie folgt:
Das Unternehmen plant Ende des kommenden Jahres in China zusammen mit einem ortsansässigen Kooperationspartner ein Werk zur Produktion von Motorrollern in Betrieb zu nehmen. Das Werk wird gegenwärtig am Standort des Partners, 80 km von Shanghai entfernt, gebaut. Der Start soll mit 1000 Mitarbeitern erfolgen; vier Jahre später, in der letzten Ausbaustufe, sollen es 3000 sein.

Bitte entwickeln Sie ein Konzept, wie diese Mitarbeiter gewonnen (ausgewählt), eingearbeitet und betreut werden sollen. Berücksichtigen Sie auch die Frage, ob und in welchen Funktionen ausländische Führungskräfte einbezogen werden sollen und wie diese auf ihre Tätigkeit vorzubereiten sind.

Geben Sie Hinweise, in welchem Zeitraum und durch wen die von Ihnen vorgeschlagenen Maßnahmen durchgeführt bzw. koordiniert werden sollen.

Mitarbeitergespräch „Fehlzeiten" (zu Übung 10)

Rollenbeschreibung für den Vorgesetzten, Hr. Weiß

Gestern nachmittag um 16.00 Uhr haben Sie festgestellt, dass der Projektbericht von Ihrem Mitarbeiter, Herrn Maier, den sie dringend für eine Besprechung heute vormittag gebraucht hätten, noch nicht abgegeben war. Herr Maier war nicht mehr zu erreichen, er hatte bereits um 15.00 Uhr das Büro verlassen.

Verärgert über diese Unzuverlässigkeit, übernahmen sie selbst die Vorbereitung der Besprechung und beschafften sich die fehlenden Informationen über den Projektstand, so weit das möglich war. So konnten Sie erst um 21.00 Uhr nach Hause gehen.

Heute morgen beschließen Sie, sofort mit Ihrem Mitarbeiter ein Gespräch zu führen.

Schließlich ist es nicht das erste Mal (Sie erinnern sich an zwei ähnliche Situationen), dass Herr Maier unmotiviert ist und es haben sich bereits auch einige Kollegen darüber beschwert, dass Herr Maier sich öfter verspätet und nur noch das Nötigste erledigt.

Vielleicht ist dieses Gespräch schon länger überfällig.

Sie lassen Herrn Maier über Ihre Sekretärin mitteilen, dass Sie ihn in 15 Minuten sprechen möchten.

Mitarbeitergespräch „Fehlzeiten" (zu Übung 10)

Rollenbeschreibung für den Mitarbeiter, Hr. Maier

Als Mitarbeiter einer Projektgruppe hätten Sie gestern abend einen Projektbericht an Ihren Vorgesetzten abgeben müssen. Ihr Vorgesetzter brauchte diesen Bericht für eine Besprechung am heutigen Vormittag.

Sie wussten von dieser Aufgabe bereits seit 6 Wochen, hatten aber in letzter Zeit so viel Privates um die Ohren, dass Sie den Abgabetermin verschwitzt haben.

Sie haben bereits in den letzten Monaten mehrere Male Aufgaben nicht termingerecht abgegeben aber es war keine direkte Reaktion von Ihrem Vorgesetzten darauf erfolgt.

Da Sie im Moment viel mit Ihrem Hausbau zu tun haben und sich auch beruflich keine Aufstiegschancen erhoffen, versuchen Sie die Arbeitszeit auf das Nötigste zu reduzieren.

Sie sind In der letzten Zeit schon einige Male von Ihren Kollegen auf Ihre Arbeitsmoral angesprochen worden, dachten aber dabei, dass dies ja wohl die Kollegen nichts angehe.

Heute morgen hat Ihnen die Sekretärin Ihres Vorgesetzten, Herrn Weiß mitgeteilt, dass er Sie in 15 Minuten zu einem persönlichen Gespräch bittet.

Kettenkommunikation (zu Übung 21)

Ganzheitliche Körper-, Atem- und Entspannungsübung (zu Übung 47)

Einleitung

Die nachfolgende Körper-, Atem- und Entspannungsübung entstammt einem traditionellen überlieferten System von Körper-, Atem- und Entspannungsübungen.

Sie zielt darauf ab, zunächst einmal auf körperlicher Ebene in einen ausgewogenen Zustand zu kommen (z. B. Dehnung, Kräftigung, Bewegung).

Da Körper, Atem und Bewusstsein in Wechselwirkung zueinander stehen, wird hierdurch gleichzeitig auch eine innere Ausgewogenheit möglich (z. B. Gelassenheit, Klarheit, Zentrierung).

Auf diesen psychophysischen Zusammenhängen beruht die Ganzheitlichkeit der Übung.

Die nachfolgende Übungsbeschreibung dient zur Orientierung bei der Designgestaltung. Sie kann je nach sachkundigem Trainer erweitert werden. Verkürzt werden sollte die Übung nicht, da es ein wichtiger Teil der Übung an sich ist, genügend Zeit zur (angeleiteten) Entspannung zu haben.

Um einen größtmöglichen Effekt zu erzielen, muss hinsichtlich Ablauf und Erläuterung der Rat durch eine fachkompetente Person sichergestellt werden.

Voraussetzungen

- Bequeme Kleidung, keine Schuhe, genügend Bewegungsraum für Arme und Beine, ausreichend großer und ruhiger Raum.
- Während jeder Übungsphase gleichmäßig und konstant weiter atmen.
- Für Liegeübungen Decke oder andere Bodenauflage benutzen.

Ablauf

1. Entspannung
Bequeme Rückenlage, Augen schließen, Arme parallel neben den Körper mit den Handflächen nach unten.
Dauer ca. 3 Minuten

2. Atemräume wahrnehmen
Atmen im Bauch, Atmen im Rippen-/Brustbereich, Atmen im Schlüsselbereich.
Dauer ca. 5 Minuten

3. Zweibeiniger Tisch
Bequeme Rückenlage, beide Beine zum Gesäß, Hand neben Körper, beim Einatmen Hände gestreckt über Kopf nach hinten, beim Ausatmen Hände ausgestreckt über Kopf nach vorne (neben Körper).
Dauer ca. 3 Minuten

4. Schiefe Ebene
Bequeme Rückenlage, beide Beine zum Gesäß, Gesäß hochhalten und in gerader schiefer Ebene halten, beim Einatmen Hände über Kopf nach hinten.
Dauer ca. 3 Minuten

5. Embryo
Bequeme Rückenlage, beide Beine Richtung Brust hochziehen und an Knien in den Händen festhalten, dann ein Bein langsam in gestreckte Position bringen und auf Boden ablegen, Wechsel, gestrecktes Bein Richtung Brust hochziehen und das andere Bein ausstrecken.
Dauer ca. 2 Minuten

6. Krokodil
Bequeme Rückenlage, Füße zum Gesäß, Hände parallel zum Körper auf Boden legen, beim Ausatmen beide Knie gleichzeitig nach rechts (so weit wie möglich) und gleichzeitig Kopf langsam nach links drehen (in dieser Position für ca. drei Atemzüge verbleiben), dann in Ausgangsposition gehen (drei Atemzüge), dann Knie nach links, Kopf nach rechts usw. (jeweils drei Atemzüge in Position verharren).
Übung langsam durchführen, so dass zu keiner Zeit Schmerzen entstehen.
Dauer ca. 7 Minuten

7. Halber Pflug
Bequeme Rückenlage, Knie zum Bauch hochziehen, beim Einatmen Arme gestreckt über den Kopf nach hinten, Beine/Füße gestreckt nach oben halten, solange es geht (kein Schmerz), bequeme Rückenlage, dann drei Mal wiederholen.
Dauer ca. 5 Minuten

8. Vier Gesichter
Aufrechte Sitzposition auf dem Boden (z. B. Schneidersitz), Wirbelsäule gerade, beim Einatmen Kopf langsam nach rechts drehen (kein Schmerz), in dieser Position für drei Atemzüge verharren, dann Kopf in Ausgangsposition und anschließend Kopf nach links, ...Kopf in Ausgangsposition, Kopf in den Nackenbereich legen (drei Atemzüge), Kopf auf die Brust legen... Diese Abfolge zwei bis drei Mal wiederholen.
Dauer ca. 7 Minuten

9. Baum
Aufrechtes bequemes Stehen (Boden fühlen), Hände flach vor der Brust leicht gegeneinander gepresst, Beine nah zueinander stellen, mit den Augen Fixpunkt in zwei bis drei Metern Entfernung suchen, rechte Ferse im Winkel von neunzig Grad auf den lin-

ken Fuß stellen (für ca. drei Atemzüge in dieser Position verharren, rechte Fußspitzen bleiben am Boden), dann rechten Fuß ganz auf linken Fuß stellen (Gleichgewicht), Hände in leicht gepresster Haltung langsam nach oben strecken (so weit wie möglich), dann langsam Hände nach unten nehmen, mit beiden Beinen wieder auf dem Boden stehen, lockere Standhaltung einnehmen, dann Wechsel linke Ferse auf rechten Fuß usw. In jeder Position ca. drei Atemzüge verharren.
Dauer ca. 10 Minuten

10. Entspannung
Wie Übung 1
Dauer ca. 5 Minuten

Literatur

Literaturverzeichnis

Antons, K. (1992): Praxis der Gruppendynamik. Hogrefe, Göttingen

Antons, K. (1995): Von der Vier zur Fünf – Persönlichkeitstypologie. Fabri, Ulm

Bachmair, S. (1989): Beraten will gelernt sein. Psychologie-Verlags-Union, München

Berkel, K. (1993): Besser Führen – Problemfeld 1. Robert Pfützner, München

Blake, R. / Mouton, J. S. (1992): Verhaltenspsychologie im Betrieb. Econ, Düsseldorf

Comelli, G. (1985): Training als Beitrag zur Organisationsentwicklung in: Handbuch der Weiterbildung für die Praxis in Wirtschaft und Verwaltung. Hanser, München

Crisand, E. (1990): Psychologie der Gesprächsführung. Arbeitshefte zur Führungspsychologie, Bd. 11. Sauer, Heidelberg

Czichos, R. (1990): Change-Management. E. Reinhard, München

Damasio, A. R. (1996): Descartes´ Irrtum. List, München

Dilts, R. (1993): Die Veränderung von Glaubenssystemen. Junfermann, Paderborn

Dörner, D. (1992): Die Logik des Mißlingens. Rowohlt, Hamburg

Dörner, K./Plog, U. (1985): Irren ist menschlich. Psychatrie Verlag, Bonn

Doppler, K./Lauterburg, Ch. (1995): Change-Management. Campus, Frankfurt

Fatzer, G. (1998): Supervision und Beratung. Edition Humanistische Psychologie, Köln

Feinstein, D./Krippner, S. (1987): Persönliche Mythologie. Sphinx Medien Verlag, Basel

Fischer, M. (1998): Coaching. Sandmann, Alling

Fisseni, H.-J. (1991): Persönlichkeitspsychologie. Hogrefe, Göttingen

Francis, D. (1982): Mehr Erfolg im Team. Windmühle, Essen-Werden

Fromm, E. (1992): Die Kunst des Liebens. Ullstein, Frankfurt a. M.

Fromm, E. (1976): Haben oder Sein. Deutsche Verlags-Anstalt GmbH, Stuttgart

Gamber, P. (1992): Konflikte und Aggressionen im Betrieb. mvg-Verlag, München

Glasersfeld, E. von (1996): Über die Grenzen des Begreifens. Benteli, Bern

Glasersfeld, E. von (1996): Radikaler Konstruktivismus. Suhrkamp, Frankfurt

Goble, F. (1979): Die dritte Kraft. Walter, Olten

Golas, H. G. (1982): Der Mitarbeiter. Girardet, Essen

Große-Oetringhaus, W. F. (1996): Strategische Identität. Springer, Heidelberg

Haase, E. (1995): Organisationskonzepte im 19. und 20. Jahrhundert. Gabler, Wiesbaden

Hackney, H./Cormier, L. S. (1982): Beratungsstrategien-Beratungsziele. E. Reinhardt, München

Heinerth, K. (1979): Einstellungs- und Verhaltensänderung. E. Reinhardt, München

Hersey, P. (1986): Situatives Führen. Moderne Industrie, Landsberg/Lech

Jeserich, W. Hrsg. (1981): Mitarbeiter auswählen und fördern in: Handbuch der Weiterbildung für die Praxis in Wirtschaft und Verwaltung; Bd. 1. Hanser, München

Jung, C. G. (1989): Psychologische Typen. Walter, Olten

Kaku, M. (1998): Zukunftsvisionen: Wie Wissenschaft und Technik des 21. Jahrhunderts unser Leben revolutionieren. Lichtenberg, München

Kirsten, R. E. / Müller-Schwarz, J. (1990): Gruppentraining. Rowohlt, Reinbek

Kraiker, C. / Burkhard, P. (1983): Psychotherapieführer. Beck, München

Krieger, D. J. (1996): Einführung in die allgemeine Systemtheorie. Fink, München

Kutter, P. (Hrsg.) (1981): Gruppendynamik der Gegenwart. Wissenschaftliche Buchgesellschaft, Darmstadt

Langmaak, B./Braune-Krickau, M. (1987): Wie die Gruppe laufen lernt.
  Psychologie Verlags Union, München

Lauster, P. (1980): Die Liebe. Psychologie eines Phänomens. Econ, Düsseldorf

Lay, R. (1985): Führen durch das Wort. Rowohlt, Reinbek

Lumma, K. (1994): Die Team-Fibel. Windmühle, Hamburg

Lynch, D. (1992): Delphin Strategien: Management Strategien in chaotischen Systemen,
  PAIDIA, Fulda

Malik, F. (1996): Strategie des Managements komplexer Systeme. P. Haupt, Bern

Maturana H. R./Varela, F. J. (1987): Der Baum der Erkenntnis. Scherz, München

McGregor, D. (1970): Der Mensch im Unternehmen. Econ, Düsseldorf

Mentzel, W. (1985): Unternehmenssicherung durch Personalentwicklung. Haufe, Freiburg i. Brsg.

Metzinger, Th. (1996): Bewußtsein. Schöningh, Paderborn

Neuberger, O. (1993): Besser Führen – Grundlagen. Robert Pfützner, München

Neuberger, O. (1984): Führung. Enke, Stuttgart

Oehme, W. (1979): Führen durch Motivation. Girardet, Essen

Pächnatz, P. (2000): Zeitschrift Organisationsentwicklung, Heft 2/2000.
  Verlag Organisationentwicklung und Management AG, Zürich

Perich, R. (1993): Unternehmensdynamik. P. Haupt, Bern

Pfeiffer, J. W./Jones, E. J. (1974): Arbeitsmaterial zur Gruppendynamik 1-6.
  Laetare, Nürnberg/München

Pollack, W. (1991): Gesprächsführung im Wandel in: Führungswissen punktuell.
  Gabler, Wiesbaden

Quitmann, H. (1985): Humanistische Psychologie. Hogrefe, Göttingen

Rahn, H.-J. (1992): Führung von Gruppen. Arbeitshefte zur Führungspsychologie,
  Bd. 16. Sauer, Heidelberg

Riemann, F. (1991): Grundformen der Angst. E. Reinhardt, München

Rogers, C. R. (1983): Entwicklung der Persönlichkeit. Klett-Cotta, Stuttgart

Rosenkranz, H. (1990): Von der Familie zur Gruppe zum Team. Junfermann, Paderborn

Saaman, W. (1984): Alternatives Führen. Gabler, Wiesbaden

Safranski, R. (1993): Wieviel Wahrheit braucht der Mensch? Fischer, Frankfurt

Satir, V. (1985): Selbstwert und Kommunikation. Pfeiffer, München

Schein, E. (1998): Karriereanker. Lanzenberger Dr. Looss Stadelmann, Darmstadt

Schellenbaum, P. (1996): Die Spur des verlorenen Kindes. Hoffmann und Campe, Hamburg

Schmidt, E. R. / Berg, H. G. (1995): Beraten mit Kontakt. Burckhardthaus-Laetare, Offenbach

Schmidt, S. J. (1994): Der Diskurs des radikalen Konstruktivismus. Suhrkamp, Frankfurt

Schreyögg, A. (1995): Coaching. Campus, Frankfurt

Schreyögg, A. (1991): Supervision. Junfermann, Paderborn

Schuster, J. P. (1997): Open-book-Management. Moderne Industrie, Landsberg/Lech

Scott-Morgan, P. (1995): Die heimlichen Spielregeln. Campus, Frankfurt

Seliger, R. (1997): Systemisches Training – Wie systemisches Denken Lernen in Organisationen
  verändert. Zeitschrift Organisationsentwicklung 1/1997, S. 28 ff. Wien

Senge, P. M. (1996): Die fünfte Disziplin. Klett-Cotta, Stuttgart

Sennett, R. (1998): Der flexible Mensch. Wissenschaftliche Buchgesellschaft, Darmstadt

Spinola, R. / Peschanel, F. D. (1989): Das Hirn-Dominanz-Instrument (HDI). GABAL, Speyer

Stroebe, R. W. (1991): Motivation. Arbeitshefte zur Führungspsychologie,
    Bd. 2. Sauer, Heidelberg

Stroebe, R. W. (1990): Grundlagen der Führung. Arbeitshefte zur Führungspsychologie,
    Bd. 4. Sauer, Heidelberg

Stroebe, R. W. (1990): Führungsstile. Arbeitshefte zur Führungspsychologie,
    Bd. 3. Sauer, Heidelberg

Tausch, R. / Tausch A.-M. (1981): Gesprächspsychotherapie. Hogrefe, Göttingen

Ueberschaer, N. (2000): in BDU Depesche 01/2000. Informationsdienst des Bundesverbandes
    Deutscher Unternehmensberater BDU e.V., Bonn

Vogel, H.-Ch. (1994): Werkbuch für Organisationsberater. Wissenschaftlicher Verlag
    des Instituts für Beratung und Supervision, Aachen

Vopel, K. W. (1994): Themenzentriertes Teamtraining, Teil 1-4. Iskopress, Hamburg

Vopel, K. W. (1991): Selbstakzeptierung und Selbstverantwortung, Bd. 1-3. Iskopress, Hamburg

Vopel, K. W. (1991): Interaktionsspiele, Teil 1-6. Iskopress, Hamburg

Wagner, R. H. (1995): Praxis der Veränderung in Organisationen.
    Angewandte Psychologie, Göttingen

Wahren, H.-K. (1987): Zwischenmenschliche Kommunikation und Interaktion
    im Unternehmen. Walter de Gruyter, Berlin

Watzlawick, P. (1984): Lösungen. Huber, Stuttgart

Watzlawick, P. (1982): Die Möglichkeit des Andersseins. Huber, Stuttgart

Watzlawick, P. (1985): Menschliche Kommunikation. Huber, Stuttgart

Watzlawick, P. (1995): Die erfundene Wirklichkeit. Pieper, München

Weischedel, W. Hrsg. (1956): Immanuel Kant Werke in 10 Bänden, Bd. 6. Insel, Wiesbaden

Weissman, A. (1997): Sinnergie: Wendezeit für das Management. Orell Füssli, Zürich

Wever, U. A. (1995): Unternehmens-Kommunikation als Lernprozeß. Campus, Frankfurt

Wildenmann, B. (1996): Professionell Führen. Luchterhand, Neuwied

Wimmer, R. (Hrsg.) (1992): Organisationsberatung. Gabler, Wiesbaden

Winter, J. (Hrsg.) (1997): Modernes Krankenhaus-Management. Thieme, Stuttgart

Wunderer, R. (1987): Führungsgrundsätze. In: Enzyklopädie der Betriebswirtschaftslehre,
    Bd. 10, Stuttgart

Wunderer, R. (1995): Identifikationspolitik. Schäffer-Poeschel, Stuttgart

Die Autoren

Dr. Walter Pollack
(Unternehmensberater CMC/BDU),
geschäftsführender Gesellschafter von
Pollack, Böhme & Partner Gesellschaft
für Unternehmensberatung mbH in Köln,
ist seit 15 Jahren als Trainer und Berater für
Unternehmen des öffentlichen Dienstes und
der freien Wirtschaft tätig. Schwerpunkt seiner
Arbeit ist die unternehmensspezifische Umsetzung des in diesem Buch vorgestellten sozio-
funktionalen Integrationsmodells, das sich
anthropologisch und erkenntnistheoretisch der
humanistischen Psychologie und der Systemtheorie verpflichtet sieht.

Dieter Pirk,
geb. 1948, berät
Mitarbeiter und Führungskräfte der
DaimlerChrysler AG im Werk Sindelfingen
seit vielen Jahren. Seine fundierten
Kenntnisse und Erfahrungen als interner
Personalentwickler bilden einerseits das
„interne Fundament" des sozio-funktionalen
Konzeptes F.U.T.U.R.E., andererseits sind sie die
ideale Ergänzung zum Background und Know-
how eines externen Beraters und Trainers.

Personalarbeit der Zukunft

Die Mitarbeiter für die Kunden begeistern

Wie gelingt es Führungskräften, ihre Mitarbeiter für die Kunden zu begeistern? Die Autoren stellen einen neuen Ansatz zur systematischen Steigerung der Kundenorientierung vor. Ein sehr gut strukturiertes, fundiertes, praxiserprobtes Buch mit vielen Fallbeispielen, Checklisten und konkreten Handlungsempfehlungen.

Christian Homburg, Ruth Stock
Der kundenorientierte Mitarbeiter
Bewerten, begeistern, bewegen
2000. 230 S. Geb. DM 78,00
ISBN 3-409-11646-X

Dauerhafte Konfliktlösung durch Mediation

Der Autor plädiert für eine kreative Konflikt-Vermittlung. Mediatives (Zeit-)Management trägt zur besseren Motivation der Mitarbeiter und zum Unternehmenserfolg bei. Zahlreiche Beispiele und Lösungsvorschläge runden das Buch ab.

Bernd M. Wittschier
Konfliktzünder Zeit
Wirtschaftsmediation in der Praxis
2000. 233 S. Geb. DM 68,00
ISBN 3-409-11597-8

Die Weisheiten der Wüstenväter

Was haben die Wüstenväter, die im 3. bis 5. Jahrhundert lebten, Managern heute zu sagen? Die Klugheit und Lebenserfahrung der ersten christlichen Mönche, die in der Extremsituation der Wüste und Einsamkeit sich selbst und andere geleitet haben, bieten Führungskräften wertvolle Orientierung. Das Buch ermuntert zur Selbstreflexion und weist den Weg zu innerem Wachstum.

Udo Manshausen
Wüstenväter für Manager
Weisheiten christlicher Eremiten für die heutige Führungspraxis
2000. 189 S. Geb. DM 68,00
ISBN 3-409-11647-8

Änderungen vorbehalten. Stand: Oktober 2000.

Gabler Verlag · Abraham-Lincoln-Str. 46 · 65189 Wiesbaden · www.gabler.de

GABLER

Konzepte für das
neue Jahrtausend

Erfolg für den Mittelstand
durch die Kleine AG

Das erste Buch, das anschaulich und praxisorientiert zeigt, wann Mittelständler eine AG gründen sollten und was sie dabei beachten müssen, um erfolgreich zu sein.

Stefan Schnobrich,
Michael Barz
**Die Business AG -
Aktiengesellschaft
für den Mittelstand**
Ein Praxisleitfaden
zur Kleinen AG
2000. 175 S. Br. DM 68,00
ISBN 3-409-11585-4

Den Generationswechsel
erfolgreich managen

Das Buch analysiert die Ursachen für das Scheitern vieler Generationswechsel und zeigt praxiserprobte Möglichkeiten für eine erfolgreiche Unternehmensübergabe an die nachfolgende Generation.
Mit Checklisten zur systematischen Eigenanalyse und den neuesten gesetzlichen Regelungen zur Erbschaft- und Schenkungsteuer.

Hannspeter Riedel
**Unternehmensnachfolge
regeln**
Strategien und Checklisten
für den erfolgreichen
Generationswechsel
3. Aufl. 2000. 187 S.
Geb. DM 68,00
ISBN 3-409-33880-2

Wachstum erfolgreich managen

Führungskräfte, aber auch Gründer von Technologieunternehmen erhalten hier eine Anleitung für erfolgsorientiertes Management. Das Buch behandelt Vor- und Nachteile von Entscheidungsoptionen sowie Kriterien der Entscheidungsfindung. Mit zahlreichen Beispielen zu Innovationsstrategien, -projekten und deren Umsetzung in Technologieunternehmen.

Franz Pleschak
**Management in Techno-
logieunternehmen**
Wie Führungskräfte erfolgsorientiert entscheiden
2000. 192 S.
Br. DM 68,00
ISBN 3-409-11688-5

Änderungen vorbehalten. Stand: Oktober 2000.

Gabler Verlag · Abraham-Lincoln-Str. 46 · 65189 Wiesbaden · www.gabler.de **GABLER**